丝路百城传

丝路百城传

"丝路百城传"丛书编委会和编辑部

编委会

主　任：杜占元

常务副主任：陆彩荣

副主任：刘传铭

委　员：（按姓氏笔画排序）

丁　方　万俊人　马汝军　王卫民　王子今
王邦维　王守常　吕章申　邬书林　刘文飞
齐东方　李敬泽　连　辑　邱运华　辛　峰
张　帆　张　炜　陈德海　胡开敏　徐天进
徐贵祥　诺罗夫（乌）　黄　卫　龚鹏程
阎晓宏　彭明哲　葛剑雄　谢　刚

编辑部

主　任：马汝军　胡开敏

副主任：邹懿男　文　芳

委　员：简以宁　蔡莉莉　陈丝纶

SHENYANG
THE BIOGRAPHY

紫气东来的沈水风华

沈阳传
SHENYANG

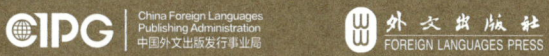

初国卿 —— 著

出版说明

2013年，中国国家主席习近平向世界提出共建"一带一路"的倡议。自提出以来，"一带一路"倡议深刻影响世界，逐渐从理念转化为行动，从愿景转变为现实，建设成果丰硕，得到国际社会热烈响应。

古丝绸之路打开了各国各民族交往的窗口，书写了人类文明进步的历史篇章。新时代共建"一带一路"的实践，为沿线国家和地区相向而行、互学互鉴提供了平台，促进了不同国家和地区、不同民族、不同文化、不同文明的深入交流。

城市是人类文明的结晶。"一带一路"沿线的城市中，蕴藏着人类千年的历史、多元的文化和无尽的动人故事。我们希望通过出版"丝路百城传"，展现每座城市独一无二的历史和性格，汇聚出丰富多彩、生动可感的"一带一路"大格局，增进文化交流和文明互鉴。

这是一次前所未有的出版探索，我们虽竭尽全力，也深知有诸多不足。期待这套丛书能够得到读者的喜欢，也期待更多的读者、作者、专家、学者等各界朋友们对我们的出版工作给予指正。

"丝路百城传"丛书编辑部

引言　　记忆从19亿年前的陨石山开始 / 1

第一章　木雕鸟与火种器：7200年前的惊世之作
　　　　母亲河畔飘起7200年前的炊烟 / 13
　　　　新石器时代飞来的"太阳鸟" / 18
　　　　"火簸箕"：史前最珍贵的火种器 / 25

第二章　青铜时代的月光剑气与窑火
　　　　一把短剑走天涯 / 33
　　　　高台山上的"东北第一窑" / 38
　　　　三足器里飘出黍米香 / 40
　　　　月光下的壶影与蛙鸣 / 44

第三章　候城障塞，玄菟故郡
　　　　老城里的候城 / 49
　　　　来自巴山蜀水的候城障尉 / 54
　　　　玄菟故郡及其太守们 / 58
　　　　唐太宗与诗国梦里的"玄菟月" / 65

第四章　沈水之阳
　　　　沈州初建 / 71
　　　　沈水三叠 / 76
　　　　草原丝路东节点 / 85
　　　　城隍庙记碑上的"沈阳" / 90

第五章　明代重镇中卫城

砖城与王府 / 95

城市原点"中心庙" / 100

蒲阳书院的书声雁影 / 104

城中进士坊 / 109

第六章　紫气东来的盛京风华

三月三：努尔哈赤迁都 / 115

汗王宫、大政殿与十王亭 / 119

紫气东来凤凰楼 / 126

奠基康乾盛世的"盛京文化" / 133

第七章　一脉豪气看"坛城"

"坛城"沈阳的形成过程 / 139

永远的聚合与放射 / 143

充满豪气的城市性格 / 147

第八章　东方旗袍故都

1635：满族的沈阳元年 / 153

从法定服饰到国粹女装 / 157

旗袍里的诗意东方 / 165

第九章　中原名士与南国佳人

函可与冰天诗社 / 171

陈之遴与徐灿：旅雁征人未共归 / 174

　　　　陈梦雷的盛京十六年 / 180
　　　　终老沈阳的火器专家戴梓 / 185

第十章　为城作赋的一代帝王
　　　　东巡祭祖的车马 / 193
　　　　浓墨重彩的盛京长卷 / 199
　　　　谁人不识《盛京赋》/ 204
　　　　伏尔泰：我很爱《盛京赋》/ 208

第十一章　文溯阁与《四库全书》
　　　　乾隆设计了半个沈阳故宫和文溯阁 / 215
　　　　千古巨制《四库全书》/ 221
　　　　两次出入关、三次入出宫的悲壮历程 / 227

第十二章　《红楼梦》的沈阳渊源
　　　　"世居沈阳"的曹家 / 233
　　　　"奉天高鹗"与《红楼梦》/ 239
　　　　程伟元和沈阳的不解之缘 / 242
　　　　《枣窗闲笔》作者裕瑞在沈阳 / 246

第十三章　"陶圣"故里
　　　　"陶圣"唐英和他所创造的"唐窑" / 253
　　　　"辽瓷之父"金毓黻 / 259
　　　　拯救陶都景德镇的杜重远 / 265

第十四章 "东北中心城"

近代殖民地化与近代化的同步演进 / 275

"陪都新政"与开埠通商 / 279

接踵而至的苏格兰医生与法、美学者 / 285

"东北中心城"的确立 / 294

第十五章 九一八：十四年抗战始发地

重回九一八之夜 / 305

"九一九宣言"：共产党人吹响的抗战号角 / 310

黄显声与抗日义勇军 / 314

历史关头提供《真相》的"九君子" / 319

第十六章 "工业长子"踏上"一带一路"

11月2日：一个划时代的开始 / 329

"共和国工业长子" / 334

从"惊天第一破"到"赛艇之都" / 340

驶入"一带一路"快车道 / 348

后　记 / 350

引 言
记忆从 19 亿年前的陨石山开始

沈阳，山川形胜。这里是中原连接东北腹地的咽喉，辽东与辽西的节点，也是古代汉族文化与少数民族文化碰撞融汇之处。

2017年9月9日，一列由沈阳开往欧洲的和谐号列车，经二连浩特口岸出境，途经蒙古国、俄罗斯、波兰，到达德国杜伊斯堡。这列中欧班列，搭建起了沈阳与欧洲经贸往来的"快车道"。

沈阳，自是天眷之城。

一

沈阳市位于中国东北地区的南部、辽宁省中部。在北纬41度11分51秒至43度2分13秒、东经122度25分9秒至123度48分24秒之间。沿着地球自转轴自西向东的旋转方向，在世界上，与吉尔吉斯斯坦的比什凯克、乌兹别克斯坦的塔什干、格鲁吉亚的第比利斯、土尔其的伊斯坦布尔、保加利亚的索非亚、阿尔巴尼亚的地拉那、意大利的罗马、美国的盐湖城和波士顿、日本的涵馆、朝鲜的清津大致纬度相同。

在区域地理上，沈阳位于东北大平原，长白山脉，大、小兴安岭和渤海、黄海的中枢位置。东西宽115千米，南北长205千米。全市总面积1.286万平

沈阳浑河沿岸城市天际线航拍全景

方千米。其地理形胜，正如《大清一统志》所言："盛京形势崇高，水土深厚。长白峙其东，医间拱其西，沧溟鸭绿绕其前，混同黑水萦其后。山川环卫，原隰沃饶。洵所谓天地之奥区也。"又如乾隆皇帝在《盛京赋》里精确而生动的概括："左挟朝鲜，右据山海，北屏白山，南带辽水。"整个沈阳地区以平原为主，地势平坦，平均海拔50米左右。全市海拔最高点447.2米，为法库、康平两县交界处的北巴尔虎山主峰庙台山；海拔最低点为5.3米，位于辽中区于家房镇。山地丘陵集中在东北、东南部，属辽东丘陵的延伸部分。北部康平、法库两县以沈阳第一高峰巴尔虎山为主的山丘之地，草树繁荫，古木苍然；东北部森林公园的沈阳第二高峰石人峰和第三高峰辉山等山地丘陵，林深树茂，

花光锦簇；东南部的第四高峰马耳山周边山地与丘陵，槲树森森，花果累累。西南部属于辽河、浑河的冲击平原，地势平坦，土质肥沃。与山丘形成对应的河流，则有辽河、浑河及其支流蒲河、秀水河、柳河、沙河、养息牧河等。

今天，我们如果运用现代航拍技术在空中俯看沈阳城，自北而南，辽河、蒲河、浑河，三水环绕；自西向东，长白山和千山余脉，从南北楔入城市，犹如两个臂膀，拥一方水土入怀。从沈阳向南，这一对臂膀用尽洪荒之力，将绸缎般的千里沃野铺陈到大海……

地理区位优势和"国家历史文化名城""东北中心城"地位，使沈阳始终处于东北亚经济圈和环渤海经济圈的重要位置，是长三角、珠三角、京津冀地区通往东北地区的综合枢纽城市，并成为国家"一带一路"战略布局中的中蒙俄经济走廊重要节点，以及连接草原丝绸之路与朝鲜半岛、日本列岛的重要一环。

这样的战略地理位置，决定了沈阳不仅有着丰厚的历史积淀，同时也拥有巨大的发展潜能。

二

地球至少有46亿岁，而人类有文字记载的历史不过几千年，在宇宙长河中只是刹那一瞬。但在这一瞬里，却给了沈阳一个19亿年前的记忆，那就是城南那座陨石山。

19亿年前的某一天，沈阳的夜空晴朗无云、繁星闪烁，穹窿下的大地幽邃而静谧。忽然，一个发光的物体从遥远的太空飞来，进入大气层后，不停地翻滚、膨胀，与空气剧烈的摩擦让它在空中炸裂，巨大的光球中分散出无数的小火球，犹如盛开在夜空中的绚丽烟花，灿然地奔向厚重的大地。临近地面，这些亮点已经变成巨大火球，猛烈砸下。天地间亮如白昼，片刻后震撼宇宙的轰鸣巨响传遍这块无人之境。大地在烈烈火光中剧烈震动，一片火海，烧红天宇……直到第二天，所有撞击物质气化后还都抛射在半空没有落尽，飞溅起的花岗岩石，不知被抛出多少公里。整个太阳辐射都大大减弱，地球温度骤然降低，长时间陷入黑暗，光合作用无法进行，植物与动物大批死亡，许多物种也一道消失。

这是一场大到无法想象的撼天动地的陨石雨。无人目睹，无人记录，更无人能准确描述当年发生了什么。在此后的十几亿年中，沈阳这个小小的地球板块，不知几次化身沧海，又有几次浮出水面。5亿年前，沈阳终于再次缓缓升起。到6500万年前的新生代，逐渐形成陆地，茂密的植物开始覆盖了原野，一些恐龙的继任者，熬过可怕的灾难，开始徘徊在这片陌生的山林之中，辽沈地区终于形成了与现代相类似的山川地貌。

直到19亿年后的1971年，19亿年前的这场陨石雨才被当代人发现并得到学术界的认可，从而引起海内外的关注。

1983年，经中国地质科学院、核工业部北京地质研究院、中国科学院海洋研究所、北京天文台等相关科研单位实地考察和取样，经过当时国内最为先进的化学、物理等检测技术研究分析，同位素检测显示："沈阳古陨石"形成于45.4亿年前，陨落于19亿年前。研究表明，沈阳古陨石是目前世界上首次发现年代最久、规模最大、保护最好的古陨石，分布于沈阳浑南区李相镇馒首山到祝家镇草场沟，从苏家屯区姚千户镇林场到陈相镇崔英守屯一带，南北长20多公里，东西宽15公里，面积约300平方公里，滑石台山、馒首山、金顶山、老尖山、台子山等山上均有分布。其中单体最大的一块位于李相镇滑石台，长达100米，宽50余米，高60多米，重量约250万吨，是迄今为止发现的世界上体积最大、陨落时间最早的陨石，为世界现存其他陨石总量的数千倍。因石成山，此处又称"陨石山"，而散落在山上的古陨石许多都已成为独特的景观石，如独占鳌头的"皇冠无根石"、光怪陆离的"陨击爆炸石"、巧夺天工的"壳状石包石"、丝装素裹的"烁金角砾石"、涟漪荡漾的"波纹石"，不仅具有极高的天体陨石价值，同时也拥有独特的美学欣赏价值。与地球同龄的天外来客，成为茫茫宇宙赠给沈阳无与伦比的绝世风华。沈阳的历史记忆，也因此而上溯到19亿年前那个震撼半个地球的夜晚。

19亿年前落在沈阳东郊重达250万吨的陨石山

三

任何一件事情都有其正负面，地球的生命演化经历了多次劫难，生命的个体虽然脆弱，但生命的演化却是非常的顽强。小天体的撞击带来全球性气候环境灾变和生物物种灭绝的同时，也给人类带来了福祉。19亿年前的陨石雨，让沈阳及其周边这片沉寂了几十亿年的土地发生了巨大改变，经历了劫难与重生。有学者认为，正是这场剧烈的撞击所带来的地质结构的巨变，才让沈阳周边出现了一个镁矿带，镁成为"天体陨落撞击后所凝结的产物"。直到今天，离沈阳不远的海城、大石桥、岫岩、宽甸、抚顺等地仍然储存和生产着世界上最多的镁。镁是人类用途第三广泛的结构材料，仅次于铁和铝。据中国有色金属工业协会数据显示，辽宁地区已探明菱镁矿储量25.77亿吨，约占全国总储量的85%。而中国是全球镁储量与产量最高的国家，2019年镁锭产量占全球的82%。

其实，地球上的这种现象，又绝非沈阳地区所独有。中国科学院院士、中国月球探测工程首任首席科学家欧阳自远在《小天体撞击与古环境灾变——新生代六次撞击事件的研究》一书中曾介绍了两个小天体撞击地球事件。其中，一件是18.5亿年前，有一个小天体撞击加拿大地区，结果形成100多公里的萨德贝里大撞击坑，后来这个坑被构造运动挤扁，成为椭圆形，撞击坑里面和周围形成了全世界最大的铜矿、镍矿和铂金族元素矿，对加拿大的经济发展发挥了重要作用。另一件是19亿年前小天体撞击南非维特握特斯兰德盆地，撞击后产生的撞击断裂带热液活动强烈，形成许多大型金矿床，同时诱发岩浆喷发，形成大量的金伯利型金刚石矿，南非几乎所有的黄金和钻石都分布在撞击坑周围。同是19亿年前，同是小天体撞击，同是周边形成丰富的矿藏，这是一种巧合，还是冥冥中的注定？更有学者大胆假设，19亿年前对沈阳地区的这次小天体撞击，不仅带来了丰富的矿藏资源，还形成了巨大的陨石坑，让沈阳落在长白山脉和大、小兴安岭之间，再经过19亿年的地壳运动，终于造就了沈阳今天的河流、平原和山脉。

洪荒时代的这一次偶然，给了沈阳一座陨石山，还孕育成了如今优越的地理形胜。中国古人将陨石称为"圣石"。《山海经》有曰："地之所载，六合之间，四海之内，照之以日月，经之以星辰，纪之以四时，要之以太岁。神灵所生，其物异形，或夭或寿，唯圣人能通其道。"古罗马人也称陨石是神的使者，他们会在陨石坠落的地方盖起楼阁来供奉。匈牙利人则把陨石抬进教堂，用链子将其锁起来，以防这个"神的礼物"再飞回天上。"圣石"总是有些玄妙，19亿年也太为遥远。陨石山赋予沈阳的可能还有许多解不开的谜，但赋予这片土地的奇妙与神圣，后人则尽可触摸与解读。

四

如果说落在沈阳的陨石山，历经19亿年的风霜雨雪，给人的感觉只是坚硬与冰冷，而人类的出现却给这块神奇的土地带来了有温度的历史。

在沈阳的土地上，最早的人类究竟是谁？直到21世纪初的十多年，人们还以为是1973年发现的7200年前的新乐人。然而到了2012年，因为一次意想不到的重逢，竟让11万年前的沈阳人向我们走来。

2012年早春四月，乍暖还寒，沈阳田野考古调查队的队员们在料峭的春

沈阳农业大学后山遗址出土11万年前旧石器时代盘状石核

风中沿着浑河一路从东向西,来到沈阳农业大学后山。后山绿意盎然,农大实验果园就坐落于此。在果园的路边调查队员发现了一块形状特殊的石头,于是随手拾了起来,经过辨识,这块石头竟是一件典型的刮削器。这件石器的发现,让全体调查队兴奋不已,甚至有人欢呼起来。接下来,在果园负责人的引导下,他们又发现了许多散布在田间树下的各种石器。这一趟沈阳农大后山之行,让田野考古调查队收获满满,他们初步认定,这些石器应属于旧石器时代。

2012年8月,在获得国家文物局批准发掘申请后,由沈阳市文物考古研究所和吉林大学边疆考古研究中心组成的联合考古队开始对沈阳农业大学后山果园进行考古发掘。一个月后,在距地表3米多深的地层中出土了沈阳旧石器时代代表文物之一的"盘状石核"。盘状石核的出土,意味着选择在农大后山进行发掘工作的规划没有错,也证明早在旧石器时代,这里就有古人类活动。此后的5年间,专家们在这里发掘了5个连续分布的旧石器时代文化层,出土了大量包括手镐、盘状石核、尖状器、雕刻器、砍砸器、刮削器、石核、石片、断块、砾石等旧石器时代典型器物,同时还发现了古人类建造和使用过的建筑遗迹。经北京大学年代学实验室、中国科学院古脊椎动物与古人类研究所、沈阳农业大学园艺学院、土环学院等后反复测定,沈阳农业大学后山遗址的年代距今2—11万年。从此,沈阳有了距今11万年的旧石器时代古人类活动遗址,将沈阳地区有人类活动历史从7200年前的新石器时代提前至距今11万年前的旧时器时代,填补了沈阳乃至辽宁考古的空白,从而让沈阳的历史变得更加深邃久远。

五

2021年的深秋,我和朋友去了一趟农大后山,站在红红的寒富大苹果树下,南望不远处宽阔的浑河,烟波秋水,草树迷离。遥想11万年前的先民,一定也会如我一样在这里南望浩瀚的大河,还有河那边黛色如鳌的陨石山。

那一天,我又和朋友到滑石台陨石山,去探寻19亿年的时光隧道里,那一行千年前的石刻。早就知道在陨石山南坡露出地面的那块最大陨石上,有一行辽代石刻:"亘古一人,重熙七年四月三十日沈州。""重熙"是辽代第七位皇帝辽兴宗耶律宗真的年号,"重熙七年"即公元1038年。这一年,华夏大地相对平静:在西边,元昊称帝,西夏开始立国;在中原,北宋王朝刊刻《大学》赐所有及第进士,建成赵州陀罗尼经幢;在北边,崇尚佛教的辽兴宗在西京大同建华岩寺,同时出御府钱以供涿州刻造云居寺石经。也是这一年,辽之沈州人士游滑石台,在19亿年的陨石上刻下了这历史性的一行字。有人说石刻"亘古一人"是说此山辽时建有关帝庙,因有所指。但我更愿相信是刻石者视此陨石为"亘古一人",19亿年间,也依然只有此"天外来客",能称得起"亘古一人"。

然而,在沈阳这片钟灵毓秀的土地上,又绝非只有"亘古一人"。中国的现代考古学虽然只有百年,但却发现了农大后山11万年前的旧石器时代人类遗址,还发现了与黄河中游仰韶文化、长江下游河姆渡文化同时期的新乐文化,7200年前新石器时代原始人类部落。循此发展,公元前300年,燕昭王以秦开为大将,率领燕国大军北上进攻东胡,取地二千余里,辽东之地尽归燕国,沈阳始建候城。东汉安帝建光元年(121),玄菟郡第三次内迁到了候城附近,今沈阳浑河南岸、虻牛河西岸的浑南区上佰官村,从此,沈阳不仅有了县一级的候城,又有了县之上的玄菟郡城,并在沈阳存续了281年。对于玄菟郡的辉煌,致使大唐王朝从皇帝到诗人心心念念,不仅成为他们的故国之思、复兴之梦,而且还寄寓了他们征战疆场、收复旧河山的郁勃情怀。公元921年,辽代在沈阳地区设立沈州等12州9县,沈州城居中,并成为这一地区的政治、经济和文化中心。沈州之名得之于沈水(今之浑河),于是元代有了沈阳之名。到了明代,沈阳以中卫城的身份,成为明朝经略东北的重要战略支点。沈阳从此有了砖城,城中有了沈王府、中心庙,还有进士坊;城外有了东北最早的蒲阳书院。1625年"三月三",努尔哈赤迁后金都城于沈阳,1636年大清王朝于沈阳立国,开启了276年(1636—1911年,从皇太极改国号为"清"起)的中国最后一个封建王朝。1923年,继1921年广州第一个建立现代市政管理之后,沈阳建立市政公所,成为中国第二个建市的城市。1929年,张学良主持东北易帜,中国实现完全意义上的统一,从此,张学良三次改变中国历史走向，成为"千古功臣""民族英雄"和"伟大爱国者"。1931年，沈阳古城发生震惊世界的九一八事变，中国人在此打响了抗战第一枪，由此成为14年抗战始发地，并揭开了世界反法西斯战争的序幕。1949年11月2日，沈阳解放，开始了划时代的一天。东北中心城光明照耀，日新月异。

19亿年的记忆，由此让沈阳这座城市有了11万年的人类活动史，7200年的人类部落史，2300年的建城史，近400年的都城史。

悠久的历史和深厚的文化，为沈阳在经济全球化潮流下积极促进"一带一路"国际合作，努力实现政策沟通、设施联通、贸易畅通、资金融通、民心相通注入了新的动力，以"历史文化名城""沈阳都市圈""东北亚文化创意中心""中国先进装备制造业基地"的优势地位，在国家"一带一路"倡议中的中蒙俄经济走廊和草原丝绸之路与朝鲜半岛、日本列岛的连接上发挥着重要作用。

以史为鉴，可以知兴替。陨石山、农大后山、新乐文化、候城遗址、玄菟故郡、沈州古城、沈阳卫、沈阳故宫、张学良旧居陈列馆、"九·一八"历史博物馆、中国沈阳工业博物馆、赛艇之都……它们讲述着沈阳这座城市的文明进程，揭示了这座城市的发展规律。不论未来如何变化，沈阳总是美好的、包容的、富足的、光明的。

沈水之阳，紫气东来，看不尽的风华。

SHENYANG
THE BIOGRAPHY

沈阳 传

第一章 木雕鸟与火种器：7200年前的惊世之作

我在沈阳学习工作了45年，虽然几次搬家，但搬来搬去，最终还是回到新乐附近。与新乐人有缘，每每外出时都能从他们的部落遗址前经过，站在家中的露台东望，也能看到新乐那地方的迷离云树。为此，我还曾撰了一副对联，特请著名指画家杨一墨书写："早起凭栏，一脉乐郊都到眼；晚来把酒，三分无赖正当头。"细想也是，7200年前老祖先选择的部落居住之地，一定是这个地区里最适合人类居住的地方，一定是"天人合一"之所。

母亲河畔飘起7200年前的炊烟

将沈阳的史前历史置于华夏大地，就会得出这样一个沈阳先民和华夏古人类形成的清晰序列：

——距今200万年的重庆巫山龙骨坡人；

——距今170万年的云南元谋人；

——距今100万年的陕西蓝田人；

——距今70万年的北京周口店北京猿人；

——距今50万年的辽宁本溪庙后山人；

——距今28万年的辽宁营口金牛山人；

——距今11万年的沈阳农大后山人；

——距今3万年的北京山顶洞人；

——距今3万年的沈阳康平王立岗窝堡人；

——距今7200年的新乐人。

新乐人开启了沈阳地区新石器时代。

新乐遗址的发现与定名，说来也只是1978年的事，在那之前，沈阳的历史大不如今天这样清晰。而新乐遗址的发现不是主动的专业考古，而是来自民间的关注。在考古界，大多数古遗址的发现，都与某个人、某个事物的偶然接触有关，都有着有趣的相似。1961年，河南舞阳县文化馆干部朱帜在贾湖村的薯窖和土井断壁上首次见到新石器时代陶片和红烧土，进而发现了贾湖遗址；民国时施昕更先生从老家农人喂鸡养鸭置放食料的黑陶器的注意，从而发现了良渚遗址；1899年的一次偶然机会，国子监祭酒王懿荣发现了药店龙骨上的刻痕与文字，从而发现了甲骨文，进而又发现了殷墟。1929年春天，农民燕道诚和儿子在春耕时，偶然发现了一坑玉石器，由此揭开了三星堆的神秘面纱；陕西农民打井，挖出了兵马俑；嘉峪关新城村农民在牧羊时发现山坡上的一个小洞，用树枝捅一捅漏出了古砖，发现了魏晋墓葬群和千年地下画廊；2002年美国索斯比拍卖图录上6件被盗出境的西汉黑陶俑引起中国考古专家的注意，由此发现了西安白鹿原上的汉文帝霸陵。而被沈阳人奉为祖先的新乐人的闪亮登场，也是因为一个偶然……这个偶然的主人是当时北陵公社的一位农业技术员，他叫孟方平。

20世纪80年代初，我大学毕业后住在新乐附近，距现在的新乐遗址博物馆不到500米。那期间，我很爱吃辽西老家的荞麦面，在1983年第2期的《农业考古》杂志上读到了孟方平的《说荞麦》一文，于是结识了北陵公社农业技术员孟方平先生。1998年，我因写作《发现太阳鸟的人》开始采访孟先生。他个子不高，朴实而沉稳，他告诉我：当年的北陵公社还是沈阳的北郊，因这里有一处新乐电工厂职工宿舍，所以这地方就叫成了新乐宿舍，因这里的工厂和单位经常施工，于是就有许多陶片出土，这些不一样的陶片让孟先生很上心，他就从泥土里捡出收藏起来。1972年的一天，公社派他到沈阳故宫博物院办理购买处理废锅炉事宜，在那里听到了考古人员向前来送交文物的人讲解文保方面的知识，让他很受启发，想起了自己收藏的那些陶片。第二天他就把这些陶片送到了沈阳故宫相关考古人员手中，经鉴定，是新石器时代晚期文物。这样的结果让孟方平信心大增，对身边田野里的文物更加用心关注，并不断在这一地区发现石锤、石杵、红烧土、篦纹陶片等。

虽然历史掀开了新的一页，却也不小心露出了往日的一角。于是有了1973年开始的相关考古部门对新乐地区的考古调查与发掘，有了1978年木雕鸟的发现，有了与黄河流域仰韶文化、长江流域河姆渡文化相并列的7200年前的新乐文化。后来孟先生成为研究新乐文化的学者。

新乐遗址博物馆发掘的半地穴式建筑房址和复原的原始村落景观

对于当年的新乐地区，孟先生曾诗意般地向我描述说："这里在距今7200年的时候，浑河水浩荡西流，四季温暖，雨量充沛，草木繁茂。新乐人居住的台地上有以柞栎为主的阔叶林，林缘和河边坡地则有山杏、山里红、悬钩子、榛子等野生果树，河流两岸的平川地，则有茂密的榆木林，雨季到来，河水泛滥，水势凶猛，颓岸拔树。枯水季节，河汊纵横，池沼棋布，水族富饶，鸟兽群集。因为浑河，因为这样的自然环境，才养育出了新乐文明。"孟先生的描述，对照今天沈阳寒冷的冬天和干燥的风沙气候，与新乐下层所代表的7200年前的世界，真是沧海桑田般的不同。

沈阳城北部有地名头台子、二台子、三台子。其名之来历一说是缘于辽东长城烽火台，一说是指明代蒲河千户所向沈阳卫城传递军事信息所建烽火台。巧合的是，沈阳的北部地势从一台子开始向北渐次升高。而新乐人当年选择的居住地正是头台子，台地之南即是沈阳的母亲河浑河南迁之前的古河道。由此可知，当年新乐人选择部落之地是多么聪明，他们居于高台之地，临水而

15

居,在岸边尽情地享受浑河的波光水影,用河中的水和岸上的黄土,和泥制陶,烹煮食物,为沈阳聚集起了第一个人类部落。借着西北风,沈阳人类最早部落的缕缕炊烟从新乐地区飘出,带着黍米饭香,掠过河边的蒲尖和蓼花,弥漫在碧波荡漾的浑河上。

新乐遗址经过考古部门的5次挖掘,出土大量文物。这些出土文物具有独特的风格、特征,构成一个新的代表性文化类型,即"新乐文化"。

在考古发现中,不是所有遗址都能称得上"文化"的。为了研究那些古代的遗存,考古学界将分布于一定范围,延续了一定时间并有着共同特征的考古发现称为一种"文化"。这种"文化"称谓是一种考古学意义上的特指文化,而非通常的一般意义的文化。这种考古学意义上的文化命名,习惯上使用最早发现这种文化的地点来称呼:如长江流域的彭头山文化、河姆渡文化;中原地区的裴李岗文化、仰韶文化;西北地区的老官台和大地湾文化、齐家文化;山东的后李文化;内蒙古的赵宝沟文化;辽宁的查海文化;沈阳的新乐文化、偏堡子文化等,都是新石器时代最典型的文化遗存。

新乐文化遗址按地层关系和文化内涵可分为上、中、下三层。上层命名为新乐上层文化,距今约3000年左右的青铜时代。这一层文化以石器和素面夹砂红褐陶器为主。石器有石锤、石镞、石杵等。陶器有鬲、鼎、钵、罐等,多为瘤状耳、桥形耳,也有少量柱状耳、三角形耳,全部为手工制作。中层为偏堡子类型文化,年代为新石器晚期,距今约5000年左右,文化层较薄,出土的陶器有深腹罐、深腹钵、高领壶等,装饰着堆纹,刻着几何图案。下层为新乐下层文化,据今约7000年左右,是一处新石器时代早期聚居地。考古部门在近18万平方米的面积中发掘出房址40余座,面积20至100平方米不等。出土各类文物3000多件,石器有石凿、网坠、削刮器、石镞等;陶器有高足钵、簸箕形斜口器、弦纹筒形罐、之字纹筒形罐。其中最著名的是一只斜线纹高足钵,高12.3厘米,口径19厘米,底径6.5厘米,红陶衣、高足,通身饰以抹压斜线和网格纹,是新石器时代盛食器,殊为难得。还有更具文物价值的斜口器,人称"火簸箕"的火种器。同时出土的还有少量玉器、煤精制品、木雕艺术品、骨制品等。

沈阳新乐遗址博物馆外区复原展示的氏族成员生产生活场景

    由此,新乐成为沈阳史前最重要的古代遗址,为沈阳悠久历史增添了浓重一笔,同时为东北地区史前文化研究提供了重要的科学依据,填补了辽河下游地区早期人类活动的空白。最终,新乐遗址成为国家级文物保护单位,新乐遗址博物馆也成为沈阳的文化地标。

新石器时代飞来的"太阳鸟"

站在新乐遗址前的高岗上,面对苍烟落日里的沈阳城,我常常会想,现在的沈阳城里,还有多少新乐人的后裔呢?

在距今7200多年前的史前时代,当南方浙江余姚的河姆渡人开始栽培蔬菜、种植水稻、饲养猪牛的时候,北方沈阳的新乐人也开始了新的生活。他们居住在高岗上的半地穴式房屋中,灶膛边摆着他们自己发明的箕形火种器,随时可以取火。窗外的浑河碧水一望无涯,茂密而葳蕤的蒲苇丛中,嬉戏着数不清的水鸟。两岸冷杉翠柏,虬枝野藤,鹘鹰在林梢间追逐,猿猱于古木上攀缘。这里没有污染,更没有洪涝灾害。此时的新乐人已从纯粹的射猎生活过渡到刀耕火种的原始农业生活中,他们戴着玉石、煤精或兽骨雕成的项链,使用着精美的之字纹陶罐,吃着用黍子碾成的黏米,磕着附近山上采来的榛子。特别是他们的制作工艺,在同时代已居于领先地位,像他们做的玉珠,中心孔的直径才只有1.2毫米。其中最为值得骄傲的是他们的族徽木雕鸟,那是巧夺天工之作,是目前世界考古所发现的最早的一件木雕图腾艺术品。

在人类发展史上,木器应当是先民最早使用的器具;它要比陶器甚至石器还要早,打猎或采集食物用的木棒当是古人类手中最早最顺手的生存工具。但是,由于木器在一般情况下易于腐烂,不易保存,而只有在某些地下水相当

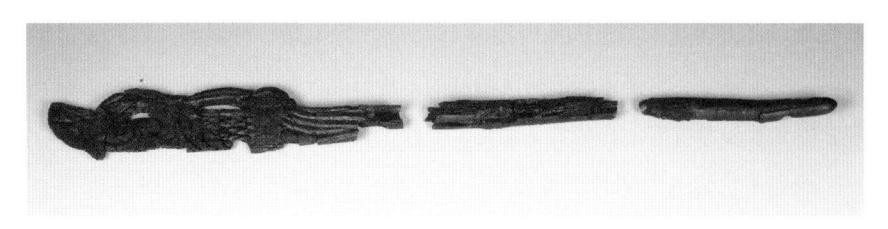

沈阳新乐遗址出土的7200年前的木雕鸟

丰富的沼泽地带才能较好地保存下来，所以，长期以来在考古过程中木器的发现相比石器、玉器、陶器等少多了，尤其是在史前时期。旧石器时期的木器，只有在非洲坦葛尼湖南端的卡兰博瀑布附近发现了一批保存完好的单尖和双尖木棒与短木锥；在英国的克垃克当和萨克郡的来灵根各发现一件木矛头。在中国，还没有发现旧石器时期的古人类木器，在新时器时代，中国考古有了木器的发现，但大都在南方，主要是江浙地区与新乐文化同时期的，如河姆渡文化和马家浜文化遗址等。这些木器的类型主要有农业工具、器物柄、狩猎武器、加工工具、水上交通工具、纺织工具、日常生活用具、棺木等。在这些木器中最具艺术元素的则是一条河姆渡遗址出土长11厘米、周身阴刻大小不等圆窝纹的圆雕木鱼，但在艺术高度、生动程度和在部落中的作用等方面，都难以和新乐文化遗址出土的木雕鸟相比。

新乐木雕鸟的发现是极为困难和罕见的，它是人类文明自有考古以来发现的第一件史前木雕鸟，甚至有学者断言，沈阳新乐新石器时代木雕鸟的发现，极有可能就这么一次。与新乐同一时期的河姆渡文化中发现的象牙鸟雕、红山文化中发现的鸟形绿松石雕等已属珍贵，那么木雕鸟则为贵中之贵。因为木制品在地下7200年的中国北方，早已腐朽而不见踪影，所幸新乐木雕鸟是在大火中以木炭的形式保留下来的。此外，形成木炭的新乐木雕鸟处于新乐遗址的炭化层中，极不容易发现，稍不留神，就可能与炭灰一起被处理掉。

所以，我总是认为，新乐木雕鸟的出土似乎是冥冥中的一种天意，一种天人感应。它是史前文明人与现代文明人的一次碰撞，一次对话，或者说是一

19

次机缘。它出现在中国进入新时期的1978年，绝不是一种偶然。古人说盛世华年，地不藏宝，它是中国或是沈阳城的一种吉兆。另外，还应该特别感激发现它的专家和考古人，那些具备文化素质和文化慧眼的人。

我曾多次进入新乐遗址博物馆，每一次我都要站在木雕鸟展柜旁观赏再三，一次一次惊叹它的精致和生动。它虽然在地下沉睡了7200多年，但做工的精细依然可见。这件全长38.5厘米、宽4.8厘米、厚1.0厘米的木雕艺术品，由嘴、头、身、尾、柄五个部分组成。除了光滑的圆柱形柄，木雕鸟全身双面雕刻，其中，头作涡旋状，中心部位有圆窝形眼睛，嘴呈尖状三角形；身部刻有整齐的菱格形纹饰，部分镂空，尾端稍有弯曲。鸟身处于一个平面，其平有如木工用合缝刨精刨出一样，上面的阴刻菱形立体几何纹饰既错落有致，又均衡细密，明显见出它是经过构思设计的。所以通体设计图案化，刀法娴熟流畅，线条刚劲细腻，宛若振翅欲飞的凤鸟，神形俱现，栩栩如生。其设计和雕工艺术超乎现代人的想象，虽已经炭化漆黑，却依然呈现出不俗的气质，令人难以相信它出自7200多年前的先祖之手。

有关木雕鸟的出土情形，我曾多次采访过第一位发现者张发颖先生。张先生1930年生于山东临邑，抗战期间，他当了7年儿童团长，1955年山东大学中文系毕业。他有一个能让他快乐的事——读书。他每周去省图书馆一次，一次借一面袋子书用自行车驮回来。那期间，他读了大量的书，抄了大量的书，几乎抄尽了省图书馆甲骨文和戏剧方面所有的书籍，还经常去省博物馆翻检瓷器文物，并同考古队混得烂熟，经常同考古人员一同到全省各地去搞考古挖掘，每天拿6角钱补助，自己掏伙食费。就这样，直到1978年6月。

1978年6月的一天，这位编外考古队员又随着考古队来到了新乐遗址。进驻新乐多天，但却没有大的进展。这一天的黄昏，夕阳衔着远处的地平线，迟迟不愿落下，像是有什么心事或是眷恋着什么。似乎有些预感，张发颖一个人再一次小心地下到已开掘出来的二号房址。

二号房址是一个半地穴式的方形遗存，长宽各约10米，在新乐遗址已发现的16座房址中，它的面积最大。房为木结构，有柱、梁、檩，覆以树枝、柴草等，全被火烧塌。基址文化层全是炭化物与灰土的堆积，有一尺多厚，大的东西如柱、梁、檩等还可依稀见其轮廓，其他几乎都是木炭碎块和黑乎乎的灰土。曾在这里清理出了陶器如罐、钵、箕形斜口器等；石器如磨盘、磨棒、玉刀、玉錾等。当中还有一个烧红土的大火塘，以作保存火种和取暖烧煮食物之用。张发颖明白，这是新石器时期先民的一个公共活动场所。

夕阳已渐渐切入地平线，透过林梢，蹲在二号址西北角的张发颖刚好能望见太阳的大半个圆脸，天地间半是橘红半是殷红。他有些奇怪，这时的光线怎么更强了？没多想什么，他又拿起铲子轻轻刮起。然而，这一铲子刮完，他顿觉眼前一亮，在新鲜的灰土木炭块层面上，出现了一条半寸多长从未见过的如蛛丝一样细的木炭缝。见此，他先是眼前闪光，继而大脑轰然作响，似乎天地与之旋转。直觉和考古现场知识告诉他，一般树枝和木块烧成碎裂的木炭，绝无这样精细笔直的边缘。这样精细笔直的炭丝只有加工过的木器烧后才能出现。而经人加工过的精细的木器，一定是极其重要、极为难得的地下文物。

他的心跳愈发加快，不得不站起来后退了一步，晃一晃头，证实一下这是不是真的。当断定奇迹肯定会发生之后，一种怕把东西弄坏的责任心促使他马上将不远处也在清理的省考古队负责人于崇源叫了过来，说明了他的判断并请于先生一起清理剔出。此时，参加发掘工作的孟方平等人闻之也纷纷围了上来，大家为即将到来的发现而兴奋。于崇源先是小心翼翼地清理出了一块，用剔签挑给了张发颖。张先生一看，激动得血直往上涌，全是刀法流畅的几何图纹，重要文物肯定无疑。两个人互相点了一下头，然后立即将其放回原处，轻轻地照原样衔接好，再用土封上。

接下来，他们进一步清理了一遍工作面，拿来501胶，这是因为炭化木器接触空气就会粉裂，必须边清理边用胶固定。一切都准备停当，张发颖和于崇源两人开始先是用剔签轻剔，然后用毛刷细刷，还不时地用嘴吹去灰尘。每次只剔出小米粒大的一点，剔净一点就滴上一滴501胶。

就这样经过两个多小时的屏息工作，整个东西已完全暴露出来，为了慎重起见，又通体滴了一遍胶，然后再埋起来让胶凝固。此时，大家才长出了一口气，于崇源先生破例地拿出一盒轻易不示人的好烟，每人抽上了一支。最后，拂去埋土，用剔签轻轻将那东西撬起，乍一看，整个轮廓像是一条鱼，因为它全身布满几何纹鳞片。但是仔细一瞧，不对，它尖嘴、敛翅、大眼盘、圆眼睛，原来是只鸟。面对这只精美的木雕鸟，发掘现场沸腾了。此时，夜幕已经降临，天空有无数的星光闪烁。

六月的夜晚，人类考古界升起了一颗新星。

那一夜，新乐上空槐花的晚香特别的醉人。

当晚，一向寂寞的新乐，小车云集，周围新乐宿舍和北陵公社的百姓们纷纷开门询问，不知又出了什么大事。

新乐木雕鸟的出土，引起国家有关部门的重视，经国家文物局炭14测定，距今已有7200年左右，并被定为国家特一级文物。张发颖先生也因此获得了政府相关部门的多种奖励，他后来调到了辽宁省社会科学院任研究员，成为研究唐英与中国戏班史的著名学者，出版有《唐英全集》《中国戏班史》《中国家乐戏班》等著作。

1998年，沈阳市政府根据木雕鸟原形，建了一座代表性城市雕塑，命名为"太阳鸟"。那一年，我将发现木雕鸟的过程写成长篇散文发表在9月1日的《沈阳日报》，题为《发现太阳鸟的人》。

称木雕鸟为沈阳人的"太阳鸟"，这是来自学界的初步认定，认为木雕鸟是东夷鸟夷人的遗存，新乐人当属鸟夷人中的一个部落。鸟夷人以鸟为图腾，这已有诸多例证。新乐木雕鸟发现于二号房址的西北角，古人习俗，房中的西北角是通神、敬神和神事的活动场所，于此发现木雕鸟，正好说明古人是把它作为神物——图腾来崇拜的。另外，木雕鸟的柄很长，约占全部的二分之一，按力学原理，它是将柄插在固定的部位，作为一种神圣的东西来供奉的，即一种小的图腾柱。鸟夷人是殷人的祖先。殷人以燕为图腾，所谓"天命玄鸟，降而生商"即是。如此说来，新乐人也应是殷（商）人的祖先，木雕鸟即是燕鸟的祖图腾。曾有学者考证殷人于白令海峡东渡，中华祖先拓荒美洲，印第安人是殷人的后代。如果这一说法成立，美洲人应该到沈阳新乐来寻根。我想这并不是玩笑话。在加拿大温哥华，我曾见到过许多印第安人留下来的木雕图腾柱，这些图腾柱上大都雕有一只或数只鸟，过去它们是印第安人的崇拜物，今

曾立于沈阳市府广场，以新乐木雕鸟为原型的太阳鸟雕塑

天已变成了一种北美独有的艺术品。我想这绝不是一种偶然的巧合，其中一定有着某种内在的联系。

关于这新乐木雕鸟是做什么用的，大部分专家推测为权杖，图案为新乐部落图腾徽识，或者是女性部落首领权力的标志。新石器时代，中华大地氏族林立，几乎每一个氏族部落都有自己的图腾崇拜，相信其为祖先或与之有血缘关系，所有的氏族成员都要加以崇拜。作为本土大族，新乐人当然更加注重对图腾的尊崇，故而这件作品十分精细，到了令人震惊的地步。

还有一个人们比较关心的问题，即新乐木雕艺术品是一种什么鸟？专家们根据实物，结合历史资料，初步认为是鹏鸟，即《庄子·逍遥游》"北冥有鱼，其名为鲲，鲲之大，不知其几千里也，化而为鸟，其名为鹏"的"鹏"。古人又认为鹏即是凤，凤为百鸟之王，是东夷鸟夷人的祖图腾。新乐人为东夷鸟夷人部落，其木雕图腾柱当为凤鸟无疑。东晋神话小说《拾遗记》有这样的记载："重明之鸟，一名双睛，言双睛在目，状如鸡，鸣似凤，时解落毛羽，

23

肉翮而飞。能搏逐猛兽虎狼，使妖灾群恶不能为害。饴以琼膏。或一岁数来，或数岁不至。国人莫不扫洒门户，以望重明之集。其未至之时，国人或刻木，或铸金，为此鸟之状，置于门户之间。"这或许就是对新乐木雕鸟功能的最好注释，可为互证。

"火籘箕"：史前最珍贵的火种器

每次路过新乐文化遗址博物馆，我都要看一眼博物馆正门墙壁上那一幅褐色浮雕画，画中间上部两个新乐人正在制陶，一个在拉坯，悠然自得；一个在划花，神情专注。图的下方是制成的陶器，有斜口器、双耳壶、罐和碗。这幅新乐人的制陶图，让我想起了新乐考古出土的大量陶器个体，那是新乐遗址的震撼发现。

世人多知新乐遗址出土了一件世上独有的木雕鸟，但却鲜有人知道，这里还出土了近800件个体陶器。同时考古还证明他们制陶的地点就在其居住的部落中，只是现在还没有找到具体的窑址。如此数量的陶器，在同时期的部落遗址考古发现中也是比较少见的。

据沈阳市文物管理办公室《沈阳新乐遗址第二次发掘报告》介绍："新乐遗址第二次发掘出土的陶器大部分集中出土于房址内东北角，少数在四周柱洞附近，又是大小不同的倒置套在一起。这些陶器印纹清晰，像是储备之物。在集中出土骨器的附近，地面上堆放着细沙，这些细沙除研磨穿孔之外，就可能是制作陶器所用的掺合料。一些骨器作为制陶工具的可能性也比较大。"这说明，新乐遗址既是当年新乐人的居住地，也是他们的制陶作坊。曾任新乐遗址博物馆馆长的周阳生先生在《新乐遗址考古发现与发掘始末》一文中说："二号房址出土陶器的完整程度出乎人们意料，二号房址出土的陶器除个别器物被现代沟打破而遗失以外，绝大部分陶器都可以完整地复原，竟有40件之多，这与一号房址出土的近200件个体中仅可修复几件完整陶器的情况形成明显的反差。二号房址的陶器大部分集中出土在东壁下的北端，其中还发现有大中小三个陶器套在一起的现象，还有些陶器的底部甚至没有使用或磨损痕，很像一个陶器储藏室，其完整程度是遗址发掘中极其少见的现象。"陶器制作出来，一时使用不了，还能储存，这说明当时新乐人的陶器生产已有相当的规模和剩余部分。不仅如此，从这些出土陶器中，更可见出7200多年前的新乐人在陶器制作上已达到相当高的工艺水平，且器型多样、纹饰简约，表现了沈阳祖先高超的制陶技术与生存智慧。

新乐出土的陶器主要以夹砂红褐陶为主，约占陶器的90%以上，少数为夹砂灰陶和夹砂黑陶，还有极少数的泥质红褐陶、泥质灰褐陶和夹滑石陶等。工艺皆为手制，以泥片接筑法制成，如主要器型深腹罐都是先制底后加壁，可能已使用慢轮。器型规整，陶壁薄厚均匀，内壁压光，外壁通体施纹。大型陶器如深腹罐通高可在50厘米以上，而且器壁仅厚1厘米左右，堪称奇迹。小型陶器如小碗只有残高0.5厘米。这些陶器火候较低，胎质较疏松。

新乐遗址出土的陶器器型多样，有深腹罐、敛口罐、高足钵、陶瓮、陶碗、陶塑、疑似纺锤等。这些陶器大部分都有纹饰，其中主要是压印之字纹和弦纹，也有器型多种纹饰互见，交替使用。在新乐这800件陶器中最为珍贵的，则是俗称为"火簸箕"的火种器，即新乐人贮存火种的器具。

人类所用的火种最早来自天然火。根据考古发现，在元谋人时期，原始人就会利用大自然的火来烧烤食物，在北京人时期，原始人已经可以引来天然火种，生起篝火，他们对维护火堆有了创新的做法，学会在不用火的时候，用灰土将火堆掩盖起来，让火在里边慢慢燃烧而不熄灭，在使用的时候，就扒开火堆，添加柴草，将火堆引燃。在这种"持续燃烧法"保留火的过程中，古人类从烧烤地附近的土变质中受到启发，发明了陶器，从而制作了第一个陶制火种器，这样可以移动火种了。

如今，新石器时代以前的陶制火种器已极为难见。2007年，河南洛阳市文物队在对孟津寨根新石器时代遗址进行考古发掘时，在一座5600年前的仰韶文化时期房基中出土了一件手制的夹砂红陶厚胎器。此陶器呈亚腰桶形，口径4.5厘米，底径9厘米，高12厘米。经考古工作者研究发现，这件貌不惊人的陶器竟是一件用于贮存火种的容器。其实，早在洛阳出土这件火种器20多年前，沈阳的新乐遗址的"火簸箕"就出土了，只是缺乏充分的宣传罢了。

沈阳新乐遗址出土的7200年前新石器时代火种器，俗称"火簸箕"

新乐出土的"火簸箕"有6件之多，大体都是敞口、斜壁、小平底，有的斜口呈"凹"形，有的斜口呈"U"形，总体为簸箕状。也有人称其为"斜口缸"，还有学者称其为"簸箕形器"或"异形器"等。这种器形在辽海其他地区，如富河沟门遗址、兴隆洼遗址、左家山遗址、敖汉旗四棱山、赤峰西水泉等红山文化遗址中也有发现。说明此类器物是7000到5000年前这一地区原始居民的常用器物。

新乐遗址出土的"火簸箕"大都是1973年第一次试掘和1980年第三次抢救性发掘时发现的。典型的高31厘米，一侧斜口如簸箕，口沿外侧作两条之字纹带。"火簸箕"大多发现在"边灶"旁，这为"火簸箕"的用途研究提供了新线索。考古学界在"火簸箕"的用途上常有不同的认识，有的认为是盛水的，有的认为是采果的，还有人认为是当簸箕或撮子用的。由于"火簸箕"发现在火塘边，可进一步证明这类器物是用来移置火种或撮灰之用的，所以学界通俗地称它为"火簸箕"。关于"火簸箕"的用途与意义，姜念思先生在《沈阳考古发现六十年概述》中有过精确的论述："新乐遗址出土的斜口器是一种器型很独特的器物，其功能推测是用来保存火种的。与此相似的器物还发现于辽西的红山、富河和小河沿文化，在吉林左家山遗址中也有出土。但上述文化的年代都晚于新乐文化，说明它们的斜口器可能源自新乐文化，由此可见新乐文化的广泛影响。"

类似"火簸箕"这种火种器是目前我国发现最早的人类贮存火种的容器，它具有便捷、实用的功能，不仅降低了火灾发生率，并有助于火种的到处挪动。而新乐遗址出土的"火簸箕"，其簸箕形设计更有利于火种的贮存、移置与播撒，同时这种红夹砂陶还有耐高温等特点，因此在人类用火史上占有重要地位。

当年，保温隔热形似簸箕或是撮子的陶制火种器，每当要生火做饭时，新乐人都会从部落的火种堆或者是火塘中取火，然后分散到每一人的家里。取火的过程精细而神圣，人们将斜口器对准火塘底部放下，当然，人们取火的地方，也可能是正在燃烧的火堆，也有可能是燃后未灭的柴灰堆，或者是公共保存的火种堆，取火者左手推掌住斜口器，右手用火棍从火塘中将火种拨进斜口器。宽大的器口正好利于火种的拨进和撮取。不管是燃烧的火炭还是柴灰，都可以一股脑地撮进或拨进斜口器，不管是面对正在燃烧的火堆还是已经是炭灰的火塘，都可以轻易填满斜口器。或许，为了保证火种能够点燃家里的火塘，还可以利用"火簸箕"的造型，来对火种进行一下筛选。

我们可以想象，傍晚时分的新乐，天边的云霞漫天，部落里的每一家，都由最重要的人手持斜口器取回对于每个家庭都十分重要的火种。然后，小心翼翼地将火种带回家中。家里的火塘里，已经堆满了干草和树枝。很快，古浑河北岸，飘起了袅袅炊烟，这宁静而安详的画面，是我们这座城市祖先们的日常，从7200年开始，延续了不知几百上千年。这古老的传递火种的"火簸箕"，传递的不仅仅是温暖，还有人类的繁衍与生息，更有这座城市的文明与光明。以至于今天奥运会上神圣的火炬传递，开幕式上的主火炬点燃，也是对火种的敬畏与崇拜。这些，都可以从新乐的"火簸箕"里找到最古老的传承元素。

沈阳这块神秘与尊贵高台地上的3种不同时期的文化遗存，虽然它们之间并没有相互继承的关系，但他们却存在了3000多年，直到青铜时代的到来。对于生活节奏越来越快的现代人来说，新乐人这3000年是一种漫长的寂寞。3000年过去了，部落前面的浑河迤逦荡漾，河里的鱼儿始终很多，长发飘逸的少女换了一茬又一茬，长尾的鸟儿还是那副高傲的模样。我们不能想象绝对原始状态下的生老病死、吃穿住用行，我们只能从祖先留下的生活碎片拼凑当年的文化环境。如今，时光荏苒了7200年，我们依然和新乐祖先同在一片星空下，星星还是那片星星，月亮还是那轮月亮，但星空下的土地、河水、树木不一样了，人也不一样了。今天的人除了过着文明、现代、小康的生活，还更重视7200年前祖先文明的传承与弘扬。新乐上空的三分明月和满天星斗如今已是最令沈阳人瞩望和探究的所在。正是从这个意义上，著名考古学家苏秉琦先生才对新乐遗址大加赞赏，他认为沈阳市有"两宝"，一个是沈阳故宫，另一个是新乐遗址。而另一位著名考古学家郭大顺先生则说："新乐遗址是沈阳市不可多得的珍贵文化遗产，是沈阳市一张亮丽的名片。"

如此，同在新乐这片星空下的沈阳人，世代相传，总会记得：大河之上，黄土之岗，有彼乐土，是我故乡。

SHENYANG
THE BIOGRAPHY

沈阳 传

第二章 青铜时代的月光剑气与窑火

在新乐人"火簸箕"所散发出来的星星火光和袅袅炊烟中,沈阳先民终于进入了青铜时代。沈阳先民进入青铜时代的时间要稍晚于中原地区,约在公元前2000年左右,但他们在接下来近2000年的青铜时代里,却创造了比新石器时代更为辉煌的历史文化,从后来发现的高台山文化、新乐上层文化、顺山屯遗址、湾柳遗址、老虎冲遗址、郑家洼子遗址等文化类型看,沈阳青铜时代的文化已蔚为大观,其制石业、制陶业、青铜铸造业及纺织业等几方面均有不俗的表现。

一把短剑走天涯

当中原王朝进入夏商之际，进入青铜时代的沈阳先民以一把短剑走天涯，他们中的部族头领或是军队将领，抑或有身份的贵族或士人，总是剑不离身。他们的佩剑不是李益《再赴渭北使府留别诗》中的"平戎七尺剑"，而是杜甫《重经绍陵》笔下的"风尘三尺剑"，甚至比"三尺"还要短，大约是今天的一尺左右，名副其实的短剑。他们或腰挎或手握这样的短剑，骑着带有精美铜制节约的骏马，风驰电掣在辽河两岸，浑河上下，偶尔短剑出鞘，剑锋在月色里闪着寒光，一如白居易《李都尉古剑》中的"白光纳日月，紫气排斗牛"，又如李峤《剑》诗中所说的"白虹时切玉，紫气夜干星"，遂成青铜时代沈阳地区最为亮丽、最为夺目的文化符号。

剑为短兵之祖，近搏之器，尊为古之圣品，人神咸崇。因其佩之神采，用之迅捷，故历朝王公帝侯，文士侠客，商贾庶民，莫不以持之为荣。青铜剑这种兵器作为军事要素之一，凝聚了一个国家或地区在当时条件下最尖端的生产技术，集中体现了当时的科技和文化水平。因此，在考古学领域，青铜剑历来被视为集时代、地域等多种历史信息的重要考古资料。

作为青铜时代最具代表性的青铜短剑，自有地区属性与式样的区别，这个时期东北地区的短剑系列在考古学上称为"中国东北系青铜短剑"，也有人叫作"东北曲刃青铜短剑""东北亚系青铜短剑""辽宁式铜剑""琵琶型短剑"等。这种剑的特点是剑身与剑柄分体组装，两侧剑叶呈单曲刃，普遍有突出的节尖和内弧的束腰，叶中间有柱状脊。剑柄有木质的、铜木复合的和"T"字形的，为加强锋刺的力量，剑柄端一般会用石、铁矿石，青铜以及用泥捏制烧成的加重器。这种曲刃式样的短剑，与中原青铜剑的形制有着很大的区别。在西周春秋时代，中原和江南地区的青铜剑都是一体铸造的，剑柄和剑刃在一个模子里铸出来，融化的青铜往模子里一倒，出来的就是完整的青铜剑，之后去除毛边，在柄上缠线，打磨锋利，就可以使用了。但是东北系青铜短剑则是将剑柄、剑刃分开制造，并且剑刃呈现出一种曲线，甚至呈现出一种琵琶型，所以称为曲刃短剑或琵琶型短剑。

目前在东北地区考古发现这样的曲刃青铜短剑近300件，其中沈阳地区发现最多，有30余件，而且最集中的一批和铸造年代最早的一件都出土在沈阳。这说明沈阳地区无疑是青铜时代青铜短剑制造和使用中心。

1958年，在沈阳市浑河北岸不远的郑家洼子出土了曲刃青铜短剑一件。1962年，在第一地点以南500米处，又出土曲刃青铜短剑一件。1965年8月，考古部门在郑家洼子发掘了14座青铜时代墓葬，其中在一座长5米、宽3米的大型土

沈阳地区出土的青铜短剑

坑木棺木椁墓中，发现了各种青铜器、陶器、石器、骨器，共42种797件。其中青铜器有马具、多纽铜镜、曲刃剑等，曲刃剑有3件之多。这是辽河中游浑河沿岸迄今发现的辽宁式曲刃短剑文化墓葬中，规模最大、出土随葬品最丰富的一座，显示出墓主生前的奢华生活和显赫的社会地位。而在一个地方前后

沈阳郑家洼子青铜短剑墓陈列馆

共出土了5件青铜短剑，这是东北地区发现青铜短剑最集中的地方。一时间郑家洼子成为考古界的一个热门地名，因为墓中缺少相关的文字记载，那尊贵而神秘的墓主的身份也成为千古之谜，引起许多人的猜想和探究。

2016年，相关考古部门在沈阳新民市法哈牛镇巴图营子村东北900米一处沙台地发现了距今3000至3800年左右的青铜时代遗址，因此地名为"北崴子"，故考古学者称为"北崴遗址"。遗址介于辽河与蒲河之间，西距辽河12.8公里，北距蒲河1.3公里，面积约为10万平米。遗址发掘出鼎、瓮、石串珠、石斧、石镞、石范、青铜短剑等文物。其中青铜短剑是考古人员在遗址中的房址外侧发现的，经鉴定年代属西周中期，是沈阳地区目前发现的年代最久远的青铜短剑，比全国闻名的沈阳郑家洼子古墓出土的青铜短剑还要早几百年。相比其他青铜短剑出自墓葬或是民间采集而来，这把青铜短剑是目前唯一一件在遗址中出土的。这个发现，为东北系青铜短剑的起源说提供有利的佐证，证明辽宁是东北亚青铜文化中心，完善了沈阳青铜考古学序列，同时也证明沈阳地区是当时东北亚最发达的地区之一。

北崴子等同一类文化遗存出土的青铜曲刃剑以及石范再一次证明，曲刃青铜短剑不是舶来品，多是在本地铸造。但铸造青铜短剑的技术却不是原发的，因为在其出现之时，中原和越地文明的青铜铸造技术已经达到了相当高的水平，充分说明当时以沈阳地区为中心的东北青铜短剑铸造技术已与中原甚至吴越地区有了沟通与交流。虽然出土于东北各地的曲刃青铜短剑在合金的处理上尚没有达到同期中原文化的水平，但是辽沈地区的先民在剑的造型方面充分发挥出了自己的想象力和创造力，这就是剑身的弧曲和早期非常明显的剑突。所以考古学界为其命名的"曲刃"二字，正好说明了它的独特价值。

青铜短剑的首要属性是兵器，但还具有尊贵礼器的性质。尤其是随着社会文明的进步和铸剑工艺的不断提升，士大夫阶层逐渐兴起佩剑之风，他们对于青铜剑的装饰性更加看重。一把上好的青铜剑就像今天的奢侈品一样，鎏金、错金银、镶嵌等装饰手段都被应用到青铜剑身上，以彰显主人的身份地位。这样的青铜剑已不仅仅是一件兵器，而成为了一种礼器，这从郑家洼子一座墓葬中出土3件青铜短剑得以证明，只有尊贵身份的墓主，才有资格随葬如此贵重的短剑。

那么，使用青铜短剑的人是哪个族群，学界尚有不同看法，但多数学者认为战国中晚期，随着燕国"却胡""灭貊""筑长城"等系列措施，拓展并巩固了疆土，几乎将沈阳甚至辽宁全境都纳入到了中原势力的版图，这为寻找青铜曲刃剑的流向留下了一些线索，这就是貊。貊族与燕人关系密切，似乎在习俗上与燕人很相近。从出土文物可以看出，沈阳及辽宁以貊人为代表的先民当时虽然保留了很强的自身文化特点，但也明显受到了燕文化的影响，并逐渐对中原文化产生了高度认同。正是认同并逐步吸收了中原地区的先进文化，沈阳的先民才与后来进入这里的农耕民族一起揭开文明进程的崭新一页。

以沈阳为中心的东北曲刃青铜短剑一度在东北亚地区呈现了非常顽强的

生命力，从西周中晚期直到汉初的800多年间，其古朴的形状和明显由其演化而来的短剑在很多遗存中都有发现，甚至对朝鲜半岛和日本列岛的青铜短剑样式产生了深刻影响。

　　从战国时期开始，中国逐渐大规模冶炼铁器并将其运用到生产生活中。铁器时代的到来，代表着青铜时代的结束，同时也意味着显赫近千年的青铜短剑将退出历史舞台，沈阳先民一把短剑走天涯的浪漫与豪放也逐渐隐入历史。到了西汉初期，青铜短剑已完全消失在人们的视野中。然而，青铜短剑的消失，并不意味着它们的主人和青铜文化的绝灭，而是标志着历史发展到了一个新的阶段，社会生产力提高到了一个新的水平。而在辽河、蒲河、浑河间生活的沈阳先民，将带着一身的月光剑气，开始一个更为激荡人心的新的时代。

高台山上的"东北第一窑"

青铜时代的沈阳，文明的亮色除了青铜短剑文化，就是三足陶器彻底取代了延续数千年的平底筒形陶器和彩绘陶。青铜时代的月光剑气辉映着点点窑火和亮丽的红陶皮壳，形成那个时代最具特色的艺术风华。

与新石器时代不同的是，青铜时代的陶器在中国典籍中已有了文字记载。《周书》云："神农耕而作陶。"虽然所记神农还是传说，但却有了《周书》的记载。《墨子·耕柱》也说："铸陶于昆吾。"这是说颛顼之后，夏代的昆吾族善于烧制陶器和铸造青铜器。同样，青铜时代的沈阳先民也如中原的昆吾族一样，善于烧陶。随着青铜时代的到来，陶器制造和使用等方面也发生了一些变化，沈阳先民们已不完全局限于新石器时代简约的压印之字纹的罐与钵，而是上升到更为艺术的多"耳"多"足"的作品。夹砂陶广泛应用，三足器比较兴盛，器耳异常发达，器型种类不断丰富。他们不仅能制作出多样美观大方的四系壶、小口壶、高足钵、筒形杯、双耳罐，还能制作工艺更为复杂的陶器，如烧煮的陶鬲、蒸煮的陶甑、熏蒸的陶甗、烹煮的陶鼎、盛肉的陶豆。陶器纹饰方面，更趋向于实用的素面陶，或施以附加堆纹，还有的表面施红陶衣。在制作上以手制为主，但慢轮的使用开始增多。手制方法有泥片接筑、泥条盘筑、直接捏制等。那些高台山人、新乐人或是顺山屯人、老虎冲人、湾柳街人，在领略着陶艺器皿所带来的视觉享受的同时，更享受着功能不同的各种陶器在火中所制作出来的人间美味。劳动创造历史，陶艺产生美味，青铜时代的陶器，让 4000 年前的沈阳人充分体验到了制陶的美好与快乐。

沈阳地区青铜时代的陶器制作与使用，当以高台山文化最具代表性，它有约 4000 年的历史，2006 年被批准成为全国重点文物保护单位。高台山文化是一处包含上中下三层不同时期文化遗存的古代遗址。下层属于新乐文化，中层属于偏堡子文化，上层属于青铜时代文化，而以青铜时代早期文化为主。早期的高台山青铜文化遗址曾发现多座墓葬，出土了大量陶器，器型有罐、壶、豆、高足钵、鬲、鼎、甗、纺轮等。其中对于沈阳陶瓷史来说最有价值、最令人振奋的，则是沈阳乃至"东北第一窑"的发现。

高台山陶窑是 1976 年发掘时发现的，地点在东高台山脚下高台地上的东南端。此窑室废弃后曾作为灰坑使用，考古工作者在这个坑里曾发掘出多件可复原的大件陶器。相关考古报告显示："窑室平面略呈方形，正南北方向。残长 1 米，宽 1.2 米。南部已全部被破坏，不能复原，西北角尚残存高 40 厘米的红烧土窑室内壁。下面草拌泥窑箅厚约 12 厘米，均已塌毁，箅孔直径约 3 厘米。窑底南高北低，有 3 条放射状烟炱残痕，当为火道，推测或与半坡横穴窑相仿，但箅孔不太靠近周围。"这是东北地区考古发现最早的陶窑，它的意义不仅仅是一个陶窑残址，重要的是为沈阳的陶瓷历史地位奠定了坚实的基础。

据相关文献记载，中国目前最早的陶窑是在距今 6000 年的西安半坡遗址发现的，其后是距今 5000 年的仰韶文化遗址中发现的陶窑，高台山陶窑虽然略晚，规模也显得较小，但这在东北地区已极为难得。它在中国陶瓷史和辽海文化史上的价值与意义，还有待进一步发掘。

三足器里飘出黍米香

中国陶器中的三足器最早出现在新石器时代，如鬲、斝、盉、鬶、甗等，这种造型奇特、变化微妙、使用时间长、流布范围广的中国文化特有之物，早已引起前辈学者的关注，并称之为"中国古文化的一种代表化石"。随着青铜时代的到来，陶器的制造和使用也发生了重大变化。早在新石器时代，以沈阳新乐下层文化压之字纹筒形深腹罐为代表的陶器，到了青铜时代，不管是在器型上还是在制作手法上都有了长足的进步，其中最突出的就是三足器的兴盛。从考古发现看，沈阳地区三足器的出现时间最早应是新石器时代晚期与青铜时代早期的过渡阶段，发现地主要有高台山文化遗址、新乐上层文化遗址、法库湾柳遗址等，其器型以鬲、甗、鼎为主。三足器代表了青铜时代沈阳陶文化的最高成就，对沈阳先民生活方式的改善与文明进步有着重要意义。

"鬲"作为一个象形字，有两个读音：一个读 gé，指夏时的方国"鬲国"和"鬲姓"；另读 lì，即古代的一种三足陶器。作为陶器的"鬲"最早出现在距今5000多年前的新石器时代晚期。大约在公元前2000年左右的青铜时代，仿照陶鬲又出现了一种青铜鬲。沈括《梦溪笔谈》中说："古鼎中有三足皆空、中可容物者，所谓鬲也。"此时，"鬲"不仅是一种生活用具，还逐渐成为一种重要的礼器。直到战国时期，"鬲"才开始从人们的生活中消失。

陶鬲作为一种在远古具有独特形制和多功能用途的炊事用具，确实很奇异。尖底器、圆底器世界各地都可看到，但三足合在一起而成用具，唯鬲是膺，实在是华夏先民领先世界的一项伟大创意。它的形状和鼎非常相像，二者的不同之处主要在于鼎的足是实的，而鬲的足是空的，鼎的足与鼎身不相通，而鬲是相通的。当时人们将食物放入鬲中，然后在下面烧火进行烹煮。鬲一般为侈口，袋足上粗下细，流线形显出浑圆饱满。整体观之，敦实而古朴。

沈阳康平县顺山屯墓葬出土的青铜时代的陶鬲

在已发现的沈阳早期青铜时代遗址里，曾出土过许多鬲，且多数造型美观大方、素雅古朴。不仅如此，青铜时代沈阳先民还开始使用甗和鼎。

甗是一种古代陶制炊器，由甑和鬲或釜组成。甑半圆形，有耳或无耳。底有具备箅之功能的方孔或圆孔，有的在器壁近底处也有孔。甑不能单独使用，必须置于鬲或釜的上面。甑内置食物，利用鬲中煮水产生的蒸气上升到甑中，将食物蒸熟，如同现代的蒸锅。甑与鬲合起来的器物就是甗，甗则包含了甑和鬲两部分。

提到甑，就会想起"甑尘釜鱼"的典故。这个典故出自《后汉书·独行列传·范冉》："所止单陋，有时粮粒尽，穷居自若，言貌无改。闾里歌之曰：'甑中生尘范史云，釜中生鱼范莱芜。'"东汉时人范冉，字史云，山东莱芜人，曾为莱芜县令，世人称其为"范莱阳"。归隐后家贫，时常断炊，致使甑里蒙上了厚厚的灰尘，釜中也生出了蠹鱼。但他却不以为意，言笑自若。乡里人作歌谣调笑他说："甑中生尘范史云，釜中生鱼范莱芜。"后以"甑尘釜鱼"形容生活贫困，也比喻官吏清廉自守。

青铜时代老祖先所发明的蒸器自春秋战国，再经先秦两汉，一直使用下来，到了明代，甗的材质已有多种，《本草纲目》集解说："黄帝始作甑、釜。

北人用瓦甑，南人用木甑，夷人用竹甑。"直到现在，尽管材质或方式进化了，名称也变成了"蒸锅"，但原理一如当年。"甑"本身也早已成了生僻字，除了考古与历史专业，已很少再用，但在陕西关中地区，这个字还很鲜活。看过电视剧《那年花开月正圆》的人都记得，剧中女主人公周滢爱吃的一种糕就还用这个字：甑糕。它是当地一种传统风味小吃，用糯米、红枣、红豆置铁甑上蒸制而成。

4000多年前的沈阳先民就有了甗，也有黍。黍是北方常见的一年生草本植物，其穗结浅黄色籽实，脱皮后称"黄米"，具有很强的黏性。《说文解字》道："黍，禾属而黏者也。"黍是中国最早的农作物，在《诗经》中就有"无食我黍"之句，再往后，更有名的则是孟浩然《过故人庄》中的句子："故人具鸡黍，邀我至田家。"在辽西，世代的农民总要种上几亩地的"黍子"，虽然产量很低，但不能不种，因为它是旧时一年中过年过节必备之食物。老家人称其为"大黄米"，是相对于一种黏谷子脱皮的"小黄米"而言。过端午节时，大黄米用来包粽子；过年时，大黄米又用来蒸年糕，而"小黄米"虽也很黏，却只能用来蒸豆包。

当年的沈阳先民，因为还没有发明"面"，所以他们用陶甗所蒸的也只能是黏黏的黄米饭。而他们所食用的黍是野生的还是种植的，尚难以考证，但有一点可以肯定，他们已开始熟练地采集谷物，能蒸黄米饭了。

甗的功能是单独蒸米饭，它不能煮水，更不能煮粥。鬲的三只袋足接触火的面积大，炊煮热得快，很适于煮水和煮大块的肉，但也不适于煮粥。因为它三足内空，既不利于搅拌，又容易沉底，产生焦糊。后来远古先人经过观察就将中空的袋足缩小，甚至取消了空足，变为圆底或平底实足，这就成了鼎。鼎的造型开启了远古陶器的新境界，人类因此在食物的制作上分工更趋细致与合理。鼎是中华文化的重要标志，有着丰富的文化内涵。许慎在《说文解字》中说："鼎，三足两耳，和五味之宝器也。"这说明最初的鼎是由远古时期陶制的食具演变而来的，即是由釜、陶支脚和灶组合而成的。鼎的主要用途是烹煮食物，鼎的三条腿便是灶口和支架，腹下烧火，可以熬煮、油烹食物。自从青铜鼎出现后，它又多了一项功能，成为祭祀神灵的一种重要礼器，不仅有了三足的圆鼎，还有了四足的方鼎。

青铜时代的沈阳地区考古发现了多件陶鼎，如新乐遗址、康平顺山屯遗址、法库湾柳遗址、沈北道义遗址等均出土过夹砂红褐陶与夹砂褐陶鼎。这些陶鼎代表了青铜时代沈阳先民的创造性和审美能力，同时也让部落饮食生活有了质的飞跃。陶鬲可以煮水煮肉，陶甗可以蒸米蒸面，陶鼎既可煮水，也可煮粥，一器多用，饮食器的明确功能，让人类的饮食增加了更多的方便与美味。同时也说明，在中国古代文化体系中，以辽河流域为中心的东北，或说沈阳，绝不仅仅是"罐文化系统"，它有罐，有壶，有鬲，有甗，更有鼎。

月光下的壶影与蛙鸣

在青铜时代沈阳先民的陶器制作史上，几乎所有的遗址都有壶的出现，说明壶在当时生活中具有不可替代的作用。

以沈阳高台山文化和新乐上层文化为主的沈阳青铜时代遗址发现的陶壶是新石器时代很少见到的，这正可说明沈阳先民在饮食文化上的进步。如高台山出土过四系壶、无系壶、圈足壶、小口壶；新民牛营子遗址出土过单柄壶；辽宁大学遗址出土过双层桥形錾耳壶；湾柳街遗址出土过彩绘壶；于洪区郑家洼子出土过弦纹壶。这些壶或为夹砂红褐陶，或为褐陶，或为红陶，或是手工制作，或是慢轮制作；或是有系，或是有柄，或是短颈，或是高领，或是敞口，或是侈口，或是纹饰彩绘，或是素面磨光，都表现了多样的工艺和形制。尤为难得的是在郑家洼子遗址中，还出土了泥质灰陶弦纹壶。这件壶证明青铜时代的沈阳人在陶器制作上不仅有了泥质灰陶，而且开始轮制。壶上那一道道清晰而规律的弦纹，说明当时沈阳人的制陶工艺已大大进步。

从沈阳青铜时代遗址中大量陶壶的出现，我们可以想见，4000多年前的沈阳先民在陶器的制作与使用过程中，已开始分工细化。壶在饮食生活里，不管是实用性，还是观赏性，都已占有重要的地位。

就在青铜时代的沈阳先民坐在火塘边，在月光下以弦纹壶煮水谈天的时候，远处会传来断续的蛙鸣，"稻花香里说丰年，听取蛙声一片"，或许也是那

沈阳于洪区郑家洼子遗址出土的青铜时代陶蛙

个时代沈阳先民的生活场景。这一切都凝聚在郑家洼子青铜短剑墓出土的那只颇具情趣的陶蛙身上。

因为历史人文系列专题片《沈水之阳》的创作,曾陪同大型人文纪录片《南宋》的导演夏燕平先生参观沈阳郑家洼子青铜短剑墓陈列馆。在陈列馆中,夏先生和我最感兴趣的一件文物是那只出土的青铜时代的陶蛙。想象当年,郑家洼子这地儿,一定是水草丰茂,清风明月之下,蒲苇丛中,蛙鸣一片。这从陶蛙那背隆腹圆、眼睁腮鼓的神态中就能领略一二。

就考古学来说,这只约3000年前的陶蛙在青铜时代陶制雕塑动物器中极为珍罕。在此之前,我们曾见到过仰韶文化中的陶鹰尊和红陶猫头鹰头,以及大汶口文化中的陶狗鬶,但还没见到过陶制蛙,只是在新石器时代和青铜时代出土的彩陶上见到过蛙纹,如仰韶文化中的蛙纹壶,马家窑文化的蛙纹壶、蛙纹瓶等。

蛙是远古人类崇拜的动物之神,那是源于人类对洪水灾害的祈福。人类祖先在生存环境极其恶劣的远古时代,精神上往往都会皈依某种令人敬畏的神灵,这种神灵要具备极强的本领,并求得保护。于是,水陆两栖、不怕洪水、不怕旱灾、生殖能力强的蛙就成了这个神灵的载体。人们模仿它，崇拜它，希望获得与它一样的能力，这样，原始先民在精神上就有了战胜灾难的勇气。随着人类宗教意识的不断发展，蛙这个在氏族部落中深入人心的神灵形象自然而然地就大量出现在远古的彩陶纹饰之中，甚至还制出了蛙的陶塑。郑家洼子出土的陶蛙就是在这样的背景下产生的。

这只陶塑蛙长 11.5 厘米、高 4.9 厘米，夹砂红褐陶，手制。蛙的形态是蹲伏而隆背，头上仰，似在寻找捕食的机会。背上有三道蛙纹，非常有动态感。整只陶蛙以其自由变化的曲线和充满生命力的造型，几乎完美地表达了生命的节奏和韵律，看上去惟妙惟肖，生动传神。青铜时代有如此陶塑，实属罕见，其艺术美感与珍贵程度令人称奇。

我向从浙江来的夏燕平先生介绍这只陶蛙，述说我的感受。他也啧啧称奇，说一定要写进《沈水之阳》专题片里，从这只蛙的身上，正可看到3000多年前沈阳先民所体现出的人文精神和艺术情趣。

SHENYANG
THE BIOGRAPHY

沈阳 传

第三章 候城障塞，玄菟故郡

在沈阳浑河岸边的五里河公园，伫立着一座高15米的青铜雕像：一位英武的将军执戈而立，两匹驾车战马前蹄腾空，如血残阳里，让人犹闻嘶鸣之声。他就是沈阳的开城之祖——秦开。这座重达50吨的青铜雕像，如同一枚重磅引首印章，钤刻在沈阳这幅历史长卷的开篇处，见证着2300年的沧桑往事。

老城里的候城

沈阳城的北部，位于贯通全城南北的通衢大道黄河北大街上，有一个不起眼但全城人都知道的地名"三台子"。匆匆的路人总要发出疑问：这里为什么叫作三台子？难道还有二台子和一台子？答案是肯定的，只是一台子被称作"头台子"或"大台子"。为什么沈阳城的北部会有这么多"台子"？其原因还要从战国时期燕国的"秦开却胡"开始。

"秦开却胡"是中国历史上战国时期燕国大将秦开击退东胡、固土开疆辽东的著名史实。《史记·匈奴列传》记载："燕有贤将秦开，为质于胡，胡甚信之。归而袭破走东胡，东胡却千余里，与荆轲刺秦王秦舞阳者，开之孙也。"这段话是说燕国有名将秦开，"图穷匕首见"故事中随荆轲一起刺杀秦始皇的秦舞阳，就是他的孙子。历史上燕国与东胡相邻，东胡是鲜卑和乌桓的先族，《后汉书》说它因居匈奴之东而得"东胡"之名，是"与匈奴并盛"的强大游牧部族。东胡经常南下骚扰燕国，抢夺财物，来去无踪，令燕国防不胜防，难以应对。为了边境安宁，燕国只得安抚东胡，并送上人质，这些人质中就有秦开。后来成为名将的秦开在作人质时就为未来埋下了伏笔，他对东胡的风俗和战术情况摸得一清二楚，等于是公开"潜伏"在敌人内部，掌握了大量情报。这才使得他回到燕国成为将领后，知己知彼，统率大军一举击败东胡，迫使东胡远走千余里，不仅解除了燕国的北境边患，同时夺取了辽东的广大地区，

沈阳五里河公园里的秦开塑像

"直至满番汗为界",即今天的鸭绿江边。秦开之功,堪与乐毅媲美。

秦开却胡之后,燕国在广袤的新领土上陆续设立了上谷、渔阳、右北平、辽西、辽东五郡,沈阳地区即属辽东郡。除了设置郡县,燕国还在河北北部到辽东东部之间修筑燕长城,以防御东胡入侵,这条长城,就是今天仍存在的燕长城。燕长城西起河北造阳,东至襄平(今辽宁辽阳市),其中一段从沈阳北部穿过。如今,在沈阳东北部的高坎镇,还留有数座战国两汉时期的烽火台遗址,而在法库叶茂台西山、北山之上,也发现了石筑燕长城遗址。

就在燕长城连绵不断的烽火台下,燕国于燕昭王十二年(前300)在辽东郡设18县,据《汉书·地理志》所载:"辽东郡,户五万五千九百七十二,口二十七万二千五百三十九。县十八:襄平、新昌、无虑(西部都尉治)、望平、房、候城(中部都尉治)、辽队、辽阳、险渎、居就、高显、安平、武次(东部都尉治)、平郭、西安平、文、番汗、沓氏。"在这18县之中,排在第六位的"候城"就是现在的沈阳,是沈阳第一次以城市之名出现在中国历史上。这

1993年，沈阳宫后里候城址发掘现场

是历史文献中首次具体记录辽东郡县的文字，也是首次出现"候城"的记载。

候城之所以称为"候城"，主要是因为它是一个军事重镇。"候"在《说文解字》中的解释是"伺望也"，又有"侦察""守护"之意。后来将守护边防、伺望敌情的台堡称为"候"。《汉书·武帝纪》颜师古注说："汉制，每塞要处别筑为城，置人镇守，谓之候城。"由"候"而"城"，从侦察守护、伺望敌情、边关障塞的一个军事重镇，再成为专有的县名。

候城的创建和发展在沈阳的历史上具有划时代的意义，它将沈阳真正纳入到中原文化圈，从此之后，沈阳地域文化完成了最重要的一次历史转型，开启了一个全新的城市文明时代，不仅使沈阳成为战国秦汉辽东郡北部的军事重镇，见证了这块土地两千余年的兴亡与进退，同时也在中原农耕文明和北方渔猎与游牧文明交汇点上，逐渐成为东北的中心城市。

候城让沈阳有了2300年的建城史，然而，候城的城址到底在哪里，史书上没有明确记载，史学界曾有多种推测，辽沈地区数代学人也在苦苦寻找，但始终未有定论。直到1993年沈阳故宫北墙外的宫后里东亚商业广场（现为盛京百货·盛京大家庭）施工工地古城墙的发现，才确定候城城址在沈阳老城区。

据著名考古专家、东北文博事业奠基人李文信之子，沈阳故宫博物院名誉院长李仲元先生《古候城考》一文介绍，早在候城遗址发现之前，沈阳城内就发现有相当数量的战国秦汉时期古墓，如1958年发现的沈河区热闹路热爱

沈阳沈河区热闹路热爱里战国墓出土的候城时期的陶鼎

里1号战国墓,1980年发现的大东区新光机械厂仓库院内战国墓,1970年发现的沈阳老城大南、小南一带的汉墓群等。1971年和1975年,又发现了沈阳故宫东路院内和南邻的沈河区公安分局院内两处汉代遗址。遗址内发现了大型建筑台基和大量秦汉时期遗物,有古井两口,瓦当、筒瓦、板瓦等建筑构件多种,还有瓮、甑、釜、豆、盆、罐等战国、秦汉时期的日常生活器皿。此外,还发现许多秦币"半两"、燕币"一刀"、汉"五铢"和王莽"货泉"。这些墓葬和遗址说明沈阳老城里存在着一处战国秦汉时的重要城址。

1993年,考古部门终于在沈阳故宫北墙外宫后里东亚商业广场发现了后来证实的候城遗址。此处遗址的古城墙,墙体东西走向,黄土夯制,夯层厚度13厘米左右,层层相叠,夯窝密集,清晰可见。墙体基本面貌可辨,最高残高2.3米,为三次修筑:始修为战国时期,残存20米;第二次、第三次修筑是在原墙体上加高加宽，为两汉时期补修，发现长度达120米以上。墙址北侧有人工开掘之沟河遗址。墙内外发现大量战国汉代瓦当、筒瓦等建筑构件和瓮、甑、釜、豆等陶器残片，还有半两、五铢等钱币及铜箭镞、木箭杆等遗物。通过考古发现，基本得到以下四点证实：第一，墙体长宽高等规制和施工状况说明，非为衙署、民居之院墙，具典型之城墙特点；第二，城址在上述古遗址（即沈阳故宫东路院内和南邻的沈河区公安分局院内两处汉代遗址）之北，距离很近，遗物亦属同一类型，是同时期建筑；第三，墙体北侧之人工河为当时的护城河；第四，城墙三次修筑，说明此城战国时建，两汉续修，连续使用年代很久。根据这些考古发现，再与相关史料印证，考古学界证实此处即为古候城遗址。

候城遗址终于在沈阳老城得到考古证实，从此让沈阳2300年的建城史不仅有了史实和文字记载，同时也有了考古实证。

战国初创的候城，虽然规模不大，但却是经略辽东的战略要地，势若襟要。随着局势的稳定，外来移民增加，商贾贸易日盛，设施不断完备，逐渐形成了完整的城市面貌，在辽东郡中有着重要的战略地位。它作为辽东郡的"中部都尉治"，东连"东部都尉治"武次（今辽宁凤城县），西接"西部都尉治"无虑（今辽宁北镇县），南通襄平（今辽宁辽阳市），互为犄角，相互策应，成为北部长城防线上的一个重要节点。

东汉中期，候城直接面对高句丽的进攻，并一度遭到焚烧。随着东汉的灭亡，存世500多年的候城也完成了它的历史使命。东汉之后，史书上已难以见到候城的名字。《晋书·地理志》载："玄菟郡，汉置，统县三""高句丽、望平、高显。"说明到了晋代在玄菟郡下已没有了候城。但不管世代如何更替，在沈阳，候城的历史基点始终不变，此后的辽代沈州、元代沈阳路、明代沈阳中卫、清代盛京皇城，包括民国一度统治东北的张氏官邸，重建也好，扩建也罢，城市中心位置几乎都是建在候城遗址之上。在这2300年的历史断面上，重叠着各个王朝的城市中心，尽管他们不在同一个文化层上，但却各自都创造了自己的辉煌。

历史文化名城沈阳，无论如何也离不开候城的光辉起点。

来自巴山蜀水的候城障尉

从"秦开却胡"到东汉灭亡，沈阳的前身候城存世近500年。这在漫长的时光里，沈阳先民和来自华夏各族精英志士共同完成了候城的繁荣与发展。在候城500年的开发史中，许多中原和江南的有识之士来到辽东之地，参与候城的开发、建设与管理。500年的候城，不知有多少署理这个地方的官吏，但经过2000年的历史风云，这些人的名字几乎都湮没在前尘影事之中，浩浩典籍中只记载了陈禅一人，他的职务是"候城障尉"。这是沈阳历史上的第一位地方官。

关于陈禅，范晔《后汉书》里有他的传，他以高尚的人格和家国情怀，在后世有着比较广泛的知名度。

陈禅字纪山，巴郡安汉（今四川南充市）人。他年轻时即能举善罚恶，乡人敬畏，后举为孝廉，征召为州刺史的高级佐官治中从事，负责文书管理，成为刺史身边的人。当时刺史被人检举受纳赃赂，陈禅也牵连进去被逮捕考查。被拘走那天，他随身只带了几件丧殓之具，已抱定必死之心。这期间，他受尽拷打，遍尝五毒之刑，但神色自如，口供不变，最终案情得以化解。此事传到车骑将军邓骘那里，将军感佩他的气节和名声，于是征召举荐他为秀才。当时汉中蛮夷反叛，朝廷任命陈禅为汉中太守，夷贼久闻他的名声，立即向他投降臣服。不久陈禅又升为左冯翊，并入朝拜为谏议大夫，专掌议论之事。

进入朝中的陈禅，依然不改他孤正刚直的风格。汉安帝刘祜永宁元年（120）西南夷掸国王向东汉献幻人，即魔术艺人，这些人在表演中能口吐火焰，还能自己肢解身体，为牛马换头。第二年元旦皇帝朝会群臣，在宫中共同观赏这种表演，乐此不疲。陈禅对此事很是看不惯，于是独自离席并举手大声说："从前齐、鲁两国为夹谷之会，齐国作侏儒之乐，孔子斩了侏儒，还说'放郑声，远佞人'。就是要放弃和禁绝郑国的淫秽音乐，远离危险的小人。因此在帝王的宫庭里，不适合设置夷狄的幻人杂技。"陈禅直言上谏的行为受到其他大臣的弹劾，指认他借此事讥讽朝政，请皇帝将其治罪下狱。最终皇帝没有将其关到监狱里，但却下诏贬其为玄菟候城障尉，尽管朝中许多大臣为其争辩，但最终他还是接受皇命，并上交妻子、孩子及随从者的名单，远赴辽东任上。

历史给了他遭贬但却扬名立传的机会，让他在辽东，在候城这个不同以往的舞台上再展雄才，留名青史。

陈禅一家人风餐露宿，行程数月，从洛阳来到候城。他虽然被贬，但还有官职；虽遭放逐，但还不至于贫赛，而且在路上，他就听到巴蜀故乡人闻知他在朝中因直斥幻人表演而被降职放逐之事非常不满，并作歌警示朝廷，赞美其严明正直之举："筑室载直梁，国人以贞真。邪娱不扬目，狂行不动身。奸轨僻乎远，理义协乎民。"歌谣开篇以比兴之法说："盖房子要有直木做大梁，国人要以忠贞正直作为真实品格。淫邪的歌舞不要睁眼去看，行为不端的事不要动身去做。从而远离奸邪与不轨，将这些正确的理义教给人民。"这首歌谣后来收入东晋成书的专门记述古代中国西南地区历史、地理、人物的《华阳国志》一书中，足见其影响之大。

有这样一位清正的官员来治理地方，自然是候城之幸，虽然他只是一名小小的"障尉"。东汉官制，县一行政机构设有县令或县长，一般是万户以上大县设令，万户以下小县称长。县令、长之下设丞一名，管理文书、仓库和监狱；设尉一名，专管武事。陈禅当时被降职为"玄菟候城障尉"，即便候城是"中部都尉治"，属大县之例，他的"障尉"之职还有玄菟郡派驻"中部都尉"之性质，但也是职责很大、官位不高。至于他的"障尉"之名，则是东汉官制中边地与内地县尉的区别之称，只有边关之县才称"障尉"。《后汉书·百官志》载："边县有障塞尉。"清人王先谦《后汉书集解》在解释这一职务时说："陈禅为玄菟候城障尉，即障塞尉也。汉制每塞要处，别筑为城，置人守塞候望，谓之候城，即障也。""障"原义本就是边塞上险要处用以防外敌悍寇而筑的小城，所以汉时特设边塞之县尉为"障尉"，不仅在辽东，其他北部边塞如河西走廊等地也均设此官职，"障尉"遂成为汉代北部边境障塞候燧系统的特有职官。

陈禅官位虽小，但到候城任上时间不长就业绩突出名顿显。根据《后汉书·陈禅传》的记载，陈禅经过数月的行程，大约在东汉安帝建光元年（121）的下半年来到候城，在此后的5年多时间里，他没有离开过辽东地区，而这一时期恰恰是候城和玄菟郡最为多事、最为艰难之时。

东汉时期，中央政府对辽东的经营已远不如西汉，到了东汉和帝时期，东汉建国也就是三四十年时间，辽东的局面在多个崛起的少数民族对峙中已是岌岌可危，当时与辽东、玄菟二郡接壤而争雄一隅的，有迁都于鸭绿江右岸集安（今吉林集安市）的高句丽民族、高句丽北邻的夫余部、辽西的乌桓和鲜卑部等，其中以叛服无常的高句丽威胁最大。就在陈禅到候城的这一年，玄菟郡因不堪高句丽的侵逼，其辖地越来越小，已被迫由抚顺东洲小甲邦汉城，继续内迁至今天沈阳浑河南岸的上佰官古城，并且把辽东郡的高显、候城、辽阳三县划属玄菟郡，这三县都在今沈阳境内。此后十几年里，高句丽将攻扰的重点放在浑河流域，候城则首当其冲。《三国志·高句丽传》记载："殇、安之间，句丽王宫数寇辽东，更属玄菟。……焚烧候城，入辽隧，杀吏民。"焚烧后的候城，迎来历史上最艰难的时期。

而公元121年，又是候城和玄菟郡最为多事之年，据《资治通鉴》等记载，这一年的春天，"幽州刺史巴郡冯焕、玄菟太守姚光、辽东太守蔡讽等将兵击高句丽，高句丽王宫遣子遂成诈降而袭玄菟、辽东，杀伤二千余人"；夏天，"四月，高句丽复与鲜卑入寇辽东，蔡讽追击于新昌（今鞍山南旧堡），战殁"。蔡讽死后，姚光继续率军征战，并联络已臣服汉廷的夫余王，最终击退了高句丽对玄菟的围攻。然而，却有奸人用假玺印伪造皇帝圣旨，将姚光谋杀。尽管这桩冤案很快被澄清，但却给辽东边防造成了无法弥补的损失。冬天，"鲜卑寇玄菟"；"十二月，高句丽王宫率马韩、貊数千骑围玄菟，夫余王遣子尉仇台将二万余人与州郡并力讨破之"。火焚之后的候城雪上加霜，危局四起。

面临辽东和玄菟的乱摊子，以"候城障尉"身份到来的陈禅充分展示了他的管理才能，一边抓紧火焚之后的候城重建，一边加强军备，整军习武，励精图治。时间不长就使地临边关的辽东障塞候城一时得以安宁和恢复生机。

候城刚刚得以焕发生机，北匈奴又开始大兵压境，入侵辽东。面对如此危局，朝廷出于陈禅对候城的出色治理，不得不调任他为辽东太守。胡人得知辽东郡换了太守，且又是大名鼎鼎的陈禅，于是"惮其威强，退还数百里"，很知趣地退到了几百里之外。临危受命的陈禅没有派兵追击，而是审时度势，采取怀柔策略，只派吏卒使者前去晓喻慰劳。单于见此情形，只好随使者前来辽东郡。陈禅对其晓以礼仪道义，以此教化他们，使单于心悦诚服，并送了许多胡地珍宝，遂后率兵离开辽东北去，从此辽东之地获得久违的安宁。

陈禅后来因受邓骘牵连，一度被免官。东汉永建元年（126），顺帝刘保即位，邓骘之冤得以昭雪，他升为司隶校尉，参理中枢机要。第二年，陈禅在任上去世。

陈禅先后于候城和辽东郡任职大约 5 年时间，这期间，他广布德教，推行文治于边郡，成为那个时代罕见的封疆图治的典范。陈禅的文治武功为候城和辽东换来了此后 40 多年的和平时期，直到东汉灵帝即位的建元元年（168），辽东地区几无战事，经济文化得以复苏。其中兴之局面，陈禅等镇辽将士，当有经略不没之功。

玄菟故郡及其太守们

就在陈禅任职"玄菟候城障尉"这一年，即东汉安帝建光元年（121），玄菟郡第三次内迁到了候城附近，今沈阳浑河南岸、牤牛河西岸的浑南区上佰官村。从此沈阳不仅有了县一级的候城，又有了县之上的玄菟郡城。

关于玄菟郡的设立与内迁，史书多有记载。汉武帝元封四年（前108）灭卫氏朝鲜之后，在其地设立玄菟郡、乐浪郡、临屯郡和真番郡，合称"汉四郡"。其中玄菟郡是汉四郡中面积最大、战略位置最重要的一个。玄菟郡管辖今盖马高原及其周边平原、朝鲜咸镜南道、咸镜北道以及中国辽宁东部、吉林省东部，黑龙江南部一带，其东缘直达鲸海（中国古代对今日本海北部及鞑靼海峡的称呼）。郡治设在卫氏朝鲜属国故地沃沮（今朝鲜咸镜南道咸兴市）。20世纪50年代抗美援朝战争中著名的长津湖之战就发生在盖马高原，玄菟故地。

具有重要战略地位的玄菟郡自公元前108年建立到公元402年废止，共存在了510年，其间曾三次迁徙，史称"三迁四治"。汉昭帝元凤六年（前75），玄菟郡一迁至今辽宁省新宾县兴京老城附近的二道河子，今存有汉代土城，此为学界所称的第二玄菟。东汉永初元年（107），玄菟郡二迁至今辽宁省抚顺市东州小甲邦（一说抚顺劳动公园），今两地均存有汉代古城，此为第三玄菟。

关于第四玄菟的迁徙时间，史学界意见大致有两种说法，一说是东汉永宁二年（121），一说为西晋初年。而三迁地点基本趋于一致，即谭其骧先生最早提出的沈阳上佰官村。就玄菟郡三迁的时间问题，我曾与李仲元先生多次探讨，他主张玄菟郡三迁时间应为前说即公元121年。他在《辽海史事札记》（未刊稿）中《关于玄菟郡》一文中引用大量史籍，经过审慎考证最后说："东汉安帝建光元年（121）迁玄菟郡治于候城东南（今沈阳市浑南区上伯官村）。此迁之前后，高句丽与鲜卑轮番武力攻城略地，战伐不断。仅汉安帝初年反袭掠大战十数次，候城被焚，辽东郡太守战亡。此后东汉三国曹魏西晋及前后燕时期，高句丽叛降反复，战乱依然。玄菟郡始终屹然于东，成为守护边疆的前敌堡垒。直至公元402年，后燕失守北疆，高句丽侵占辽东、玄菟二郡地，建制自此撤销。玄菟第四郡治在沈阳存在281年。"对此，辽宁省博物馆原馆长王绵厚先生也曾在《东北亚考古践行录》中解释道："这很可能是因为在东汉安帝建光元年，当时的高句丽王宫'乃遣嗣子遂成，……遣三千人攻玄菟、辽东、焚城郭'后，'第三玄菟郡'（抚顺东洲小甲邦汉城）被烧后撤除，这才迁至今沈阳上伯官屯的。也就是说，一个叫'宫'的高句丽六代王派兵攻破了'第三玄菟郡'，顺势进兵把候城等汉城也付之一炬，待其撤兵后，汉人无城可选，只能择地于今上伯官屯另建新城，作为新玄菟郡的治所所在了。"如此，第四玄菟郡在沈阳揭开了281年的历史序幕。

历经国势消长，战火侵袭，屡战屡迁的玄菟郡在510年的历史上，其中大部分时间是在沈阳，这不能不说是沈阳历史上最浓重的一笔。而在沈阳的第四玄菟郡城到底在哪里，几代考古学家经过不懈的努力，终于确定玄菟第四故郡城址在沈阳浑南上佰官村，这是一个具有重大而深远影响的发现。

上佰官村玄菟故郡遗址的发现也是偶然的，20世纪60年代当地农民挖果窖发现了一处古墓，于是考古部门开始关注此地并进行发掘，到20世纪80年代，在这个村子里共发现了6座魏晋时期、3座东汉时期的古墓，出土了大量陶器、"千秋万岁"瓦当、铜镜、琉璃耳珰、漆盒与西汉末年王莽政权时期流通的半两、五铢、大泉五十等货币。2005年和2007年，在扩路挪动电杆和农民平整土地时，又分别发现了两座较大汉墓，出土了多件陶器、银指环和瓮棺。其中墓葬内散落的墓顶白灰块上有彩绘痕迹，证明墓中当有汉代彩绘

沈阳上伯官村玄菟故郡遗址考古现场

沈阳上伯官村玄菟郡城遗址出土的带有"廿六年"字样的秦代"陶量"口沿残片

壁画。

  众多汉魏古墓的发现，预示着上伯官村一定有一个古城遗址，这种猜测因为沈阳四环路的修建最终得以证实。2011年8月，配合四环路的修建，考古部门终于发现了汉代古城墙，并进行了发掘。因古城的北侧和东侧大部分已被河水冲去，故只发现了残存长326米的南侧城墙和537米的东侧城墙，均为夯土制造。东、西、南三门遗址较明显，北门已不存。东门到南城墙残存370米。城址为长方形，南北稍长，其周长约2500米，应有3座或4座城门。城内有十字街，"整个面积预计在27万平米，远远超过此前已发现的候城规模"。城址内汉代文化遗存十分丰富，文化堆积层厚达1.5米左右，内含大量陶制砖瓦等建筑材料和生活器具。其中，一块阴刻"廿六年"字样的细泥灰陶"陶

60

量"口沿残片，为秦始皇二十六年统一度量衡时颁行天下的标准量具。该"陶量"在此间出土，标明这座城池在历史上的重要地位。经过考古人员对该城址实地调查，从其地理位置、规模、文化内涵等诸多方面分析，并参照古籍文献，认为该城遗址就是玄菟郡第三次内迁的故城。这个发现，令考古学家大为振奋，不惜用"惊艳"来形容这次发现的重大意义。由此可见，当年谭其骧先生在主编《中国历史地图集》及所附《东北地区说明书》时，将玄菟郡标注在沈阳市东陵区（今沈阳市浑南区）上伯官村古城址上是很有说服力的。

为了寻访这处近2000年前的玄菟故郡，我曾按着《中国历史地图集》的标示，数次到上伯官村，面对远处的一发青山和近处的一脉碧水，由衷感叹故郡遗址的价值。它是历史文化的记忆，更是民族基因的载体，玄菟故城的发现，不仅唤醒了沉睡的第四玄菟郡治，开启了在沈阳存续281年的玄菟郡与这座城市的因缘际会，更印证了中华文明多元一体的悠久历史和伟大聚合力。同时我又感佩那些开疆拓土的玄菟人，尤其是那些太守们，500年间的，抑或在沈阳的281年间的太守们，大多数人都没有留下姓名，只有少数人有幸进入了泛黄的史书中。那些有名或无名的太守，其中大部分来自辽东以外地区。他们从富庶的江南或是中原来到边塞苦寒之地，这些人是玄菟同时也是候城的管理者，多数都是指挥若定，德威并重，战功卓著，甚至为国殉躯的郡守良将，他们也是沈阳地区最早、级别最高的行政长官，后世，尤其是后世的沈阳人应牢记、怀念和弘扬他们。

史籍关于玄菟太守的资料非常有限，按常理最多10年一任，500多年的玄菟郡至少也应有50位太守，但综合各种史料如《汉书》《后汉书》《三国志》《晋书》《北史》《梁书》《通典》《资治通鉴》等关于玄菟太守的零星记载，今天大致可考的玄菟太守也只有14位。其中在沈阳的"四治"最多，有10位。他们是姚光、公孙域、耿临、王赞、王颀、裴武、高诩、刘佩、乙逸、吉贞。

姚光是在第三玄菟郡太守蔡讽调任辽东郡太守之后接任的，也就是在他的任内，玄菟三迁至沈阳境内的上伯官村。而就在此时，蔡讽战死，辽东边备更加岌岌可危。因难面前，主镇一方的姚光镇定自若，表现出了既智且勇的大将风范。他一方面联合臣属汉廷的夫余王子实施远交近攻之策，一举解除了高句丽对玄菟之围，打破了高句丽与鲜卑、秽貊联军的城下之盟；另一方面抓住高句丽旧王刚刚死去、嗣子刚刚即位之机，在得到汉中央王朝首肯之下，遣使节持书吊唁高句丽旧王之丧，以汉礼感召其新王。其远见卓识和恩威并重之举，遂使高句丽不得不臣服，不仅归还了全部掳去的汉郡人口，而且向玄菟郡称臣内属。姚光此举，在剑拔弩张、瞬息万变的汉末辽东民族关系史上，谱写了一曲化干戈为玉帛的美谈。与当时升任辽东郡太守的陈禅对北匈奴"为说道义以感化"的做法，有着异曲同工之妙。姚光在第四玄菟郡太守任上大约只有一年时间，就被奸人伪造玺书而杀害。其原因主要是正直清廉之性格，刚正雷厉之作风，导致任上人事关系不协调，最终遭人陷害。尽管时间不久朝廷即为其洗屈昭雪，赐钱10万，并以其子为郎中，但悲剧已经酿成，一代叱咤风云、功勋卓著之封疆大吏，没有死在硝烟弥漫的战场上，却惨死在自己人的欧刀之下，成为玄菟郡500年历史上最令人扼腕唏嘘之事。

公孙域任玄菟太守的时间是永康元年（167），任职期间，夫余两万余人侵袭玄菟郡，他率军反击，斩首千余级，迫使夫余阵前求和，服属辽东。当时，公孙度正在父亲带领下避居玄菟，18岁的公孙度当时名公孙豹，与公孙域已夭折的儿子同名同年，因此甚得太守的亲爱与关照，不仅遭就师学，还为其取妻，提拔他为郡吏。公孙度因此而成名，后来为免谣言，才将"豹"更名为"度"。

耿临在公孙域之后的建宁二年（169）任玄菟太守，时间只有一两年。在位时逢高句丽王伯固复犯辽东，杀带方令，甚至抢掳乐浪太守之妻。耿临率玄菟之兵讨伐，斩首俘虏数百级，高句丽阵前请降，复属辽东。

王赞任玄菟太守在公元233年，此时掌管辽东事务的是公孙度的孙子公孙渊。他向东吴孙权奉表称臣，至此，今大连地区又成东吴领地。孙权派遣太常张弥、执金吾许晏、将军贺达率领大军万人，携带金银财宝、奇珍异货等乘船渡海到今旅顺海口，赏赐公孙渊，封公孙渊为燕王。然反复无常的公孙渊自知吴国相距遥远难以依靠，于是斩张弥、许晏等人首级，送到魏都洛阳，魏明帝曹叡颁诏任命公孙渊为大司马，封为乐浪公。公孙渊又将吴军拆散分化，将随军而来的4位中使秦旦、张群、杜德、黄强及宫兵60人安置在玄菟郡。此时玄菟郡只管辖200户人家。秦旦、张群等人后来偷爬出城墙逃到了高句丽，最终回到东吴。说明此时的玄菟郡规模已经很小，城墙也难说坚固高大，否则这些宦官们也难爬出去。

王颀，字孔硕，青州东莱（今山东莱州市）人。他原是三国时魏国的将领，曹魏灭掉公孙氏政权后任玄菟郡太守，其知名度是与幽州刺史毌丘俭连在一起的。辽东公孙氏政权灭亡后，曹魏政权完成了对东北的最后统一。正始六年（245）曹魏派毌丘俭统兵再次征讨屡犯辽东的高句丽。毌丘俭兵分两路，其中南路越过鸭绿江迂回丸都（今吉林集安市郊），北路派遣玄菟太守王颀领兵，自今沈阳、抚顺间"新城道"而出，跨苏子河，进入今辽宁省新宾县境的旧"玄菟城"，再出旺清门，涉沸流水（今富尔江），与南路会合，直取丸都城。占领丸都后，王颀又率兵沿鸭绿江一路向北追击高句丽残兵，途中得到臣属汉廷的夫余王军粮供应，直达"肃慎南界"，大获全胜而归。此次东征高句丽，占领丸都时曾"刊丸都之山"，于丸都山上勒石立碑以纪此事。时隔1800多年后的1906年，奉天省辑安县（今吉林集安市）城西北板岔岭农民在山坡上筑路，发现此碑，虽只存有50字的原碑右上角，但它却是中国东北发现的最早石刻文献，当时即引起学界高度重视，王国维亲自考证，得出残石上的"行禅将军玄"，即为玄菟太守王颀。碑石发现后，奉天辑安县知县吴光国将其运至县城，为防止被盗卖，又运往省城奉天，现藏辽宁省博物馆，名为《毌丘俭纪功碑》。

公元2世纪中叶曹魏时期的这场对高句丽的千里奇袭而大获全胜的著名战役，是两汉、三国之际军事经略东北的最重要的历史事件。中原王朝的势力再度远及鲸海，基本恢复早年玄菟郡的管辖区域。作为曹魏的玄菟太守，王颀因此一役而成为戍边名将和镇辽重臣。自此之后多年，玄菟太守甚至中原王朝虽在辽东与高句丽反复争夺，但却再也没有如此大规模征伐举措，从而至使高句丽在辽东坐大，并开始进攻辽西。直到350年后的隋炀帝时期，中原王朝才重新开始大规模征伐高句丽。

进入西晋之后，史书记载的玄菟太守只有河东闻喜人裴武（？—313）一位。前燕有三位：高诩、刘佩、乙逸，前秦只有一位吉贞。晋以后的这几位玄菟太守在史籍里只是一带而过，但他们的名字却幸运地以玄菟太守的身份留在了青史上，并与沈阳结下不解之缘。

这些在沈阳和东北大地上勤勉治疆的玄菟太守们，包括湮没在泛黄史书背后的那些没有留下姓名的，作为边郡长官，他们在稳定东北边疆、传播中原文化、繁荣地方经济中不辱使命，做出了重要贡献。直到千年后的北宋司马光在《资治通鉴》中仍然追述往事，盛赞玄菟太守姚光等人威服高句丽以后，致使辽左"秽貊率服，东垂少事"，荣获"播美辽东"之誉。

唐太宗与诗国梦里的"玄菟月"

东晋元兴元年、后燕光始二年（402），后燕所属的辽东、玄菟二郡终于被高句丽侵占，历史上的玄菟郡自此消亡。然而，延续了510年的玄菟郡却以"玄菟"这个诗意的名称和它曾经的辉煌永远地刻在了中国人的记忆中，尤其是诗人的创作意象里。在诗人们的笔下，对玄菟最为关注的当属唐代，从皇帝到诗人，玄菟不仅成为他们的故国之思、复兴之梦，而且还寄寓了他们征战疆场，收复旧河山的郁勃情怀。

其实，在唐以前，玄菟就已经成为诗人笔下的重要意象。如梁元帝萧绎《燕歌行》开篇写道："燕赵佳人本自多，辽东少妇学春歌。黄龙戍北花如锦，玄菟城前月似蛾。"这不一定是最早写到玄菟郡的诗，但可能是诗中最早出现的"玄菟月"。这位皇帝虽然生活特别失败，但文采却是一流，绝不输后来的南唐李煜或是北宋赵佶，他诗中的玄菟是一种挥之不去的浪漫色彩。而同时代由南入北的著名诗人庾信更愿以玄菟意象来抒发离别之情。如《送周尚书弘正诗一》中写道："交河望合浦，玄菟想朱鸢。共此无期别，知应复几年。"诗人将远在东北胡地的玄菟郡与交趾（今越南）朱鸢县对比，相隔之远，渺若胡越，只有在梦中徒然想念。他又在《别张洗马枢》中道："愿子著朱鸢，知余在玄菟。"说但愿你在朱鸢之地，也能想到我在边远的玄菟。看诗面似乎庾信到过玄菟，但史无记载，也多不可能，只是他当时流寓北周，将所居之地想象为玄菟了。所以用南北最遥远的两个意象，造成空间隔离的跳跃感，更加强化了诗人的离情别绪。南朝陈末代皇帝陈叔宝虽然荒废朝政，但在诗歌创作上却有一席之地，他在《紫骝马》诗中也写到了玄菟："直去黄龙外，斜趋玄菟端。"和他同时代的诗人一样，玄菟在他们的笔下总是离绪一类，别无他感。

如果说南北朝诗人笔下的玄菟还是一个离情别绪的意象，到了唐代诗人笔下，玄菟意象除了离别远隔之外，则寄寓了更多的情感内涵。

在唐人所有写到玄菟的诗中，最有名的是唐太宗李世民的《辽城望月》："玄菟月初明，澄辉照辽碣。映云光暂隐，隔树花如缀。魄满桂枝圆，轮亏镜彩缺。临城却影散，带晕重围结。驻跸俯丸都，伫观妖氛灭。"贞观十九年（645），唐太宗李世民率军东征高句丽。打下了盖牟城（今沈阳市苏家屯区陈相屯塔山山城），收复了玄菟故郡（今沈阳市浑南区上佰官村），唐军又强攻辽东城（今辽宁辽阳市），李世民亲自指挥，经数日激战，终克辽东城。大战之后的那一夜，唐太宗望着天空渐渐升起的月亮，心境如朗月一样澄莹开阔，壮怀充盈天际。站在辽东城的城头上，但见这一轮明月从东边的玄菟郡上空升起来，清辉洒向辽东大地和辽西碣石。渐渐升高的月亮，时而被飘浮的云彩遮住，时而又露出笑脸，月光从树的枝叶空隙间照到地面上，缀出斑斑点点的图案。升高的明月玉魄满盈，桂影清疏，辽城在月光的笼罩下，镜彩斑驳，影散晕重。全诗借望月表达了怀有雄才大略的作者攻占辽东城后的兴奋心情和博大胸怀，以及"伫观妖氛灭"的快感与气魄。格调慷慨激昂，积极向上，一代雄主的壮志情怀在这里表现得淋漓尽致。

唐太宗为什么在东征胜利之后这般钟情"玄菟月"，这是一代英主挥斥八极的雄才伟略所决定的。当年，"汉四郡"，尤其玄菟郡的建立，是汉武帝总结了秦以来的国家战略构想所形成的陆地海洋大战略的重要一环。当时的中国是五海之国：鲸海、渤海、黄海、东海、南海，海洋是中国的命脉，对海洋的重视程度是与陆地并举的。在陆地，汉武帝打通了丝绸之路，凿空西域，制服匈奴，成为陆地雄主。在东北，汉武帝在朝鲜设立了"汉四郡"，把鲸海纳入了玄菟郡的治理范围，中国成为今天日本海的沿岸国。

汉武帝以后的东汉、三国、隋唐，但凡是受过专业训练的皇帝和政治家，都能够领会到海洋战略的重要性,充分体认华夏作为一个"海陆强国复合体"的战略精髓。所以,隋炀帝尽管在国内政权不稳的情形下,也要连续三次大举征伐高句丽,因为他知道"辽东海北"的重要性,诚如他《纪辽东二首》诗所言:"辽东海北翦长鲸,风云万里清。"这是他的大国理想。隋以后的历代天朝王国都深知这个道理,也都着意经营这个大战略。唐朝自不待言;元朝时设立的辽阳行省开元路就辖地"南镇长白之山,北侵鲸川之海";明永乐年间设置的奴儿干都司,其管辖范围也是日本海;清朝则是在入关之前就已经统一了东北地区,日本海、鄂霍次海都已成为中国的沿海,只是由于19世纪后的闭关锁国,国力逐渐衰弱,才使中国沿日本海地区的领土全部丧失。

锲而不舍、艰苦经营辽东陆海大战略的,在汉以后无疑是唐朝。决心之大,有如《旧唐书·东夷传》所载:"辽东之地,周为箕子之国,汉家玄菟郡耳!魏晋以前,近在提封之内,不可许以不臣。"这就告诉世人,汉之玄菟郡,一定要拿回来,不允许此地不称臣。于是,唐太宗在位时曾三征高句丽,一次亲征,两次派兵。第一次亲征就收复了玄菟故郡,占领辽东城。在他写下《辽城望月》的同时,另有一首《春日望海》,表达了"之罘思汉帝,碣石想秦皇"的渴望与理想。当时,随侍太宗左右的许敬宗特意作了一首《奉和春日望海》,其中有句:"电野清玄菟,腾笳振白狼。连云飞巨舰,编石架浮梁。"进一步抒发了收复玄菟后,巨舰浮海的愿望。

唐太宗三征高句丽虽未能获得最终胜利,但却为其子唐高宗李治积累了经验教训。李治采取先灭百济,再征高句丽的战略,先后发兵50万,征战10余年,终于在总章元年(668)灭亡了高句丽,汉之玄菟故郡全境尽归唐朝,由新设的安东都护府管辖。鞑靼海峡到日本海及朝鲜湾等大片沿海地区重新成为唐朝的属地,前人"辽东海北翦长鲸"的夙愿终得实现,此后的"玄菟月"在唐人笔下再也不是离情别绪的意象,而成为历史的骄傲。如沈佺期《关山月》:"汉月生辽海,朣胧出半晖。合昏玄菟郡,中夜白登围。"汉时玄菟的旧时明月在今天的辽海关山依然朣胧;又如长孙佐辅《关山月》:"关月竟如何,由来远近过。始经玄菟塞,终绕白狼河。"月下的玄菟已成为去往边关的要塞;还有耿湋《入塞曲》中的"暮烽玄菟急,秋草紫骝肥",玄菟二字早已成为回忆昔日金戈铁马征战的战场意象。

  大唐终究是大唐，玄菟也在其诗国之梦里完成了最丰富的意象，或是故国之思、或是边关征战、或是疆场清光，让存续了510年的玄菟故郡焕发出历史的光华。其中沈阳的281年，玄菟郡最为激荡的年代，不仅成为唐人的诗结，也是唐以后文化史上最令人难忘的地方。

SHENYANG
THE BIOGRAPHY

沈阳 传

沈水之阳

第四章

依中国古代山北水南曰阴,山南水北曰阳的命名原则,沈阳之名来源于沈水,即在沈水之北。沈水就是沈阳今天自东向西穿城而过的浑河,沈阳城的历史、命名及发展格局都与这条河相关。然而这座城市在候城、玄菟之后,正式称名为沈阳之前的800年间,曾几度更换所属,南北朝高句丽侵占辽东、玄菟郡后,为盖牟城(今沈阳市苏家屯区陈相屯塔山山城)所管;唐高宗灭高句丽之后,遂为唐盖牟州辖地;辽神册六年(921),耶律阿保机设沈州,其名自是源于沈水;元世祖忽必烈至元二十七年(1290),改沈州为沈阳路,从此沈阳之名正式开始出现在州一级的行政序列里。

沈州初建

在从候城建立到辽初沈州建立的1200多年间,沈阳地区处于多个少数民族交替统治、社会反复动荡的时代。在这个时代里,先是战国到秦汉的几百年间,作为候城的沈阳地区比较早地纳入中原文化圈;秦汉时期,汉族官吏和商人不断涌入东北,中原地区先进的文化与生产技术传入沈阳地区,推动了沈阳的政治、经济和文化的不断进步;两晋时期,司马政权、三燕王朝、高句丽等在辽东地区反复争夺,文化呈现从未有过的多元化;隋唐时期,随着中原王朝的数次东征,沈阳地区的民族文化与辽海文化一样,再从多元归于趋同发展。这期间,沈阳出现了前所未有的造城时代,历经战国时期燕国辽东郡所属的候城,西汉时玄菟郡所属的候城、高显、辽阳县城,东汉开始的玄菟郡城,两晋至隋唐时盖牟城、高显城、辽东镇、通定镇,以及高句丽占领时的塔山山城、石台子山城、营盘山山城、董楼子山城等。然而这些城市不管规模还是文明程度都不如后来的沈州城,辽代的沈州在沈阳的城市建设历史上具有标志性的意义。

辽神册六年(921)十月,辽太祖耶律阿保机率领契丹骑兵从居庸关、古北口两处军事要地南下,袭扰大宋王朝的檀州(今北京市密云区)、三河(今河北三河市)等十余座城池。契丹人感兴趣的不仅仅是财物,还大量掠夺人口。然而,这么多的"移民"要安置在什么地方?耶律阿保机把目光投向今日浑河以北一处津要之地，敕建沈州，隶属东京道，同时还迁来大量渤海及关内居民。他并不知道，那一片瓦砾之下，埋藏的正是汉代候城遗址。这座被高句丽人焚毁的城市，在沉寂了800年之后，改名换姓，迎来了新的主人。

契丹人在攻占北宋的城市时，不仅财物、人口照单全收，甚至连城市的名字也原封不动地带走。如沈州下属两县：一个叫渔阳，一个叫三河，以分别安置来自渔阳（今天津市蓟县）和三河（今河北三河市）两地的移民。后来，渔阳改名灵源，三河改名乐郊。这期间为了增加沈州的分量，削减耶律倍东丹王所在地东京（今辽阳市）的权力，朝廷还将辽阳附近的岩州（今辽阳市灯塔市西大窑镇石城山，又称"燕州城"）划归沈州管辖。

在今天的沈阳地域内，辽时除了沈州外，还有其他行政州县，如辽州（今沈阳市新民市公主屯镇辽滨塔村），辽州下辖一州二县，州为棋州，县为辽滨与安定，其中辽滨县与辽州同治；集州（今沈阳市苏家屯区陈相屯镇奉集堡村），州下有一属县，名奉集县；广州（今沈阳市铁西区高花街道），下属昌义县；双州（今沈阳市沈北新区石佛寺街道七星山下），下属一县为双城县。在沈阳区域的法库县和康平县，辽时也设有多个州县，如在法库县有渭州（今法库县叶茂台镇西二台子）、源州（今法库县包家屯镇南土城子）、福州（今法库县包家屯三合成）、宗州（今法库县四家子乡四家子村）、灵山县（今法库县卧牛石乡）、安定县（今法库县登仕堡子镇古城子）；在康平县有祺州（今康平县郝官屯乡小塔子村）、原州（今康平县小城子镇）等。辽代在沈阳地区大约设有12州9县，这些州县之布局颇有特色，沈州居中，并成为这一地区的政治、经济和文化中心，其他州县布于四围，呈星罗拱卫之势。这极有利于攻战据守及经济贸易交往，这是仿中原州城建置制度，是契丹族脱离随水草而迁徙的游牧生活，逐渐汉化，走上封建制王朝的一种表现，从而使沈阳地区地方州县管理体制由此得以进一步提升和完善。

关于辽代沈州城的城址，大量考古资料证明就在今天的沈阳老城区中街一带。1953年，在沈阳市南卓望山辽塔地宫中，曾出土一石函，上刻有"大契丹国辽东沈州南卓望山上造无垢净光塔一所"等文字，而这座卓望山正位于沈阳市的南部。1985年，文物部门在维修塔湾无垢净光舍利塔时，在地宫中

沈阳北郊的辽代无垢净光舍利塔（摄于清末）

发现石函一件，石函盖顶上所刻文字标明塔的位置在"沈州西北丰稔村东"，而塔湾塔正位于沈阳老城区的西北。沈阳城北小北门与大北门之间，原有一座辽代崇寿寺塔，因破损严重，20世纪50年代被拆除，地宫内出土乾统七年

73

(1107)石函，上面的铭文有"维乾统七年岁次丁亥四月小尽丁巳朔十一日丁卯日，选定辛时于州北三歧道侧寺前，起建释迦佛生天舍利塔"等文字，更明确说明该塔在沈州北的岔道旁边的寺庙前。这些石刻文字资料证明，辽代沈州城大体就在沈阳的老城区中街一带。20世纪70年代，考古工作者在沈阳故宫东路和沈河区公安局地下，都发现了辽代遗址文化层，证明这些地方当年都在沈州城内。

沈州城的地位在辽沈诸州中重要而突出，因为它是辽太祖耶律阿保机亲自选定之地，此后又为他的儿子耶律德光管辖，重新进行规划和扩建，在土城内开辟成十字交叉大道，并通达四方城门，同时在城内外兴修了大批密檐式佛塔和寺庙：如契丹天赞三年（924），建新民公主屯辽滨砖塔；辽重熙十三年（1044），建沈阳塔湾无垢净光舍利塔；重熙十四年（1045），建苏家屯塔山无垢净光塔；咸雍九年（1073），建新城子石佛寺七星山舍利塔；乾统七年（1107），建沈州城北门释迦佛生天舍利塔及崇寿寺。

如今，沈阳的这些辽代塔寺许多都已不存在了，其中大部分是民国以后才被破坏的。如沈阳北门城外的崇寿寺与释迦佛生天舍利塔（俗称"白塔"），当初就建在沈阳城的中轴线上，是沈阳历史上最有名的塔寺。清末时缪润绂的《沈阳百咏》开篇即咏它："地载城边塔一枝，难从古寺问残碑。闲来每听居人说，建在城门未有时。"可是此寺后来毁圮，塔也在1957年被拆除。如今这里是白塔小学，只从这个校名里还可依稀想象当年崇寿寺的佛光塔影。辽代建筑今天还存在的如新民辽滨塔和沈阳塔湾的无垢净光舍利塔，这两座塔经过重修，塔身亭亭，梵影幽幽，依然保持着1000多年前的风姿神韵。我所居住的园区离塔湾的无垢净光舍利塔很近，夕阳下每每散步到塔下，我都会望着塔刹上的余晖，想象当年盛京八景中"塔湾夕照"的壮观，都会油然生出缕缕思古之幽情。

有辽一代200多年，沈州一直作为辽代皇室的"斡鲁朵"而存在。这是契丹人创制的一种特殊政治经济实体，可以理解为皇家的私人庄园和领地。由于辽王朝对沈州不遗余力的经营，从而使沈阳继候城、玄菟之后，再次成为区域中心城市。

到了金代，沈阳属东京路管辖，仍称沈州，治乐郊，邻章义、辽滨、双城、挹娄四县。沈州延续了辽代的繁荣，据《金史·地理志上》记载，金代的沈州居民有36892户，若以每户5人计，有人口18万多。其中沈州城内人口有5万多人，住在所设的各个"坊"中。当时的诗人王寂巡行辽东到了沈州，曾在《沈州吊古》诗中描述："战场春草瘦，戍垒暮烟平。今日归皇化，居民自乐生。"一派祥和欣荣之景。

金太宗天会三年（1125），宋人许亢宗出使金国，途经沈阳。他在《宣和乙巳奉使金国行程录》中，对沈州及附近地区的地形地貌、河流沼泽、聚落阡陌等，都有详细的记载。当时的沈州仍是辽东地区仅次于东京辽阳的较大州城。因其地处辽东地区驿路交通之要冲，城内设有供旅人食宿的驿馆，名曰"乐郊馆"。三年之后的天会六年（1128）八月，在"靖康之变"中作金军俘虏的宋徽宗、宋钦宗北迁五国城途中就曾路过沈州，并停留乐郊馆。后来，这座乐郊馆被改造成为徽宗寺，这座寺庙，直到民国年间还存在。如今，在沈阳的大南街和小南街之间，还有这么一条"乐郊路"。

沈水三叠

当年辽代在沈阳建州,为什么称沈州?究其实,自然是由沈水(即今天的浑河)而得名。不仅如此,沈阳的前世与今生、繁荣与发展,都与这条河相关,犹如伦敦与泰晤士河、巴黎与塞那河、维也纳与多瑙河、波恩与莱茵河、纽约与哈德逊河,又如中国的南京与秦淮河、西安与渭河、天津与海河、杭州与钱塘江、广州与珠江、南宁与邕江、哈尔滨与松花江……在沈阳新乐遗址博物馆,有一幅沈阳地区古代地貌图,图上示意性地标出了浑河两次改道,形成三条水系的路径。前两条为浑河故道,后一条即今天的浑河。两条浑河故道第一条在新乐遗址高台之南,大约今天沈阳北运河的位置;第二条故道在沈阳皇城之南,大约今天南运河的位置,又称"万泉河""小沈水""五里河"。我在这张图前伫立许久,沈阳城的三叠水系,让我心头悸动,它再度勾起了我对城市文化的诸多思考。如果城市的记忆不从一条河流讲起,不从这条河的源起和改道讲起,那就是基本不了解这座城市。所以想了解沈阳,就应当从浑河开始,从浑河千万年以来的三条河道、三叠波影开始。

成书于元世祖至元三十一年(1294)的元朝官修地理总志《元一统志》有这样的记载:"浑河,在沈阳路,源出废贵德州(今抚顺老城)东北,西南经沈州南一十五里,辽阳西四里会太子河,合辽水南注于海。旧称沈水。水势湍激,沙土混流,故名浑河。今水澄澈,遇涨则浑。"所谓"旧称沈水",当指

沈水三叠：浑河两次改道示意图

元以前的辽、金时代，或许更早的时候也未可知。所以辽代以水设州，沈阳遂于神册六年（921）有了沈州之称。行政地名以水而命，这是中国古代哲学思想中阴阳五行理论在地名学中的应用，也是中国人对水文地理的独有认知。所以中国的许多州都如当年的沈州一样，因水而名：如古代江西九江称江州，是因其建在长江岸边；赣州则是取章、贡二水合流为赣江而得名；还有广西柳州得名柳江；河北霸州得名霸水；福建漳州得名漳江；四川泸州得名泸水；河南汝州得名汝河。所以，辽代沈州因沈水而得名，亦是自然之事。

因水设州的辽代和后来的金代只是称沈州，还没有反映出此时的沈水是在城之北还是城之南，那说明辽金时期浑河还没有改道。《东北古迹遗闻续篇》中有这样的记载："省北八里村，有一关帝庙，曰观泉寺。……考辽金时，浑河之水，曾由寺前东流，故此寺名为观泉寺云。"由此可知，观泉寺（现沈阳昭陵东观泉路附近）中所观之泉即为浑河，说明浑河第一次改道应是金亡元兴之际。

到了元代，据《元史·地理志》记载，元世祖忽必烈至元二十七年（1290），则将沈州径直按"水北曰阳"的原则改为了沈阳路，归辽阳行省管辖，领乐郊、章义、辽滨、进城四县，设安抚高句丽军民总管府。这说明此时的沈阳路城已建在沈水北岸，浑河从历史上第一条故道改到了第二条故道的位置，"沈阳"之名也名实相符，达成了真正意义上的"沈水之阳"。由此《盛京通志》在"小沈水"条总结说："按《春秋穀梁传》水北曰阳，故曰沈阳。辽金沈州、元沈阳路、明沈阳中卫并以此水得名。"

元人改沈州为沈阳，其实早在建沈阳路之前就已经形成共识了。"沈阳路"这个行政建置何时所设？《元史·地理志》序言称：元世祖忽必烈至元二十七年（1290），"立中书省一，行中书省十有一，……分镇藩服，路一百八十五"。元朝从开国以来，在全国和东北乃至辽宁的行政设置几经变化，直至1290年在地方基本确立了行中书省、路、府、州、县行政统辖体制。全国十一个行省在"序言"中都逐一标明。路185个，可能因为太多，没有详列。而在《地理志》的正文中，"沈阳路"作为185路之一有明确介绍，这说明沈阳路至迟在1290年前就已设立当无庸置疑。而在沈阳路设置前57年的1233年，典籍中就出现了"沈阳"之名。这就是《元史·洪福源传》中的一段："癸巳冬十月，高丽悉众来攻西京，屠其民，劫大宣以东。福源遂尽以所招集北界之众来归，处于辽阳、沈阳之间，帝嘉其忠。"这里的"癸巳"即蒙古汗国窝阔台五年，公元1233年。另在《元史》中还有"沈阳侯""兼沈阳安抚使"等记载，时间均早于至元二十七年。这就说明，浑河即沈水在金亡元兴时已改道至城南，因为在元代沈阳路建立之前，"沈阳"一名已约定俗成了。

那么浑河第二次改道，即从第二条故道改到现在的位置是什么时间？尽管史无明确记载，但我们从明代李辅修、马应龙等编纂的《全辽志》"浑河"条中或许可见出端倪："城南十里……即沈水，郡以此名。""城南十里"的浑河已不是第二条故道，而是现在的浑河了。《全辽志》重修时间是明代嘉靖四十四年（1565），这就说明在明代中期以前，浑河已完成了第二次改道。所以从清代开始，典籍中则将"城南十里"的浑河称为"沈水"，将城南四里的浑河故道为"小沈水"。如前面提到的《盛京通志》中的"小沈水"条，还有《清史稿·地理志》说："浑河在南，即沈水，……万泉（即五里河，今天的南运河）亦称小沈水。"《沈阳县志·古迹》云："沈水，在县城南十里，即今浑河也。"同书"地理"部分说："小沈水，城南四里，发源于东关观音阁之涌泉，一名万泉河，东南流至骡子圈村南入浑河。"这些记载已然说明，沈水一直是与浑河沈阳河段相伴的迁徙性河流别名，当浑河改道后，沈水这一别名也随着浑河改道，迁移到新的河道上，而不会保留在浑河故道上。故此浑河流经沈阳境内的先后三条河道，都曾有过沈水的别称。当浑河于金亡元兴之际第一次改道城南四里之后，因城处沈水之北，元代遂有沈阳之名。沈阳名称出现之初或之前并没有小沈水一名，只是当浑河于元末明初再次改道城南十里之后，城南四里的旧河道才开始称为小沈水，目的是有别于它南面的亦称沈水的正流浑河。此时的小沈水虽然仍有水流，但已是改道城南十里的浑河即沈水的明月前身了。

浑河即沈水自然是沈阳的母亲河，自北而南两次改道，沈阳人逐水而居，城市规模也随着改道的河水不断向南发展，最终水南水北、两岸阴阳，形成"沈水三叠"的城市格局和都市繁华。而浑河的每一次改道都为沈阳留下了厚重而生动的自然和人文遗产。

浑河的第一条故道即"沈水三叠"的第一叠是从沈抚交界处的下木厂经东陵天柱山和农业大学前，流经二台子关帝庙、昭陵、新乐遗址、塔湾南，到丁香湖后向西与蒲河汇流。一叠沈水的贡献是让沈阳在11万年前就有了人类，他们生活在如今沈阳农业大学的后山上，当年滚滚的浑河水从山前流过，为他们的生存提供了水源，同时也创造了渔猎条件。当然，沈水一叠的最大贡献是哺育了7200年前的新乐人，他们选择了沈阳北部这第一个高台地，临水而居，创造了举世皆知的新乐文化。浑河第一条故道直到清初仍有流水，在为皇太极建昭陵时，即特意将陵前浑河故道之水引进陵园内，使神道桥所在的玉带河能与河水相通。后来"昭陵十景"中的"浑河潮流"即是指此。今天昭陵前的北运河又称"新开河"，老河道为何名之"新开"呢？原来它是清末民初挖掘的一条人工运河。宣统三年（1911）春，为了利用浑河、蒲河的水力资源，扩大奉天西北部水稻种植面积，当局决定在两河间开挖一条人工河道，将其衔接贯通起来。新开河起自浑河右岸东陵上木厂村南，经大北边门到北陵，后继续西向挖掘，经塔湾至刘家窝棚注入蒲河，河长27公里。《北陵志略》记载得很清晰："陵前之河，原为浑河河身。……20世纪初水利局为种稻田使用水利，又

今日浑河（张鹏 摄）

重新掘开此河，名为新开河。……"这就是浑河故道的贡献，它在完成了自远古洪荒的奔流之后，还为沈阳留下了一条新开河，从而使沈阳第一个人类部落前，直到今天仍然有一叠绿色的玉带河流，贯穿起沈阳古老的历史与文明，让这座历史文化名城更具厚重与深邃。

浑河第二次改道后留下的"小沈水"故道，很长一段或是流水潺湲，或是涌泉趵突，或是湖泊连片，故又称"万泉"。"万泉"是形容故道河水在地下伏流，呈现"珠泉万孔"的壮观景象。同时沿河还留下诸多湖池，时称"七十二陂春水"，晚清著名翰林缪润绂在《沈阳百咏》中吟唱道："潦水无劳闸放行，不愁春雨涨连城。雨晴恰称妾心意，七十二坑春水平。"其中有名的如八角泊、牛轭湖、菱角泊、长沼湖（今沈阳南湖公园）、官鱼泊等。这些湖

池平时蒲苇轻飏，菱角飘香，钓船荡漾；涝雨之年，还能蓄水分洪，保证沈阳从无泛溢之虞。小沈水留下的"七十二陂"让沈阳虽然还没有达到家家尽枕河的程度，但也让沈阳成为一座水灵灵的城市。后来，小沈水逐渐进入枯水期，20世纪50年代，引浑河水建成人工补水的南运河，直到今天仍水流不断。因为二叠沈水，当年明代建沈阳中卫城和清代建皇宫时就自然选择了现在的位置，这个位置不仅是候城、沈州、沈阳路故城，同时也是城北浑河故道和城南浑河及小沈水之间的相对高地，沈阳的第一个高台。在沈阳城区地势上，市区西部是辽河、浑河的冲积平原，而市区中心则由新、老两大浑河冲积扇构成，总体地势由东北向西南缓缓倾斜。扇面的高点在大东区，海拔约在65米；最低处在铁西区，海拔36米；皇姑区、和平区和沈河区的地势，略有起伏，高

度在41到45米之间。值得一提的是，在扇面沿中轴的位置上，也有一道由东向西隆起的线，从东陵起、经沈阳故宫向西连到沈阳站。明、清时期的沈阳方城就在这条线上。这条线是沈阳市内地表径流的分水岭，也是老沈阳人眼中在城北天柱山到昭陵、新乐之外的另一个高地，而沈阳故宫正建在这里。

沈水第三叠是今天的浑河。浑河在20世纪80年代还在沈阳城市南郊，今天已变成城中河。明清之际，浑河是沈阳向外发展的重要水上交通线，清时浑河沈阳段曾有八大渡口，均分布在今天主城区30余公里河道内，自东至西依次是：七间房、石庙子、古木场、浑河官渡、望北楼、十里码头、骡子圈、砬鸡堡，从这些渡口即可看出浑河水上运输的繁忙景象。今天的浑河，经过几十年的治理，尤其是21世纪沈阳向南发展战略确定之后，以浑河为界，沈阳已形成南北新旧两大城区。沈阳的"一河两岸"格局已然形成，浑河不仅是沈阳的母亲河，同时也成为与市民和生态发展息息相关的城市内河。如今，浑河沈阳城区段已架起18座桥梁，两岸在自然生态上已达成水清、岸绿、景美、路畅的目标，城市滨水形象蔚成大观。尤其是两岸大量花草树木的栽培，芦苇、菖蒲、白茅、荷花、百合、郁金香、油菜花、海棠树等，不仅护岸保堤，形成"蒹葭苍苍""荻花瑟瑟"的诗意景观，同时众多特色花园也让浑河成为著名景观带。浑河两岸的人文景观也是星罗棋布：鸟岛、五里河公园、国际赛艇中心、游船码头、盛京大剧院、足球公园、钢琴广场、城市会客厅、北岸书房、沈水湾公园、云飏阁、山门寺、浑河晚渡、沈阳足球之都博物馆、西峡谷等，成为这座城市不可或缺的水上文化廊道和最亮丽的一张名片。

浑河在一个城市里的两次改道，形成三叠沈水，这在世界所有城市中也是不多见的。如果说城市是一个大合唱的舞台，那河流就是舞台上的五线谱。如果城市没有河流，就如同一台音乐会缺少了配乐，而没有了生动、秩序与格局。沈阳城从来都是让浑河牵着走的历史，浑河往哪里改道，城市就往哪里发展，城市随着"沈水三叠"而存在、壮大和辉煌。在浑河改道而留下的三条河道所谱就的城市三叠曲谱上，从候城、玄菟、乐郊到沈州、沈阳路、沈阳中卫，再到盛京、奉天、承德，直至今天的沈阳，这座城市舞台上弹奏出了一个个历史性的高潮，而这一切都缘于母亲河的三叠效应。

作家苏童在《河流是一个秘密》中说道："河流在洪水季节获得了尊严，它每隔几年用漫溢流淌的姿势告诉人们，河流是不可轻侮的。"浑河对于沈阳来说，就是一部交织在一起的社会史与自然史，关注沈阳，研究沈阳，就不能不关注浑河，就不能不关注浑河的昨天、今天和明天。

然而，我们多年来对这条母亲般的河流却索取得很多，关注得太少，包括我们的祖先。比如在乾隆皇帝下令修撰的《四库全书》里竟找不到一篇来自东北、关乎东北的地方文人笔记，更不用说是浑河。这对研究过去浑河的记忆无疑是个巨大的障碍，从而才让浑河的身世变得扑朔迷离，直到今天，连沈阳的名字到底是不是因为沈水而来仍然聚讼不已。包括我们许多关于沈阳城市史研究著作也多是侧重地理学和城市建设，诸如产业转移、城市格局、城市化、城镇群的兴衰、城市交通及相关的社会分析为主，关注的往往是重大历史事件、地缘政治格局、经济模式变迁等，而很少关注或根本不涉及河流变迁与地域地景的意义及相关历史关系。其实，一个城市的历史进程与发展和这个城市的河流变迁及地域地景是有着绝对关系的。

由此，我们必须尊重河流，敬畏河流。不可否认，人世间存在着"河流美学"，更有"河流经济学"。但如果我们只注重河流的这两种价值，那河流不是变成卧室里的风景画，就是商人眼中的摇钱树，它似乎就脱离了奔腾咆哮或是浩瀚汪洋的自然属性，而成为人类的负担。

古人敬重河流的方式是建庙，建河神庙。河神是什么，是龙王，所以一般的河神庙都是龙王庙。在浑河进入沈阳的下木厂，乾隆年间就曾修过一座河神庙，拜的就是水中龙王。因为那个地方是沈水三叠的交汇处，也是浑河最为脆弱的地方，大水小水，放水截水，都需要龙王的点头，说明古人要相地时，对地形地貌都有着直接的感受。他们是很小心的，甚至很害怕的，所以要去建庙拜神。这是对河流的敬畏，也是对神明的敬畏。今天，在"绿水青山就是金山银山"理念指导下，浑河生态得到了最好的保护，浑河文化廊道已成为今日沈阳一张亮丽的文化名片。

许多道理不用细讲，任谁都明白。当人类之于自然的力量越小，调动资源的能力就越差，所以就会因水而聚，傍水而生，并且，一路跟着水源的变迁而变迁，跟着河流的兴衰而兴衰。所以我们对于城中的母亲河，最好的方式还是敬畏她，尊重她，关爱她。因为她的信仰是海洋，我们永远都是她的子孙。

河流是历史，两岸是未来。浑河两岸的广阔空间留给了母亲河的子孙们，相信我们会在两岸描绘出最美的图景，为三叠沈水奏出最好的乐章。

草原丝路东节点

展开今天的旅行图，沈阳与北京之间，有两条醒目的高铁贯通关内外。一条是经傍海的辽西走廊，一条是经阜新、朝阳、承德，穿过燕山山脉。在古代，沈阳到北京还有第三条路，这就是经阜新、朝阳，顺大凌河古道进平泉、建昌，出喜峰口，入卢龙塞，越过燕山到北京。这条路最晚在公元前3世纪的战国末年即已开通，秦开击退东胡到辽东建候城走的大致就是这条路，燕王喜和太子丹败逃辽东走的也是这条路。公元前139年，汉武帝派张骞出使西域，开通了长安经河西走廊、塔克拉玛干沙漠至中亚、西亚的商道，即举世闻名的"丝绸之路"。但考古发现证实，在"丝绸之路"开通前，早已存在着一条"草原丝绸之路"，它的形成与自然生态环境关系密切。环境考古学资料显示，北纬40度至50度之间的中纬度地区，有利于人类的东西向交通，而这个地区恰好是草原地带。

辽沈地处欧亚大陆草原的东南边沿，毗邻中原，地接东北各族的聚居区，是各民族杂居互市、文化交融之地。从汉时开始，草原丝路经由中国域内的古都城市，主要有山西夏县、临汾、太原、大同；陕西延安、统万故城；宁夏银川、灵武；河北蔚县古代王城，张北县元中都；内蒙古包头市九原故城、林格尔县盛乐故城，宁城县辽中京和金北京，巴林左旗辽金上京，正蓝旗元上都，克什克腾旗应昌路等。经由东北古都城市主要有辽金元东京辽阳府、金上京会宁府、清盛京沈阳等。这条经过中国北方诸多闻名古城的草原丝绸之路经过燕山山脉的卢龙塞和大凌河古道即东达沈阳地区。沈阳作为草原丝绸之路东段的重要城市，一直以来就是草原丝绸之路的重要参与者，尤其是在辽朝统治时期，更是承担着连接中国与东亚国家间经贸往来的重要使命，是草原丝绸之路上历史悠久、辐射广泛、影响深远的重要节点。

进入公元6世纪前后，中原乃至辽西和辽东的丝绸等大量生活品进入西域、中亚、波斯和罗马帝国等地。唐代，回纥在漠北兴起，以马匹换取唐代的绢，从而获得大量的丝绸，史书称之为"绢马交易"。对此，白居易曾在《阴山道》中说道："五十匹缣易一匹，缣去马来无了日。"辽时，傍海的辽西走廊开通，但是经过大凌河古道的草原丝路继续发挥作用，中原的丝绸、江南的茶叶和西方的珍宝等都通过这条丝路进入东北地区，而东北地区的山珍等又于此进入中原和西域。

在今天的沈阳，我们还能通过相应的实物感受到草原丝路所带来的东西交流与文化融通。如在辽宁省博物馆就藏有一件淡绿色晶莹剔透的鸭形玻璃注，那是北燕时期从古罗马进口的。草原丝绸之路不仅是一条通商之路，也是一条技术传播之路。崛起于蒙古高原的鲜卑族"兵利马疾，过于匈奴"，因此马具成为三燕时期重要的随葬品之一，如辽宁省博物馆所藏冯素弗墓出土的鎏金木芯双马镫，镫芯是由桑木条制成，镫面有鎏金铜片覆盖，并用细小的鎏金铜钉钉在木芯上，制作十分精细。考古发现证实，中国人发明的马镫，在南北朝时就经沈阳东传朝鲜半岛、日本，还沿着草原丝绸之路向西传遍整个欧亚草原，对全世界影响深远。

辽时，草原丝路更加繁荣。契丹建国后，不断向西北边境扩张，其势力范围很快扩张到今新疆境内。因此通往西域的交通顺畅无阻，高昌、于阗等国成为辽与中亚波斯（今伊朗）、大食（阿拉伯帝国）等国联系的桥梁。大量精美的在辽国生产的丝绸品经过这种草原丝路，源源不断地输入西方。辽代生产的丝绸，花样繁多，工艺先进，极其精美。1974年春，考古工作者在辽宁法库叶茂台村发现了一座辽代砖墓，石棺内的贵族契丹妇女身穿十余件华丽衣裳，有长袍、短袄、裙、裤、套裤等，头上有戴冠帻，手戴绣花分指手套，脚着齐膝刻丝软靴。这些纺织品都是用桑蚕丝织成，有绢、纱、罗、绮、锦等7大类90余个品种和规格，主要以缂金为主，尤其是一件缂金龙被，长2米，用金线的通经断纬的方法织出巨龙图案，并衬以火珠、山水、海怪等。缂金是一种失传很久的缂丝工艺，目前叶茂台7号辽墓中发现的是世上唯一一件缂金实物。叶茂台辽墓出土的"罗"，质地轻薄，丝缕纤细，经丝互相缠绞后呈椒孔状。这种罗纹织成后，罗孔分布均匀，经纬绞结点比简单罗纹组织更加牢固。这说明辽代工匠已发明了带有绞经装置的织机，并具有相当完备的纺织提花设备。在染色技法上，叶茂台辽墓出土的丝织品采用了当时民间极为流行的夹缬印染工艺，所印织物花纹对称，图案工整，色地分明。比如烟色泥金印花四绞罗带，在烟色素罗上先镂刻花版再涂以金泥颜料，有金属光泽，给人以华贵高雅之感；又如绛色印花四绞罗为两色套印，白色为主，靛蓝做边框，颜色逾千年而仍不脱落。在刺绣工艺方面，当时的刺绣艺人通过调配各种丝线，能使丝织衣物上的写生折枝花出现"晕染"效果。刺绣的针法多以"锁绣"做边框或梗脉，以铺绒绣填花叶或花蕊，有的图案为了突出边缘或显示华贵，还用贴金线绣在花纹外缘，使绣在烟色绫罗上的写生花具有强烈的立体感，给人以国画的效果。这样的丝绸自然深得西方的宠爱，并从辽地大量输出，从而为草原丝路的繁荣奠定基础。

辽宁省博物馆还藏有一串沈阳法库叶茂台7号辽墓出土的"水晶珠琥珀璎珞"，由5股、258颗水晶珠和7件描金琥珀狮形佩饰相间穿成。另有辽代陈国公主驸马合葬墓，出土了11组2101件琥珀，从中可见，在辽时佩戴璎珞已成为贵族阶层的时尚装饰。而这些琥珀多来自波斯和西域诸国，这得益于草原丝绸之路的通畅和繁荣。《契丹国志》记载："高昌国、龟兹国、于阗国、大食国、小食国、甘州、沙州、凉州，以上诸国三年一次遣使，约四百余人，至契丹贡献玉、珠、犀、乳香、琥珀、玛瑙器。"这些进入西亚和中亚地区的琥珀，大多是通过草原丝路，来自遥远的罗马。而东北的许多物产则通过草原丝路运往西域，如大批量的从辽国选购长白山稀缺药材人参、白附子，松花江的深水珍珠，松辽草原上的貂皮，内蒙古大草原的鹿皮和鹿茸等，经过沈阳等地向西域和亚欧大陆销售。这些密切的经贸交往，使草原丝绸之路成为东西方文化交流的纽带。

草原丝路在辽代不仅是一条通商之路,也是一条技术传播之路。如在辽文化中最富盛名的辽瓷鸡冠壶,其器型也是从西域传来的。李文信先生在《陶瓷概说》中指出:"鸡冠壶渊源于革袋,唐代金属制的'舞马衔杯壶'也做此式,它的起源很古。"此后的考古发现进一步证明了李文信的观点。20世纪70年代,西安唐墓曾出土一件白瓷皮囊壶,据李知宴在《唐代瓷窑概况与瓷窑分期》一文中介绍,此壶扁体鼓腹,成皮囊状,前后三条凸棱,前端有筒状流,背脊有一提梁,据发掘者推断,为开元天宝时代的产品。20世纪80年代初又在河北唐代邢窑窑址里发现了一件白瓷矮身横梁式鸡冠壶。在江南的扬州和南通也曾出土过完整的鸡冠壶。2003年印度尼西亚爪哇岛附近发现了一艘唐朝时期的沉船,在船上打捞出十余万件越窑青瓷,其中就有鸡冠壶。由此说来,鸡冠壶并非是契丹人的首创,而是从唐代发展而来,而唐人也不一定就是鸡冠壶的发明者,因为在传世众多唐代瓷器中,鸡冠壶不过数件,这说明此壶并非唐人的日常用器。那么鸡冠壶这种形制是从哪里传入唐代的呢?2002年,在西安出土的唐三彩中有一件胡人骑驼奏乐俑,俑的驼身上就形象地雕出了一个马镫壶,民间曾将鸡冠壶又称马镫壶,二者为同一形制。这说明,鸡冠壶很可能就是来自中亚或西亚胡商随身所带之壶,最早的鸡冠壶器型应该是沿着草原丝路从西域传入唐朝的,最终在辽朝定型,成为各民族文化交流交融的产物。

元代,蒙古骑兵驰骋于亚欧两洲的广大地区,冲破了往昔各国的疆界,

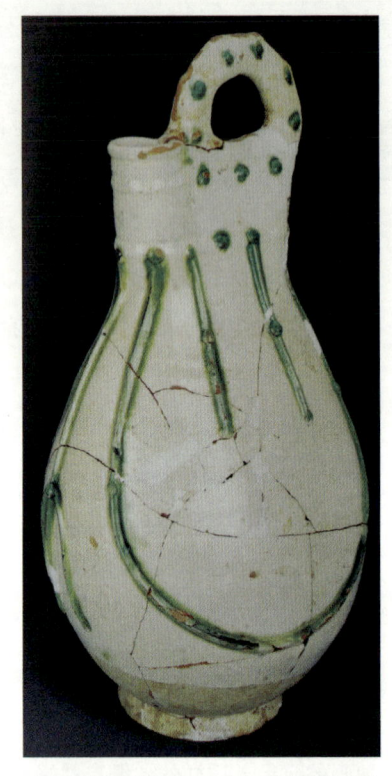

沈阳博物馆馆藏辽代白釉绿彩环梁鸡冠壶

并在此辽阔的领域内广设驿站,把各地联结了起来,使东西方陆上交通畅行无阻,历代被各民族割据、阻断的古丝绸之路重新开通,草原丝路再次焕发青春,沈阳作为草原丝路东节点的地位更为突出。

城隍庙记碑上的"沈阳"

每次到沈阳故宫里我都要到大政殿东侧看一眼这通"沈阳路城隍庙记碑"。它立于宫墙根下，碑座赑屃伏卧，碑首双龙交盘，在深红色的宫墙衬托下，愈显庄重与尊贵。此碑刻于元代至正十二年（1352）中秋，整体保存比较完整，表面略有风化，个别字已剥落难辨。碑文中多处出现"沈阳"二字，尚清晰可认。如果说典籍中的"沈阳"之名最早出现在《元史·洪福源传》中，那么实物中的"沈阳"二字则最早出现在这块城隍记碑上。现存沈阳地区早期石刻以辽代居多，元代比较少见，而碑文中出现"沈阳"二字之碑刻则极为稀少，所以这件城隍庙记碑格外珍贵，后世谈及沈阳历史，总会说到此碑。

"沈阳路城隍庙记碑"是1962年在原城隍庙旧址院内发现的，后一直收藏在沈阳故宫博物院。此碑青石质，赑屃座。碑为竖式，首身连体。碑首高64厘米，宽80厘米，厚21厘米。碑身高119厘米，厚18厘米。碑座长150厘米，宽74厘米，高48厘米。碑首浮雕二龙戏珠纹。碑阳额题阴刻楷书"沈阳路城隍碑"六字，阴刻楷书"城隍庙碑记"，竖式20行，全文358字。碑阴额题阴刻楷书"城隍庙碑"四字，阴刻楷书"沈阳路城隍庙功德官员题名志"，竖式15行，全文654字。整个碑文1000余字，详细记录了1352年重修沈阳城隍庙的缘起、时间、地点及其功德职事等。

1934年，日本学者松本丰三《满洲金石志稿》里曾收录过这篇碑刻文字，但遗误之处较多。后来罗福颐先生校录的《满洲金石志》收录此碑文，重新校订，完整可信。《辽宁碑志》《沈阳碑志》均有著录。

因为此碑，我曾多次寻访原址沈阳城隍庙，据相关专家和沈阳故城老人讲，城隍庙旧址位于今正阳街东侧的中街路北部。另外，光绪四年（1878）版的《沈阳百咏》"几家铜板印模糊"一首注里有这样的话："按俗于十二月朔日起向四平街开设画棚，谓之出大行。除城隍庙一处南向，余皆坐南朝北。"由此可见，当年的沈阳城隍庙的正门是面向四平街，即今天的中街的。但今天那一带已是高楼林立，小巷深深，何处城隍，一丝线索也没有给我们留下。

元代沈阳城隍庙碑，今藏沈阳故宫博物院

在中国，大凡一个城市总会有一座城隍庙，人们将"城隍"看作当地的神，是神鬼世界中的一城之主，其职权范围相当于人世间府衙、县衙里最大的地方官。道教则把城隍当作"剪恶除凶，护国保邦"之神，说"城隍"能应人所请，旱时降雨，涝时放晴，以保谷丰民足。据文献记载，中国早在三国时就有了城隍庙，一般认为吴国孙权在安徽芜湖建的城隍祠，是中国的第一座城隍庙。此后，城隍庙逐渐遍布全国各地。历代帝王多重视城隍的作用，屡次予以加封，后唐末帝李从珂曾封之为王，元文宗又封及城隍夫人。宋代后，又将城隍赋予了人格化，很多当地殉国而死的忠烈则成为本城城隍，入主城隍庙。直到今天，中国的大部分城市还都有一座古老的城隍庙存在。这些地方的城隍庙不仅是当地的重要旅游景点，同时又是城市里的繁华地段，定期的"庙会"还形成了具有中国特色的"城隍庙文化"和"城隍庙经济"。

"沈阳路城隍庙记碑"所在的城隍庙建于何时？据罗氏所录碑文："至正甲申道士胡道真……悉出衣钵之资，创建子孙堂一所，东西斋厨对楹六架，余则扶颠补漏者居多。"可见创建年代很早，到至正四年（1344），已经"庙貌残废"。从碑记中的"乐郊之有城隍土地神者，岁远失其荣姓……"中的"乐郊"一词看，沈阳城隍庙不可能晚于辽代，后来在金末蒙古与女真的战争中随着沈州城的被毁而荒废。到了元代建沈阳路之后，沈阳城隍庙开始重修，并冠以"沈阳路城隍庙"之名。

元以后，沈阳城隍庙受到历代统治者的重视。明永乐十二年（1414）辽东指挥刘麟主持重修了沈阳城隍庙，后来又在弘治、嘉靖、万历等几朝多次修缮。清初，沈阳城隍庙升为盛京"都城隍庙"，加一个"都"字，则是意味着城隍庙的升格，即从此成为首都之城隍庙或是与皇家有关的城隍庙了。如今天的西安、北京、承德的城隍庙都称"都城隍庙"，且都与皇都或皇家有关系。只有山西长治天紫岭上的那座"都城隍庙"与皇都没有关系，但据民间传说，那也是东汉皇帝刘秀所封，本质上也与皇家有关。

沈阳的都城隍庙在清代格外受到重视，康熙、乾隆、道光、光绪各朝都进行过多次重修，直到民国后期，才因年久失修，庙貌残败，碑石匾额散佚无闻。到如今，以致当年盛极一时的都城隍庙，除了故宫这座碑石，竟连一处遗址也难寻见了，让这座城市深感失落与伤感。

其实，元代留给沈阳的建筑实在太少了，连它的前朝辽金都不如，只有连原址都找不到的城隍庙记碑还能证明元代在沈阳的存在。然而元代对于沈阳来说，其意义不在于有无建筑，而在于从它开始，沈阳才称为"沈阳"。这才是最重要的。

SHENYANG
THE BIOGRAPHY

沈阳 传

明代重镇中卫城

第五章

公元14世纪末期，中国历史上最后一个由汉族建立的大一统中原王朝明朝统一沈阳。从此至公元1621年后金攻占沈阳的230多年间，这里复归汉民族进入和治理的历史。沈阳以中卫城的身份，成为明朝经略东北的重要战略支点。在此期间，作为边地重镇的沈阳中卫成为辽阳都指挥使司所辖25卫中的重要卫城，汉文化影响在沈阳地区得到巩固和扩大，城市规模空前提高。濠深墙坚的砖城内衙署连片，王府幽深，象征城市原点的中心庙众神欢洽，进士坊、举人坊遥对蒲阳书院的书声雁影，氤氲着大明王朝在辽东不一样的沈阳中卫城。

砖城与王府

明朝于1368年建立时，沈阳还在元朝的统治之下。两年之后，朱元璋为了统一东北，采取招抚与用兵相结合的办法，但效果不显，故元势力降而复叛。洪武十八年（1385），明朝派出20万大军，一路渡渤海海峡，于旅顺口登岸，一路从山海关东进，对故元残势形成巨大压力，沈阳包括东北终被明朝统一。

洪武十九年（1386），明廷诏令，陆续设立沈阳中卫、左卫和右卫，第二年又统合为沈阳中卫，治于沈阳城内。明朝统一东北后并未实行中原和江南地区的行省、州县行政建制，而是先设置了辽东、奴尔干两个都司，下辖多个卫，卫下辖所，成为军政合一的特殊管理体制。这种卫所制度吸取中国历史屯田经验，是一种寓兵于农、守屯结合的建军制度。对此，朱元璋曾自豪地说："吾养兵百万，不费百姓一粒米。"当时山海关外直达辽东地区均为设在辽阳的辽东都指挥使司所辖，辽阳是副总兵和巡按等的驻地；广宁（今辽宁北镇市）为都指挥使分司，是巡抚及总兵驻地。辽东都指挥使司下设25卫两州，卫下计有127所。卫有卫城，所有所城，同时另设12座关城，共同防御975公里辽东长城防线。沈阳中卫之下领有左、右、中、前、后5个千户所，后又增领抚顺、蒲河两个千户所。当时，卫的建制有守兵5600人，千户所有1120人。沈阳中卫同时负责守护由沈阳西南向东北通过的辽东边墙，管理边墙区域内的

唐时所建、明时重修的沈阳长安寺（帕瑟 摄）

边堡、墩台、障塞。其中辖有三堡：自西向东分别为静远堡（今沈阳市于洪区马三家街道静安堡村）、平房堡（今沈阳市于洪区平罗街道）、上榆林堡（今沈阳市于洪区光辉街道大尚义村），每堡驻兵200至400人不等。

  经过战火硝烟，颓敝不堪的沈阳城亟需重建，这不仅是恢复城市正常功能和防守的需要，也是沈阳中卫城地位所决定的。当时的沈阳卫城在辽东都指挥使司辖区范围内的十几座城池中属于中大型，其规模仅排都指挥使司驻地辽阳城、总兵驻地广宁城和开原卫城之后，居于第四位。以当时的交通能力，由沈阳城向南一天即可通达辽东都指挥使司所在地辽阳，向东经过抚顺千户所，两日之内便可到达建州女真腹地；向北经过铁岭卫，两日之也可到达开原重镇。因此对于明朝而言，沈阳城在防守东、北方向的女真人方面具有重要的军事地位。在军事卫戍的同时，沈阳也是广宁、开原、抚顺、宽甸、凤城等马市、木市、边关贸易商旅的必经之地。特别是在边门关闭的时间里，一些客商往往在沈阳等待，或在沈阳将货物脱手变现，由此也促进了沈阳仓储和代理商、经销商的发展，以致沈阳出现了徽商、闽浙商人的足迹。明成化年间，城内长安寺成为商业活动的中心之一，仅在该寺重修碑记的捐资者中就会发现近百家商号的名字。

同时，沈阳还是"沈王府"所在地。据《明实录》所载：明建国之初，朱元璋曾将自己24个儿子中的12个封在北方并建王府，谓之"镇藩守边"。其中位于辽东的王府有广宁的辽王朱植、开原的韩王朱松、沈阳的沈王朱模。每个王府均设有亲王护卫指挥使司，设置三护卫，卫下辖5个千户所。朱模是朱元璋的第21个儿子，母亲赵贵妃，生于洪武十三年（1380），洪武二十四年（1391）封为"沈简王"，这一年他才11岁，同年沈王府在沈阳开建。然而这位"沈王"始终未至沈阳，大约是因其年纪尚幼，沈阳又处于寒冷之地，其母赵贵妃便奏请皇上改封潞州（今山西长治市）。永乐六年（1408），朱模28岁时才就藩潞州。朱模天性谨厚，其后人有的以贤孝名，有的善文章，多博学者，"时称沈藩多才焉"。明代宗姓诸侯支派繁衍，遍于天下，而忠厚开国，独以沈藩称首。其后人遵礼守训，世有令德，无一切华奢积习，且约束严谨。所以300年间，沈王一族俱以无事而安，共袭封9代13王。

明朝开国之初即将藩王封地设在沈阳，也从另一个侧面反映了沈阳在元明两朝交会时期的政治和军事地位，所以明初沈阳中卫的大规模重建就是必然的。

沈阳中卫城建设是从明洪武二十一年（1388）开始的，负责这次大规模建设的是中卫城指挥使闵忠。关于闵忠其人，史料比较少，只知他是广宁（今辽宁北镇市）人，刚毅而有才略，作为明代沈阳中卫的第一任指挥使，他对沈阳城的重建做出了历史性的贡献，是他特向朝廷上奏，请求改建沈阳城墙，以增强城池的防御能力。朝廷批准了闵忠的奏请，闵忠随即着手改建沈阳城，而改建后的沈阳城的城墙也由夯土变为砖石，这无疑值得大书一笔，开启了沈阳的砖城历史，从而使沈阳成为东北大型的砖城重镇。

当时沈阳卫城的规模，据《辽东志》记载："沈阳城，洪武二十一年，指挥闵忠因旧修筑。周围九里三十步，高二丈五尺。池二重，内阔三丈，深八尺。周围一十里三十步，外阔三丈深八尺，周围一十一里有奇。城门四：东曰永宁、南曰保安、北曰安定、西曰永昌。"城墙外壁用大青砖砌筑，内壁为石

明代沈阳城北门"镇边门"门额

基土墙。重修后的沈阳城墙不仅高大，而且有两道护城河各宽三丈，深八尺。城墙四面各辟一城门，起门楼，建瓮城，由此形成了沈阳古城规划建筑的基本格局。方形城里，每面城墙的中部有一门，城内形成十字大街，十字路口有一座中心庙，对着城门的每条大街上各有一座牌坊，其名分别为：永宁、迎恩、镇远、靖边。

　　四门之中，南门因通向辽东都指挥使司所在地辽阳城，所以最为繁忙。进入南门后的南北大街是城内主要街道，许多衙署如察院行台、沈阳游击府、备御公署、沈阳中卫等，以及儒学、仓廪等都在这条大街的两侧。在城的东北隅有古刹长安寺，在城的西北隅有通玄观，在城中心庙北偏西有城隍庙，在通天街西有三官庙，在北门外有辽代古刹崇寿寺及塔，还有弘妙寺等一批寺观，点缀着明代的沈阳城。

　　万历二十四年（1596），沈阳城重修，将北门由原来的"安定门"改称为"镇边门"，在建筑结构上进行了精心设计，形成如同碉堡式的门垛建筑物。清朝初年，沈阳城改造，将明代留下的东、西、南三座城门均予以拆除，唯独北门未动，到了康熙初年，还将北城门用砖砌在了城墙之中。从此，人们对北门这座城门的情况就一无所知了。代之而起的就是沈阳"九门之谜"和许多神奇的传说。直到1959年，即离当年明代将"安定门"改称为"镇边门"363年之后,这个秘密才被人发现。那一年,沈阳进行大规模城市改造,曾对"九门"进行清理,发现北门有两个十字形的南北券洞,且在南券洞北口门楣上嵌有一块石刻门额,上书"镇边门"三个大字和左右角各一行小字题款。通过这块门额,人们才了解了明代沈阳北门的结构及其修建历史。

明代留给沈阳的建筑,我们今天还能见到的如永乐十三年(1415)修建的大法寺(今八王寺),正德年间(1506—1521)修建的朝阳寺,万历三年(1575)修建的棋盘山向阳寺等;另如沈北新区的"蒲河城址",原来曾是明代的千户所,苏家屯的"虎皮驿"则是万历十七年(1589)辽东总兵贺世贤和名将柴国柱先后驻防过的驿站和屯兵之城;还有如今仍可见到的沈阳周边遗留下来的70余座烽火台和边墙遗址,都会让我们看到当年明代经略沈阳的繁华旧影。

然而,坚固宏伟的砖城高墙、双重堑壕及郊外的边墙墩台,最终并没能让明代的沈阳城敌过女真人的铁骑骁将。天启元年(1621)的早春,努尔哈赤率兵只用了两天的时间,就轻易地打下了沈阳城。

城市原点"中心庙"

明代对沈阳的建筑是有贡献的,它不仅为沈阳留下了一座砖城,而且还为沈阳留下了其他许多重要建筑,如现在还保留着的中心庙,不仅是沈阳的一处古老建筑,而且还是中国城市建筑史上的一个唯一。

中国古代,所有的城市中心都要有一座标志性建筑,它既是城市的中心地标,同时也是城市风水学的需要。沈阳的中心庙能保留到今天,也实属不易,当年皇太极改造沈阳城时,特为中心庙留出位置。今天我们还可以看到沈阳故宫北墙到此特意拐了一个弯,让出了半亩地给中心庙,而且中心庙与皇宫大政殿与十王亭又恰在一个中轴线上。这种对"皇宫让庙"的现象和对中心中轴的尊奉让后人既感到神秘,又顿生三分敬畏。

神秘与敬畏的原因主要是缘于古人对于"中心"二字坚定不移甚至顽固的尊奉与崇拜,这里既融汇了儒家天人合一与道家阴阳平衡的哲学思想,更有审美方面"中心对称"这种极致中式美学的影响。中国人自古以来在生活的方方面面,就如同树叶脉络,花瓣排序一样,都要寻找中心与秩序,讲究对称原则。这种追求与中国人所尊奉的中庸之道哲学、中规中矩待人、中正平和接物、中轴对称审美有着必然联系,也与中国人一向欣赏理性秩序、优雅端庄、沉稳踏实的美学理念相一致。其审美标准反映在建筑上,不管是城市格局,还是府院宅邸,抑或宫殿庙宇、亭台楼阁、园林小院、回廊环绕、雕梁画

明代沈阳中卫城中心的标志性建筑——中心庙

栋,甚至一石一瓦、一花一树,都要两厢对映,中心突出,左右呼应,阴阳平衡,宛如镜像。正如梁思成所言:"再没有一个民族对中轴对称线如此钟爱与恪守。"这种造物中流淌出的中正端庄之美,既有稳定感,又有安全感,诚如《国语·楚语上》所说:"夫美也者,上下、内外、大小、远近皆无害焉,故曰美。"独树一帜的沈阳中心庙正是这种审美理念的产物。

中心庙是洪武二十一年(1388),沈阳中卫城指挥闵忠在元代沈阳路土城旧址上修沈阳中卫砖城时所建,比沈阳故宫的建造时间还要早237年。当时的沈阳中卫城里,辟有东西、南北十字大街,通向四座城门。中心庙则建在十字街的正中央。中国古代,在城池的中心部位都要建一座标志性建筑,其作用首先是城中心的标志,以此定位城市位置,确立城市方位;其次是风水学的需要,按古代风水理论的说法,城市里东西南北四座对望的城门互不相见,成为"T"字口、"袋状路",以此枢纽全城,屏蔽四方,即具有防御作用,又寄望于神灵保佑城池和百姓身家性命安全；其三是作为城市景观，具有观赏游览价值。这一城中心的建筑物各有不同，如唐代佛教盛行，所以在许多城池中心的十字路口建有一座尊胜陀罗尼经幢；元代则多是建中心阁；明清之时常常把钟鼓楼建在十字路口，第一层为相对的四券门洞，车马人行可以通过，如明代广宁卫城（今辽宁北镇市）和宁元卫城（今辽宁兴城市）都是在城中心建有钟鼓楼，直到今天仍保护完好。只有沈阳卫城的中心位置，建了一座中心庙，这在全国也是独一无二的。

中心庙自明洪武年间建成后，在明嘉靖二十二年（1543）和万历二十六年（1598）维修沈阳中卫城时一并加以维护。后金天命十年（1625），努尔哈赤迁都沈阳后，不仅以这座庙为中心来规划城池建设，同时于中心庙的南向建了处理朝政的大政殿和十王亭等建筑，在庙的北端离城北门（明"镇边门"，清俗称为"九门"）不远的西南处，修了他和后妃居住的汗王宫。努尔哈赤每天上朝理政，都要经过中心庙。皇太极即位后，扩建沈阳城，改十字街为井字街时，还是以这座庙为中心来进行都城的设计。天聪年间，中心庙随着沈阳城的建设得以修缮，成书于后金天聪九年（1635）的《满洲实录》插图里就绘有这座中心庙。道光年间，中心庙再次维修，同治年间成书的刘世英《陪都纪略》写道："九门俗称有，中心古庙留。通天街一线，箭眼是单沟。"叙述了当年盛京城建筑的奇异现象。而光绪年间缪润绂《陪京杂述》则说"城中心庙为太极"，即说它是"阴阳鱼"图案上的那只眼睛，更为此庙披上了一层神秘色彩。但流传更广的，是有关中心庙关公显灵的传说，而且由于中心庙是距离沈阳故宫最近的一座建筑，许多传说都与清朝的皇帝们有关。

1938年，奉天省市商会见此庙年久失修，庙貌不整，发动中街60余家商号集资修葺，当年7月动工，历时两月，庙貌为之一新，并刻石立碑。据此次《重修中心庙碑》记载，当年重修时，庙内还悬有十余件匾额，最古者为清道光元年（1821）重修时所悬，匾款上还有道录刘振声的名字，而刘道录的后裔始终都在庙东侧居住。碑文还记载了建庙时间、祭祀及修缮情况等，对研究沈阳城方位、建置、规模及沈阳的历史、文化、商业、建筑、民俗等均有重要价值。

1966年，此庙一度被作为民宅使用。1995年修建东亚商业广场，中心庙周围当年明代十字街道辟为广场，沈阳市文物管理办公室与建设单位达成协议，由东亚广场出资再次修缮中心庙，从而使这座中国乃至世界最独特的建筑得以保存，成为沈阳文化史上的一张名片。

如今的中心庙，是经过历朝历代多次重修后的面貌。它在深红色宫墙的衬托下，庄严而沧桑，占地虽不及半亩，但仍建成一个独立的道教寺院。院中只有供神一间，为青砖小瓦硬山单檐式建筑，券门顶部青砖上刻着"中心庙"三字，柳骨颜筋，苍壮厚重。殿内正中供奉着关公塑像，两侧配祀城隍、财神、山神、土地等神像。

关公能成为中心庙的主神，这也是与明清之际从皇家到民间对关羽的崇拜有关。关羽是中国古代忠勇仁义的代表形象，所以民间对关公的敬奉极为普遍，曾有"县有文庙，村有武庙"之说，即在中国每个县都要建一座文庙，每个村都要有一座武庙，即关帝庙，由此可知华夏大地会有多少关帝庙。据民国初年的《沈阳县志》记载，当时沈阳城方圆五十里内有关帝庙43座，其中绝大部分是清朝建立的。因为有清一代对关羽最为重视，努尔哈赤当年就在新宾赫图阿拉老城"汗宫大衙门"附近建了一座关帝庙。顺治九年（1652），皇帝还特意颁圣旨，封关羽为"忠义神武关圣大帝"；雍正三年（1725），皇帝又传旨加封关羽的父亲为成忠公、祖父为裕昌公、曾祖父为光昭公。直到民国时张作霖建公馆，还在院中东北角特意建了一座独门独院的关帝庙，由此可见，关公成为中心庙主神的必然性。

沈阳自从有了中心庙，就有了城市原点。它不仅成为明代沈阳卫城的中心，此后清初盛京城的建设，始终是以中心庙为基点，逐次向外扩展。到清康熙时则完全建成了外圆内方、四塔四寺、八门八关、对衬等距的"坛城"沈阳，其建筑格局的精致与独特，在中国城市史上绝无仅有，在世界也独一无二。

蒲阳书院的书声雁影

沈阳城北的繁兴很大程度是因为蒲河，蒲河在沈北蜿蜒30多公里，两岸风光最为旖旎，草树与繁花杂生，溪流并湖泊相通，菖蒲共芦雁摇影，水光潋滟，云烟荡漾，既得人工整治之规范，又不失蒲苇纵横之野趣。每次从蒲河行过，望着芦雁从摇曳的蒲梢划过时，我都会想到明代的蒲河城，还有城里的蒲阳书院。

最早的蒲阳书院建在哪里？顾名思义，按水北为阳的说法，如同"沈阳"之名，它当建在蒲河之北岸。明嘉靖十六年（1537）重修的《辽东志》卷二"蒲阳书院"条记为："在蒲河城，嘉靖十三年御史常时平建。"成书于嘉靖四十四年（1565）的《全辽志》卷一"蒲阳书院"条记为："在所城内，嘉靖十三年巡按御史常时平建。"创修于1928年、成书于1937年的《奉天通志》卷一四九《教育志》"蒲阳书院"条记为："在沈阳卫蒲河千户所城内，嘉靖十三年巡按御史常时平建。"这些记载说明，明嘉靖十三年（1534）蒲阳书院由巡按御史常时平所建，地点在蒲河所城内（今沈阳市沈北区蒲河街道蒲河社区），距今已480多年，是沈阳地区最古老的书院。

据相关史料记载，蒲河城建于辽代以前，辽初时废弃，明正统二年（1437）重建，成为辽东十八城之一，全称"蒲河中左千户所"，隶属沈阳中卫。蒲河所城的城堡周长为725丈4尺，护城河深1丈，阔2丈，有南北城

明时蒲阳书院所在的蒲河北岸蒲河城旧址

门。城东南设有教军场，有官军 745 人，军马 988 匹。沿边设有墩台 15 座，有瞭守官司员 76 人。治所东设御都司，西有备御公署，治所内筑军器局所仓、预备仓等储备库。辖堡城一座，即十方寺堡。

明朝末年，蒲河城也是明军与后金军争夺角逐的重要战场。万历四十八年（1620）八月，努尔哈赤和皇太极率军直抵蒲河城下。明军将领韩原善统兵两千镇守蒲河，最终不敌后金军，蒲河陷落。明军败退过程中，幸遇辽东经略熊廷弼率兵一万前来增援，遂合兵大败后金军，收复蒲河城。第二年，努尔哈赤还是通过招抚之策，占领蒲河城。1644 年，清军入关后，蒲河城则隶属盛京副都统镶白旗管辖。清中期，蒲河城曾进行修缮改筑，城墙加宽三尺，并在城中增建了钟鼓楼。

为了寻迹蒲阳书院，我曾与朋友选了一个暮春时节的上午特意到蒲河城址考察。在当地一位叫郭继春的老人引导下，从故城西北角新立的"沈阳市文物保护单位·蒲河城址"碑和界桩旁进入，一边拨开茂密的草树，一边和郭先生聊天。他告诉我们，他是蒲河镇的老户，在镇里生活了 60 多年。他说 20 世纪 50 年代中期，古城四面还有城墙，尽管已多处坍塌，但仍有城的形状，城中三条大街，都铺着青石条，城中央还有一座钟楼，但已很少有人上去了。我们走上古城的西城墙遗址，尽管已不见城墙的模样，只是一条长满了榆树的土岗，但脚下明显比平地高出许多，一路走过，只见城墙外人家房顶都在脚下。城墙基与城壕依稀可见，不时能捡到红陶布纹瓦残片和粗瓷器底，而城墙边上的青色残砖，半掩在黄土中，隐约可感受到这里的秦汉风尘和明清沧桑。从城墙的西北角走到南边，大约有五六百米，就是蒲河镇边。这里的人家大都动迁，只留下破败的院落和房屋。城墙遗址里就是平坦的土地和树林，土地上种着多畦韭菜，绿油油一片。这大概就是当年的"城中"，可能也是"蒲阳书院"所在之处。

站在城墙遗址上，蒲河自南边棋盘山秀湖泄出，经蒲河城西，再流到城北，与北来的支流相汇合，再转向西入沈阳城。蒲河在古城环绕大半个圆，为这所城带来了优越的地理位置。想象500多年前，御史常时平在这里建蒲阳书院，一定是看中了古城的风华，还有蒲河的清丽。

常时平，在蒲河故城的城墙上，我不时地叨咕着这个人的名字。如果没有他，就不会有蒲阳书院，蒲河城的文化魅力就会大打折扣，而沈阳地区的书院史在明以前将是空白。我们现在已查不到当年蒲阳书院培养了哪些国家和民族的有用人才，但毫无疑问，这座当年沈阳唯一一所学子读书和名师讲学的书院，一定是给沈阳地区输送了大批文化才俊，为沈阳的文化建设书写了厚重一笔。

在到蒲河城址之前，我曾遍查史料，想更多地了解常时平这个人。然而关于他的记载实在是太少。《全辽志》卷四《宦业志》记其事迹："常时平，交河人，嘉靖乙丑进士，授刑部主事改御史巡按辽东，廉革宿弊，诸凡稔恶奸宄之流，咸寘于法，以后恶党潜形风裁，凛然兴学校甄庶官，严厉中有综理云。"记载虽然简短，但可知此人不同凡俗。他是交河（今河北沧州市交河镇）人，与历史上的扁鹊、马致远、王翱、余继登、纪晓岚、张之洞、冯国璋等著名人物是同乡。他还是参修《大明会典》、著有《典故纪闻》的明朝著名进士、翰林院检讨、礼部右侍郎余继登的老师。他是嘉靖八年己丑科（1529）二甲第五十八名进士，这在《大明金榜录》里也能查到。

常时平建蒲阳书院时的职务是"御史巡按",这是一个代表朝廷制衡、监督行政机构主官,具有监察职权的"京官",相当于今天国家监察委员会的官员。他不仅可对违法官吏进行弹劾,也可由皇帝赋予直接审判行政官员之权力。平时在京城都察院供职,称"监察御史",奉命巡按地方即为"巡按御史"。明代巡按御史为正七品,相当于今天的县处级,品级虽然不高,但奉命巡按地方时职权和责任却非常重大。《明史》曾这样定位巡按御史的职权:"代天子巡狩,所按藩服大臣、府州县官诸考察,举劾尤专,大事奏裁,小事立断。……凡政事得失,军民利病,皆得直言无避。……凡御史犯罪,加三等。"由此可见,巡按御史是个厉害角色。

在甄选庶官、严苛政风的同时,常时平还在巡按辽东期间"凛然兴学校",尤其重视教育事业。明代在辽东除卫学、社学之外,曾大兴书院之风,据《奉天通志》记载,当时除了沈阳卫的蒲阳书院,尚有辽东都司治所辽阳的正学书院、辽左习武书院、野猫湖书院,广宁卫城(今辽宁北镇市)有河西书院、崇文书院,锦州有辽右书院,铁岭卫有挹清书院,是为明代辽东"八大书院"。对于这些书院,作为御史巡按的常时平多有关注,如《奉天通志》记载,常时平曾主持修葺过辽阳的正学书院。《全辽志》也曾记述,常时平在广宁崇文书院的明伦堂后立敬一碑亭,以弘扬书院之学。这些都让我对这位先贤产生一种由衷的敬意。他所创办的蒲阳书院,到今天虽然遗迹难寻,但就这个名字,也足以让蒲河两岸的教育和文化寻到数脉根茎,一瓣芬芳。

那一次,在暮春的阳光里,我尽管没有找到蒲阳书院的遗址,但我站在蒲河故城的高处放眼望去,犹能望见蒲河碧流静静地流过,那是当年蒲阳书院的学子们朗诵着"逝者如斯夫"所面对的地方。他们在书院读书时,一定能在月光如水的夜晚里听到蒲河湾的蛙鸣,还会在这样暮春时节里听到蒲河城里不断传来的市声。

如今,蒲河湾里的蛙鸣依旧,蒲河大集的市声也已经过中央广播电视总台传播到了海内外。蒲河两岸,虽然书院已矣,但教育繁兴,站在蒲河故城西望,多所大学聚集蒲河:中国医科大学、辽宁大学、沈阳师范大学、沈阳航空航天大学、辽宁工程学院、辽宁金融职业学院、辽宁美术职业学院、辽宁省经济干部管理学院、辽宁省交通高等专科学校、农业大学高职院、辽宁装备制造职业技术学院,等等,有近20所高中等学校,还有如东北育才、沈阳二中等知名高中,这里已形成颇具规模的沈北大学城。冥冥中或可说这就是定数,正因为这里曾有沈阳最早的书院,所以才会有今天的大学城?

城中进士坊

明代的沈阳城内还立有一座进士坊、两座举人坊，是专为考中进士和举人的沈阳人所立的褒奖坊。因历史上长期处于边关征戍之地，沈阳人中举已属凤毛麟角，成为进士则更为鲜见，所以明时沈阳特别重视科举中的举人、进士，都要为其建立牌坊，由此可见当时对教育的重视和文化的崇尚。举人坊是为郭斌和范鏓所立，郭斌在成化十六年（1480）中举，是沈阳人少有的中举者，所以名标举人坊；进士坊则是为范鏓所立。

范鏓为北宋范仲淹第十四世孙。范氏原籍江西乐平，自范鏓曾祖父范岳时迁到沈阳。范岳字景申，明洪武十一年（1378），以通经儒士保举赴京应试，授湖广云梦县（今湖北孝感市云梦县）县丞，住上因失火延焚卷籍，降为北平隆庆仓大使。洪武二十一年（1388）被谪戍辽东都司沈阳卫后所，降职守边，充编小旗。建文初年遇赦与妻徐氏归乡乐平，其子范孝文留居沈阳，老宅在沈阳大东门里。

留在沈阳的范孝文大约也是不得已替父服役，但他从此却成为沈阳范氏二世祖。范孝文生子范俊、范傑。此后俊、傑两支数代均在沈阳发展，尤其范傑一支更为出色。范傑生子范祯，范祯生子范鏓。

到了范鏓这一代，范氏在沈阳已延续五世。范鏓字平甫，生于明成化二十二年（1486），正德十一年（1516）山东乡试举人。为什么沈阳人还要到

民国时沈阳故宫前的武功坊

山东应举，这是因为明朝对地方管理是三司并立，各自听命中央，即政使司管行政，都指挥使司管军事，按察使司管司法。由于辽东为边疆地区，只设都指挥使司，居民多是世代承袭的军兵及家属，政务则归山东布政使司管理，所以乡试必须到山东应试。中举后的范鏓荣登沈阳举人坊的第二年，即正德十二年（1517），又考中进士，再登沈阳进士坊。

　　成为进士的范鏓留在朝中任工部主事，再迁员外郎。嘉靖三年（1524），伏阙哭争"大礼"，引起皇帝暴怒，他和100多位朝中官员被廷杖，其中有16位承受不住而被杖毙。万幸的范鏓没有丧命，但却受到皇帝冷落，被贬为河南知府。范鏓到河南后就遇到了当地灾荒，因擅自决定开仓放粮，虽受到百姓称颂，但却被朝廷弹劾撤职。之后因其在民众中的循吏形象和良好口碑，重被任用，先后任宁夏、河南巡抚，再入朝为兵部右侍郎。嘉靖二十八年（1549），嘉靖帝决定任命范鏓为兵部尚书。时严嵩当国，范鏓以身体年迈而辞，皇帝怒其心有不恭，于是削去了他的官籍。范鏓返回沈阳，不久因病去世。

　　沈阳范家在范鏓之后益愈发达，其世家风范一直延续。范鏓有子范汶、范津、范沈、范瀚。范汶在朝中做了个九品小官鸿胪寺序班，范津以父荫任凤翔府通判，范沈留在沈阳，万历年间任沈阳卫指挥同知，范瀚是一名武秀才。范沈有子范栅、范楠、范析。范栅曾任沈阳卫指挥使，范楠一生清苦，未能出仕，育有范文寀与范文程两子。而这个范文程则成为沈阳范氏一族无与伦比的明星，在范氏家族历史上，也只有他堪与先祖范仲淹相媲美。他虽未考中进士，但却为其祖上在沈阳的进士坊增添了一抹最为光宗耀祖的亮色。

范文程（1597—1666），字宪斗，号辉岳，为范仲淹十七世孙。世家出身的范文程年轻时喜好读书，怀有远大志向，但深知仕途艰难和祖上父辈的坎坷经历。随着岁月的流逝和年龄的增长，逐渐养成一种沉着、刚毅、聪颖、机敏的性格。18岁的时候，他与其兄一同考中沈阳县学的秀才，在辽东边陲之地，兄弟俩能成为熟读"四书五经"的县学生员，已是极为难得。万历四十六年（1618），后金八旗军攻下抚顺，大肆掳掠，范氏兄弟不幸被掳走，成为后金的奴隶。此时的范文程，虽然天资聪颖，但因为其奴隶的身份，在后金饱受歧视和凌辱，他就这样度过了9年郁郁寡欢的生活。一个偶然的机会，范文程跟随努尔哈赤一同出征，老罕王看出来这是一位可以重用的人才，于是对其十分优待，有意让他一同参与军事指挥和谋划相关事宜。得到范文程的出谋划策，努尔哈赤如虎添翼，范文程也因军功得授世职。

1625年，后金迁都沈阳，在努尔哈赤去世之后，范文程又成为皇太极身边的重要文臣，执掌文馆，谋划攻伐，劝降明军，成为皇太极的首席军师，诸般事物几乎都要先与范文程商议之后再做决定。崇德元年（1636），文馆改为内国史院、内秘书院、内弘文院，亦称内三院。范文程任内秘书院大学士，职掌撰写与外国往来书札，掌录各衙门奏疏、辩冤词状、皇上敕谕、文武各官敕书并告祭文庙谕、祭文武官员祭文等。同时为皇太极制定诸如尊儒重教、参汉酌金、奖励机制、改革方案等一系列渐就中国之制的重大举措，形成完整的"盛京文化"。

皇太极去世后，范文程辅佐顺治即位。1644年，他上书摄政王，请求伐明，并详细分析了当前局势及出兵的时机与策略，这无疑对清军推翻明朝、夺取中原的战略行动起到了极大的作用。清王朝定都北京之后，面对国家百废待兴、社会混乱的局面，范文程日夜操劳，帮助顺治、康熙皇帝处理政事，并将在沈阳时渐就中国之制的"盛京文化"运用到国家统一进程之中，提倡汉满同待、安定百姓、轻徭薄赋、发展生产、选拔人才、任用贤良，还创设性地提出了"官来归，复其职；民来归，复其业"的建议，很大程度上稳定了士心和民心，对加速国家统一、尽快进入和平建设时期起到了重要作用。

范文程一生经历了努尔哈赤和皇太极的开创时期，又经历了顺治和康熙两个朝代，为官40多年，成为文臣之首，清朝开国时的规制大多出自其手，对清朝的建立与巩固做出了极大贡献，堪比汉之张良、明之刘伯温。

然而后世也有人认为，他是明朝大臣范鏓的后代，不该助清灭明，"于大节有亏"。其实，当一个王朝已腐朽透顶，君主昏庸无度，曾经的辉煌祖业在他们手中被一点点蚕食殆尽，已经彻底失去百姓信任的时候，自然免不了覆灭的结局。没有范文程，明朝也不会延续下去，范文程在那个时代，他所能做的，就是为统一的、有前途的多民族国家尽自己的力量。如此说他于大节无亏，但其也有局限和过错，他作为一个开国重臣，对清军在统一过程中屠杀和毁灭大批汉人的行为不加阻止甚至视而不见，自是难辞其咎。

范文程70岁时去世，康熙皇帝亲撰祭文，赐葬怀柔红螺山。几十年后，康熙又亲笔为其祠堂书写"元辅高风"四字横额，这是清朝统治者对他的最高评价了。历史竟是这样的因缘际会和因果相生，曾经打了范鏓一顿板子的嘉靖帝，如何也不会想到，最后竟是范鏓的子孙帮助大清灭了明朝。

范文程有6个儿子，其中范承斌袭一等子爵，范承勋官至两江总督和兵部尚书，范承谟做过福建总督，范承勋的儿子范时绎做过两江总督和工部尚书，范承谟的儿子范时崇也做到兵部尚书。沈阳范氏一族在明清两代可谓风光无限，沈阳城中为范家特立的进士坊虽然早已不存，但其风华余绪，至今仍传为美谈。

SHENYANG
THE BIOGRAPHY

沈阳 传

紫气东来的盛京风华

第六章

晚明的政治腐败与国势颓危给了崛起于辽东的后金政权更多机会，公元1621年，向有"城颇坚，城外浚壕，伐木为栅，埋伏火炮"之称的辽东坚城沈阳中卫轻易被努尔哈赤率军攻破。沈阳城的地理位置与战略纵深让努尔哈赤印象深刻，他在定都东京辽阳不到4年时间，就于1625年选在"三月三"这一天迁都沈阳。正是从这一天开始，沈阳逐渐成为东北的政治、经济、文化中心，1900年的古城，实现华丽转身。11年之后的1636年"三月三"，皇太极建立大清，一个新生的王朝大幕开启。

三月三：努尔哈赤迁都

1625 年的农历三月三，对于沈阳来说，注定是一个不平凡的具有里程碑意义的日子。

公元 1625 年，是中国农历乙丑年，生肖属牛，在明朝为天启五年，在后金政权为天命十年。这一年的三月初三日辰时，传说中的"群龙行雨"之际，东京城辽阳天祐门在一片响声中缓缓打开，车辇、马队、步兵鱼贯而出，朝阳在铠甲、兵器、旌旗上熠熠闪光……努尔哈赤开始迁都沈阳。《满文老档》对此是这样记载的："三月初三，汗向沈阳迁移，辰刻从东京城出发。为其父祖坟墓供杭细绸，于二衙门杀牛 5 头，烧纸钱，之后向沈阳去，于虎皮驿住宿。"迁都队伍，于当天傍晚即进入沈阳境内。

努尔哈赤在辽阳建都不到 4 年，为什么突出奇想要迁都沈阳？努尔哈赤的理由非常堂皇。据《清太祖武皇帝实录》卷四所述："沈阳四通八达之外，西征大明，从都尔鼻（今辽宁彰武县五峰镇高山台村）渡辽河，路直且近；北征蒙古，二三日可至；南征朝鲜，自清河路可进。沈阳浑河通苏苏河，于苏苏河源头伐木，顺流而下，材木不可胜用。出游打猎，山近兽多，且河中之利亦可兼收矣。"事实也证明老罕王迁都沈阳无比正确，表现了他作为一位杰出政治家在处理复杂问题时所具备的睿智和果断，不仅建立起了盛京文化，还为大清王朝 276 年的江山打下了一个坚实的基础。然而，努尔哈赤迁都沈阳为什么要选择农历三月三这一天？是一种巧合，还是他深知这一天的不平凡？

三月三在中国历史上是一个深具文化内涵和令人感兴趣的日子，这一点，努尔哈赤和他的群臣们当然知道，只是史书上缺少努尔哈赤为什么要选择这一天迁都的记载罢了。

首先，三月三这一天是轩辕黄帝的生日。《史记·五帝本纪》记载，黄帝是少典的儿子，姓公孙，名叫轩辕，在轩辕之丘居住，生于三月初三。他与炎帝开疆拓土，划九州，定中原，促进了民族大融合，开创了中华文化，成为中华民族的人文始祖。民间也有"二月二，龙抬头；三月三，生轩辕"的说法。所以，每到农历三月三，全国各地都有祭祀黄帝的活动。从2006年开始，河南新郑市始祖山轩辕庙前都要举行三月三"黄帝故里拜祖大典"。

其次，三月三这一天早在传说时代就是伏羲、女娲交合造人的日子。所以，直到今天中国的一些地方还有"三月三"祭祀伏羲、女娲的习俗。这说明三月三最初是和人们祭祀神灵、祈求生育子嗣有关。每年这一天，上至天子诸侯，下至庶民百姓，人们都穿上新缝制的春装，倾城邀约而出，或到江河之滨嬉戏沐浴，或至深山幽谷采摘兰草，或去郊野陌上宴饮行乐，认为这样可以祓除不祥。而未婚嫁的青年男女更是节日的主角，他们载歌载舞，自由寻找或约会情人，既顺应了气候和人体生理发育的自然节令，又有利于人类的自身繁衍与社会和谐及文明进步。此事还正式记入了《周礼·地官·媒氏》中："仲春之月，令会男女，于是时也，奔者不禁。"官方给了"三月三"男女自然交往一个法定的地位，并将这一天视为中国最古老的情人节。

其三，三月三是东晋王羲之写《兰亭集序》的日子。那是晋穆帝永和九年（353）的农历三月初三，"初渡浙江有终焉之志"的王羲之，曾在会稽山阴的兰亭（今绍兴城外兰渚山下），与名流高士谢安、孙绰等41人举行风雅集会。与会者曲水流觞，饮酒赋诗，各抒怀抱，抄录成集，曲终公推此次聚会召集人王羲之写一序文，记录这次雅集。王羲之在未尽之酒兴与诗意中，挥笔驰文，遂成中国散文史上的千古名作和中国书法史上的"第一行书"，并由此赢得"书圣"之名。

其四，三月三这一天还是中国古老的"上巳节"。"上巳节"因三月的第一个巳日而得名，由于每年三月上巳日都不固定，但又都在三月三日前后，从魏晋开始就统一将"上巳节"定在三月初三，《晋书·礼志》则说："汉仪，季春上巳，官及百姓皆禊于东流水上，洗濯被除去宿垢。而自魏以后，但用三日，不以上巳也。晋中朝公卿以下至于庶人，皆禊洛水之侧。"到了唐代，三月三日的"上巳节"已成为全年的三大节日之一，节日的内容除了修禊之外，主要是春游踏青、临水宴饮。据宋代吴自牧《梦粱录》"三月"条记载，唐朝时，皇帝也要在这一天于曲江池宴会群臣，行被禊之礼："三月三日上巳之辰，……赐宴曲江，倾都禊饮、踏青。"辽宁省博物馆所藏唐画《虢国夫人游春图》也是描绘这一天的情景，以致杜甫在《丽人行》诗中说："三月三日天气新，长安水边多丽人。"描写了三月三日长安渭水两岸男女游赏的盛况。唐以后，直至明代，三月三日都是中国民间的一个重要节日。

由此说来，1625年的努尔哈赤深知三月三这个日子的不同凡俗，因此特地选择在这一天离开辽阳，迁都沈阳。

三月三这一天，努尔哈赤和他的迁都大军只行了60里，当天住在辽阳与沈阳之间的虎皮驿。如今这里属沈阳市苏家屯区十里河镇所辖，古驿站遗址立有"沈阳市重点文物保护单位"石碑，遗址不远处就是十里河中学。据《盛京通志》卷十五《城池》条记载："十里河城，城南六十里，周围一里零一百三十步，南一门，即明之虎皮驿。"《沈阳县志·古迹》记载："虎皮驿古城，在城南六十里，周围一里一百三十步，南一门。明熊廷弼经略辽东设防于此，以扼辽沈，清天命六年征辽阳，进师虎皮驿，抚降之。后改修南北二门，今十里河城。"明代虎皮驿城内设有递运所、虎皮驿营台、兵营等设施，明万历十七年（1589），辽东总兵贺世贤和名将柴国柱先后屯兵虎皮驿这座驿站之城，明代辽东经略熊廷弼曾驻兵于此，以此地的险要扼守辽沈。1621年，努尔哈赤攻破虎皮驿，进而占领沈阳和辽阳。所以，对于努尔哈赤来说，虎皮驿并不陌生，这里是他四年之前"与虎谋皮"所得。可以想象，当年驻进虎皮驿的努尔哈赤，站在黄昏里的驿墙高处，越过浑河北望即将成为新都城的沈阳，该是何等的壮怀激越。

如今，近400年过去了，残存的虎皮驿城址长满了翁郁的草树，只有从高出平地的土城址和草丛中散落的碎砖瓦还能看出一点古城的印迹。这里是民国著名诗人、画家张之汉的故乡，他的《石琴庐诗集》中有"十里河六景"，但如今也难寻踪迹。在城址东侧，有一座古庙，古庙旁的几户人家，烟囱砌在墙外，是典型的满族老民居。其他的，如果不是那块遗址碑，已很难看出这里就是赫赫有名的虎皮驿。

然而，不管怎样，当年的虎皮驿却在努尔哈赤迁都沈阳的过程中起到了重要的作用。当三月三第二天的太阳升起来的时候，努尔哈赤可能已立马浑河边，昔日的沈阳卫就在他的眼前，未来的盛京什么样，已在他的筹划之中。三月三的出发，奠定了一个王朝的基业。

如今，当年努尔哈赤迁都的沈阳，依然是东北的中心城市。他三月三迁都沈阳时所夜宿的虎皮驿当年距沈阳还有60里，如今已近在沈阳城区内；他当年在城南跨过的浑河，如今已成为沈阳的城中河。

三月三的迁都，改变了大东北的区域格局，也改变了一座城市的命运。如此，每当农历三月三，在浑河两岸草长莺飞、柳绿花繁、杏雨幽幽、春云淡淡的时光里，在这样一个万物萌动、春情勃发的日子里，我都会想起努尔哈赤，想起沈阳这个划时代的日子。

汗王宫、大政殿与十王亭

　　努尔哈赤的迁都大队终于到了沈阳。史书中未见努尔哈赤的入城情景，只是记载他行至浑河渡口时，有相遇的蒙古官员及从瓦尔喀回程的女真官员先后叩见；至于在沈阳，努尔哈赤家居何处，也只字未提。

　　努尔哈赤在沈阳居住何处？长时间真相不明，既不见清朝官方文献记载，又少闻于野史传说，颇有几分扑朔迷离的神秘感，《奉天通志》甚至将皇太极时期才建成的皇宫大政殿猜测成努尔哈赤的居所。那么，当年的汗王宫到底在哪里？1982年，发现了收藏在北京中国第一历史档案馆的《盛京城阙图》，从此揭开了清初盛京皇宫诸多之谜。《盛京城阙图》绘制于康熙年间，图呈正方形，长宽各1.3米，绢本彩绘，展现了17世纪下半叶沈阳城增拓之后的建筑景观，是现存最早的沈阳城市形象资料。图中标注"太祖居住之宫"就在城中最北端的一个画框里，北依民间所称的"九门"，即明代沈阳卫城之镇边门，面向故宫东路与中路之间"通天街"，左前方是武英郡王府、睿亲王府；右前方是豫亲王府、城隍庙。《盛京城阙图》的发现，不仅确定了汗王宫所在地，同时也揭开了"九门"之谜。

　　从清代开始，沈阳民间即有"九门"之说，但沈阳内城只有八座城门，那第九座门又在哪里？《盛京城阙图》的发现给出了清晰的答案，原来"九门"就在汗王宫的后面。当年努尔哈赤迁都沈阳后，在明代沈阳卫城的基础上进行

康熙八年（1669）绘制的《盛京城阙图》

重建，到了皇太极时，原来的四门增为八门，唯有北城墙保留，原有的镇边门也原封不动，两侧新开两门，西为地载门，又称小北门；东为福胜门，又称大北门，这样沈阳内城就变成了九门九关。后金实行的是八旗制，以"八"为吉，后来就砌死了这个旧城门，从此，"九门"则从人们视野中消失。

《盛京城阙图》被发现之后，"九门"和汗王宫位置得以确定。2012年，考古部门对汗王宫遗址进行发掘，其成果入选"2012年度全国十大考古新发现"终评名单。4年之后，即2016年年末，沈阳汗王宫遗址陈列馆正式向游客开放。

沈阳汗王宫遗址陈列馆

当年的汗王宫为坐北朝南二进院落，由宫门、二门、东西配殿和正殿组成。其建筑形制均为单檐歇山顶式，其中正殿面阔三间，其余建筑各为一间，与《盛京城阙图》的描绘基本相合。学者掌握的数据是，整个汗王宫南北轴通长42米，面积在2000平方米左右。这就是努尔哈赤进入沈阳后和嫔妃居住的地方，努尔哈赤住在正面，而嫔妃则住在东西两厢的配殿。虽然正殿屋顶铺着黄琉璃瓦，镶饰绿色剪边，但以一个帝王的寝宫论之，这个汗王宫，看起来还是比较简陋。从遗址情形看，大门柱础石，其形状有方有圆；白灰勾缝的墙砖，既有汉砖也有明砖。可以想见，汗王宫的建材多么贫乏，工期非常仓促。

然而，就是在这座简朴的汗王宫里，努尔哈赤尽显其家国情怀。他在这里举办家宴训诫子侄，送养孙女肫哲公主出嫁，招待来自蒙古各部首领，赏赐征战有功的将士，与众臣决策议政。汗王宫大门内常年挂着三样东西，即云板、铜锣和鼙鼓。努尔哈赤规定："夜间有事来报：军务急事，则击云板；有人逃走或城内之事，则击锣；喜事则击鼓。"进入沈阳城的努尔哈赤，一刻也没有放松警惕。

然而，行走在汗王宫遗址，也会给人一种历史的惊悚。那是天命十一年八月十一日，努尔哈赤的遗体从瑷鸡堡（今沈阳市于洪区翟家镇大埃金村）抬进这个院落，又于次日午前抬出。在这十来个小时里，这里发生的惨烈故事，是许多人不曾想到的。八月十二日早晨，以皇太极为首的诸王传达努尔哈赤遗诏，谕令大妃阿巴亥殉葬。生有三个儿子，又正值盛年的阿巴亥，在政治斗争中显然是皇太极等人最主要的对手。面对诸王的逼迫，阿巴亥支吾不从。诸王却咬住"先帝有命"，不肯让步。无奈，阿巴亥穿上礼服，"尽以珠宝饰之"，自缢，又说以弓弦勒死，其情形至为凄惨。同时，侧妃代令查和阿济根也一同殒命。汗王宫里最后剩下的两位福晋因为没有生养，诸王对她们的政治力量可以忽略不计，她们也因此逃过一劫。努尔哈赤的遗诏安排无非是想求得身后的皇权平隐，江山永固，然而他的子孙们就没有平静过，江山也在起起伏伏中延续。而他则在城东天柱山福陵里，再也看不到大清王朝的风云激荡，享受的只是一百零八蹬之上的西风残照。

人去屋空的汗王宫，后被称为福晋衙门。再后来，福晋衙门也没有了主人，作为家产被努尔哈赤第十五子多铎继承。为什么会是多铎，令人蹊跷难释。他的母亲阿巴亥就是在这里被逼殉葬，那时他才13岁。此后，汗王宫一直都是他的伤心之地，归在自己名下的这座宫殿成为缠绕他一生的噩梦。

从"三月三"迁都沈阳，努尔哈赤在汗王宫里居住了将近一年半的时间。在汗王宫一进院的考古探沟里，专家还发现了明代沈阳中卫城南北向大街的遗迹，即俗称的"通天街"。当努尔哈赤的脚印频繁出现在这条街上的时候，他的大政殿很长时间都处在施工中，命运几乎没让他在那里堂皇出现，但汗王宫却掀开了沈阳都城史的扉页。

努尔哈赤在世时就开建的大政殿和十王亭，他并没有用上，正式临殿办公的是其继承人皇太极。

沈阳故宫大政殿无疑是一座建筑艺术精品，它有着那个时代独特的审美特质，也是多民族建筑艺术融合的最佳样本。远远望去，大政殿很像是一座双层屋顶的八角亭子，它的确曾被俗称之为"八角殿"。这座八角重檐攒尖顶大木架结构建筑中，八角形的殿顶象征八旗，更有着"八方归一"的寓意。让人

沈阳故宫大政殿（张鹏 摄）

称奇的是，整个大殿殿身通高 19.2 米，全部用榫卯相接而建，从里到外没有使用过一根钉子。很多人往往仰望大政殿的雄伟，却忽略了近 2 米高的"须弥座式"砖石台基。上面的石雕栏板、望柱、抱鼓、石狮等，都是精美的艺术品，而且还带有明显的民间风格，朴实生动，触目所及，让人不由感叹造物者的高超技艺。

大政殿外观共有内外两圈 32 根红柱，最引人注目的是南侧殿门外两柱上的金龙，昂首探爪，仿佛正欲攫取中间的火焰宝珠。整座殿宇没有砖墙，殿身八面均装有六扇隔扇门，可任意开启，门的上半部是"斧头眼"式的棂格，下部裙板中间则各镶有木雕的金漆团龙图案，整个大殿体现着汉、满、藏不同民族的装饰风格，浑然一体，和谐而美丽。

殿顶有佛塔塔刹的影子，为 16 道五彩琉璃脊，正中是宝瓶火焰珠。在大政殿的屋脊上，饰有 8 个力士，牵引着 8 条铁链，象征着"八方归一"。大政殿的内部，室内的上方，是由龙凤、梵文、福寿结合构成的精美装饰，既表现出皇家大殿的神圣威严，又富有宗教色彩的吉祥寓意。

大政殿的正式启用是皇太极的即位典礼。据海城《侯氏宗谱》记载，其祖先侯振举修筑沈阳宫殿，"及大工告竣，并未动用国帑，亦未迟误大典，彼时即蒙太宗文皇帝钦赐云骑尉之职"。这里所说的"未迟误大典"，应是天命十一年（1626）九月初一皇太极的即位大典。这一天，皇太极先率群臣祭堂子后，返回大政殿。群臣在这里三跪九叩，皇太极实现人生的第一个目标，成为后金的汗王。大政殿的第二次即位大典是在17年之后的1643年农历八月，清初的第三位帝王在这里闪亮登场，这就是只有6岁的顺治皇帝。他即位后只在沈阳主政一年即迁都北京，而真正使用大政殿这个主导政治风云舞台，并铸就开国之功的，则是皇太极。

与其父不同，皇太极有着更大的雄心抱负。即位后，为了加强皇权，不断削弱八旗贝勒的势力，其本人也在崇政殿南面而坐，成了独尊的皇帝。这处努尔哈赤开始建设的又称"大衙门"的大政殿及十王亭，也由众王"议政厅"变成了八旗各署办事和值班的处所，地位和作用被大大削弱。通俗一点理解，这类似于现在的政府办事大厅。八旗各亭是处理本旗日常事务之处，左右翼王亭是协调一翼事物之处，大政殿则是皇帝与八旗诸王大臣共同议事之处。

"大政当阳，十亭雁行"的十王亭是大政殿前长195米、宽80米广场上东西两侧八字形排开，形制完全相同的10座亭子。离殿不到20米，略微向前突出的两座为左右翼王亭，其余八亭则按八旗顺序由北往南排开，东侧左翼王亭后依次为镶黄、正白、镶白、正蓝四旗王亭，西侧右翼王亭后依次为正黄、正红、镶红、镶蓝四旗王亭。这一组"帐殿式"建筑布局，既与满族汗王和八旗旗主出征狩猎时"则张天幕八座"，扎设营帐的排列方式一致，充分体现了后金八旗制度的文化特色，同时也生动诠释了五行学说在宫殿建筑文化上的指导作用。八旗亭在排列的顺序上，两黄在北，两蓝在南，两红在西，两白在东，是以阴阳五行为依据的。这种建筑体势与八旗文化正如乾隆帝在《盛京赋》中所写："定两翼之位，列八旗之方，黄白红蓝，有正有镶。法其象于河鼓，则其数于羲经。神其变于三五，握其奇于九宫。"古意悠然的十王亭，外观上以布瓦歇山起脊的形式出现，虽称"亭"，但又绝非通常意义上亭的结构形式。它既彰显了游牧狩猎民族"天幕营帐"之制的居停特征，也成就了中华民族宫殿建筑史上别具一格的典范。

皇太极在位期间，以大政殿为整个国家"大衙门"，左右翼王亭分别掌管国家军事和民事，八旗亭是各旗的衙门。这种史上不多见的"合署办公"形式，自然沟通灵活，联系紧密，可谓构思大胆而独特，既别有新意，又和谐得体，同时又便于相互监察，从而使清初的制度执行和国家治理更加规范和高效，致使此后皇太极的子孙们每来沈阳，必对大政殿和十王亭景仰有加。

自1671年康熙帝开启制度性东巡之后，乾隆、嘉庆、道光接踵而至，至1829年的150多年里，4朝清帝共10次东巡，驻跸盛京。由来已久的十王亭作为大清帝业兴起时的圣物，令那些前来瞻仰的后世帝王一次次思潮起伏，情意绵绵。乾隆皇帝一生4次东巡，次次亲临十王亭，次次吟诗以叹。1743年，"十亭犹列翼，一德尽同心"；1754年，"翚飞朵殿焕觚棱，左右亭分以十称"；1778年，"一殿正中据，十亭左右分"；1783年，"一殿于中峙，十亭以次分"。这座别样的建筑，总令他的子孙每每感慨，念念不忘，其中所蕴含的，不仅有帝王建功立业之气度与雄心，更具对祖宗基业之怀想与承续。

紫气东来凤凰楼

每一座城市都有自己的标志性建筑，西安大雁塔，北京天安门，武汉黄鹤楼，巴黎埃菲尔铁塔，悉尼歌剧院……这些建筑，总是与城市的历史和性格相始终，与这个城市里涌现的人物和事件相关联。沈阳也一样，历数其城市的标志性建筑，世人一下就会想到沈阳故宫，想到故宫里的大政殿、十王亭、凤凰楼。

与大政殿和十王亭不同，凤凰楼淡化了过于集中的政治色彩，散发着更多的幽秘往事、前尘梦影和浪漫风华。它曾在近300余年间占据着沈阳城内的制高点，虽历近400年风雨沧桑，却依旧显得那么高大而端庄。青砖、碧瓦、红柱、飞檐……高楼欲飞，如凤之翼，虽然目之所及之处，四周布满现代的高楼大厦，但它仍然是这座城市乃至一个王朝仰望的对象。

凤凰楼建于后金天聪元年到九年，即1627年到1635年，用了整整9年的时间才建成。它位于皇宫中路，大清门、崇政殿之后离地一丈二尺多的高台之上，帝后寝宫区南侧正中，与楼后同在高台之上的清宁宫、关雎宫、麟趾宫、衍庆宫、永福宫等五宫形成一个相对独立的后宫庭院，而凤凰楼则相当于这个庭院的大门楼，是宫与殿之间人轿往来通过的唯一门户，巍峨高耸地护佑着台上五宫。从功能上来讲，凤凰楼的设计初衷，就是后宫区的门楼，只不过它规格更高一些，是一座能够彰显皇家气派的门楼而已。在高台周围，环以围

沈阳故宫凤凰楼（王林 摄）

墙和巡逻更道，使这座后宫俨然一座相对封闭而独立的城堡。欲到五宫，必须先登上凤凰楼台下象征一年24个节气的24级台阶，穿过楼之一层门洞，方能进入，故此沈阳皇宫向有"宫高殿低"之说。这种建筑形式极其符合女真先人长期生活在山区的传统生活习惯，居高望远，更便于瞭望敌情，时刻警惕来犯之敌，确保自身安全。

凤凰楼为三滴水歇山式三层砖木结构，黄琉璃瓦绿剪边，面阔三间，进深9檩，建筑面积292.53平米，高22米。一二三层均为明间辟门，一层明间南北均有对开大板门，南侧门檐上至今悬挂有乾隆皇帝书写的"紫气东来"雕刻斗匾一块。一层北侧出廊，二三层有围廊。楼西侧廊内有明楼梯，二层东侧廊内也有明梯。外檐为金龙和玺彩画，内檐二层为彩凤大天花，二层梁架为三宝珠吉祥草彩画。二三层为斧头眼式棂条对开格扇窗。

皇太极时代的凤凰楼是他和嫔妃们登高远眺、休息听书、便宴看舞的地方，后来又成为皇帝召见宴请官员或举行盛大仪式的一个重要活动场所。清军入关后，盛京成了陪都，凤凰楼也更为神圣，成为存放宫廷重要文物的场所，如《五朝圣训》和《实录》等。乾隆十一年（1746），原藏于北京交泰殿"大清受命之宝"等10枚帝王玉玺奉旨移往盛京凤凰楼，乾隆亲撰《御制宝谱记》述其原委。乾隆十五年，"五朝圣容"即努尔哈赤、皇太极、福临、玄烨和胤禛，以及五朝后妃的画像也从北京送到盛京，供奉于凤凰楼上。

关于凤凰楼的得名，史料中至今没有找到明确记载。民间传说努尔哈赤迁都沈阳定都此地，是因为城南奉集堡飞起的一只凤凰的引领，如果此传说被皇室认可，那"凤凰楼"也就有了实际的纪念意义。但无论如何，其名都与瑞祥的神鸟凤凰有关。《尚书·益稷》云："箫韶九成，凤皇来仪。"在有凤来仪的地方建楼，当然得称"凤凰楼"了。并且，凤凰之意象多是皇家的独享，"凤阙"又往往是皇宫的代称，还有一个更为简单的理解，凤凰楼是后宫的门户，里面居住的嫔妃们，一向喻为"凤"，将楼呼为"凤凰楼"，正合《诗经》"凤凰于飞，翙翙其羽，亦集爰止"之意。

想象当年，每到炎热的夏秋季节，帝妃们经常在楼上避热消暑，读书讲史。宫女调冰水，小扇引微凉，不知不觉在落日的余晖中，婆娑的楼影，带笑的君王，飘曳的旗袍，昏黄宫灯，连缀成一道凤凰楼里醉人的风景。而当晨曦初露之时，皇帝携后妃又在这里倚廊瞩望东方的旭日，看万道霞光染就宫墙楼栏，还可在楼上回廊轻拢云鬓，梳妆打扮。对于盛京城内的居民来说，高高的凤凰楼上，影影绰绰的后妃身影，应该是最美的风景。所以当时民间就为凤凰楼起了一个"梳妆楼"的名字，晚清缪润绂《沈阳百咏》写道："谁信东京儿女小，梳妆争及凤凰楼。"可以想象得到，当时盛京古城内，身着旗袍、蓬松两鬓别着一头银簪的女子穿梭在街巷之中，感受着一粥一饭的平常欢喜，也艳羡着皇宫禁地里皇后嫔妃们的富贵生活。

然而，当年盛京的小儿女们如何也想象不到，在凤凰楼台之上，也曾演绎过平常人世间最动人心魂的爱情。

成就大清王朝的盛京皇宫，其实真正的拥有者只有皇太极一个人。在这里，他完成了从王子到汗王，直到帝王的完整政治生命，在这里，他打造了一个全新的王朝，也为最终问鼎中原打下了坚实的基础。最后，叱咤风云的皇太极在清宁宫无疾而终。可以说，盛京故宫，是皇太极的家，而这座连接前殿与后宫的凤凰楼，则成了一代雄主与多情君王转换之所。在这里，他遥望中原，梦想就都，更享受着作为一个男人的铁汉柔情和缠绵悱恻。

凤凰楼后的五宫，住着皇太极的"一后四妃"，都是蒙古族，都姓博尔济吉特氏，分属于蒙古科尔沁部和察哈尔部，这种婚姻关系主要是出于笼络蒙古的政治考虑。住在清宁宫的皇后博尔济吉特氏，是蒙古科尔沁贝勒莽古思的女儿；住在关雎宫的宸妃海兰珠和永福宫的庄妃布木布泰是姐妹俩，也是皇后的侄女；住在麟趾宫的贵妃那木钟和衍庆宫的淑妃巴特马原是蒙古第35任大汗林丹汗的"八大福晋"中的两位，林丹汗死后归降再嫁皇太极。

在五位后妃中，皇太极的最爱是宸妃海兰珠。崇德元年（1636），皇太极册封五大福晋时，海兰珠封为关雎宫宸妃，为四妃之首，仅次于姑母皇后博尔济吉特氏。"关雎"一词取自《诗经·周南》，诗序注云："关雎，后妃之德也，风之始也，所以风天下而正夫妇也，故用之乡人焉，用之邦国焉。"诗中以水鸟和鸣比喻配偶，表现男女之间的真挚爱情。和其他四宫的宫名相比，关雎宫这个名字含义更深。海兰珠的封号和她所居宫室的名称，充分表达了皇太极对海兰珠的由衷喜爱以及两人间的琴瑟和谐。

崇德六年（1641）九月，皇太极率领八旗劲旅和漠南蒙古科尔沁等部铁骑，与明朝军队洪承畴部进行松锦决战。正当双方数十万大军刀光剑影生死搏杀如火如荼之际，盛京使节来报"关雎宫宸妃有疾"。皇太极安排诸将留下，自己匆匆离开战场，日夜兼程往沈阳赶。待其飞马进入盛京，冲进大清门，穿过凤凰楼，直扑关雎宫时，已经晚了一步，海兰珠香消玉殒，年仅33岁。关雎宫里，只剩下皇太极抚尸哀痛的身影和悲悼恸涕的哭声，他几次因悲痛过度而昏迷过去。美人气绝，英雄心碎，皇太极无论如何也难以接受海兰珠病逝这个残酷的现实，很长时间难以释怀，即使贵为天子，也别无他法，所能做的，只有长长的哀思。海兰珠死后不到两年，一代雄主皇太极也告别凤凰楼的曈曈晓日，葬于城北昭陵。关雎宫里所演绎的这一幕大清版《长恨歌》，无疑又为凤凰楼增添了一抹凄美的色彩。

作为都城高点的独特建筑，再加上动人的爱情故事，使凤凰楼在有清一代,始终是盛京城里的重要景观,先是在同治年间进入刘世英《陪都纪略》一书所记载的"留都十景",名为"凤楼观塔",并以诗吟之:"势并齐云远眺真,凤凰楼上凤来滨。五塔屏藩留迹古,高峰一瞥入苍纹。"此景中的"观塔"即诗里所说的"五塔":辽代崇寿寺白塔与皇太极时敕建的盛京城外与皇城四方等距的护国四寺四塔——永光寺东塔、延寿寺西塔、广宁寺南塔、法轮寺北塔。光绪年间又列入金梁《奉天古迹考》和《沈阳县志》中的"奉天八景",名为"凤楼晓日"。民国以后直到今天的各种版本"盛京八景"中大都列有"凤楼晓日"。不管是当地人还是外来游客,都以一登此楼观赏晓日为荣,那个时代登高看日出,会给人难以忘怀的记忆,诚如清末金梁在《奉天古迹考》中所说:"登凤凰楼,而一览曈曈晓日,烟火万家。"又如民国胡文田《游奉天行宫记》的描述:"凤凰楼,楼凡三层,摄衣而上,万家烟火,都列眼前。三省风云,转生腋下。匪特斯宫之最高,抑亦奉城之绝顶也。"凤凰楼是那个时代人们眼中异乎寻常的高度,每当太阳欲出时分,拾阶而上,站在第三层的回廊上,极目早晨的太阳从东方地平线冉冉升起,腾云破雾,先喷天际霞光万道,再铺沈水瑟瑟半江,又染全城艳红一片。远眺城中五塔,或披金耀彩,或佛光幻影,万般美景尽收眼底,凤楼晓日的壮观遂成为这座城市最难忘的记忆。白云千载,光影日复,写满了故事的楼台里,承载的永远是这座城市的乡愁。

凤凰楼的壮美也深得皇太极后世子孙的钟爱,尤其是乾隆皇帝,四次东巡均登此楼,不仅为其写诗,还在楼前作《盛京赋》,意犹未尽,还特意为其题匾。

乾隆四次东巡,作了7首凤凰楼的诗:《登凤凰楼》《再登凤凰楼》《登凤凰阁》《登凤凰楼用李白凤凰台韵》《登凤凰楼叠甲戌韵》《登凤凰楼再用李白凤凰台韵》《登凤凰楼再叠甲戌韵》。乾隆四十三年(1778),他第三次东巡,在《登凤凰楼用李白凤凰台韵》中写道:"户口已看填城郭,耕桑更复拓墟邱。松山峰静拖遥岫,辽水波恬带远洲。"登楼所见,此时盛京城内外一片繁华,不再是清初流人函可《初至沈阳》时的"牛车仍杂沓,人屋半荒芜"的样子,而在尾联则感叹道:"此日升平歌乐利,昔年开创忆焦愁。"登祖宗之楼,溯创业之艰,不禁透出盛世之下的丝丝隐忧。"缔构常思祖业艰,千秋百二巩河

沈阳故宫凤凰楼内乾隆皇帝题写的"紫气东来"匾

山",这或许是他第三次东巡登凤凰楼远望所透出的短暂清醒,也未可知。

凤凰楼确实让乾隆挂怀,至今凤凰楼一层门檐上仍悬挂有他题写的,由清宫内务府制造,乾隆二十二年(1757)由京师送至盛京的"紫气东来"匾。此匾为木雕、金漆、铜字,长472厘米、高167厘米、厚20厘米。四周为宽边浮雕金漆云龙纹饰,共有9条雕龙:上沿正中为一条正龙,两侧各有一条行龙;下沿中间为二龙戏珠纹,两侧各有一条行龙;左右边框各有一条升龙,龙首均为圆雕,并饰有金属丝龙须。匾内沿为深红色,匾心为洋蓝色平面,中间镶有纯铜制"紫气东来"四字,题字上部中央有阳文篆书"乾隆御览之宝"玺印。"紫气东来"四字本是中国古代吉语,典出汉刘向《列仙传》:"老子西游,关令尹喜望见有紫气浮关,而老子果乘青牛而过也。"函谷关关尹看到紫色云气从东边飘过来,知道将有圣人通关,果然这天老子骑着青牛,在冉冉紫气萦绕下,伴着仙乐来到此地。在中国,紫色一向是吉祥的象征,古代的官服则多为紫色,紫气自然也是一种"惟天降命"的吉象。乾隆皇帝将此四字书匾悬挂凤凰楼上,不仅概括了清王朝从东北兴起、发展的历史脉络,表明东北是清王

131

朝的福地；还反映了一种追宗溯源、进取向上、不敢懈怠的民族精神，可谓完美地诠释了乾隆对祖先的敬仰和赞叹之情。"紫气东来"匾今天仍悬于凤凰楼上，几乎所有进入沈阳故宫者都要仰观此匾，感受这块牌匾所透出的吉祥运兆与扑面而来的历史烟云。

奠基康乾盛世的"盛京文化"

进入21世纪20年代的第一年,沈阳故宫做了一个独具韵致的展览,"宫中邂逅——当青花瓷遇见剪纸",展出的地点是故宫里的"飞龙阁"。这座"飞龙阁"建于清乾隆十一年(1746),原址是宫内的三间厢房,皇太极天聪年间的"文馆"所在地,"盛京文化"的许多内容都是从这里诞生的。

所谓"盛京文化",就是清代在沈阳的地域文化,因发源于盛京而得名。清入关前的后金天聪八年(1634),当满族共同体形成之际,皇太极尊称沈阳为"天眷盛京",遂有"盛京"之名。最初它仅指沈阳城一地,随历史演进,范围所及已囊括东北全境。所以"盛京文化",就狭义而言是指清前或清代沈阳地区的文化,广义而言则是指盛京五部侍郎及盛京将军曾统辖的整个东北地区的文化。因而,"盛京文化"兼有清文化源头及清留都文化的双重内容,是"清文化"的硬核与底蕴,同时也是中华文化一个重要的有机组成部分。

"盛京文化"的形成有一个渐进的过程。后金迁都辽阳、尤其是沈阳后,文化自然面临着转型,由单一民族文化向多民族文化融合转化,由奴隶制、早期农奴制向发达的封建制转化。在这种文化转型时期,社会矛盾也自然空前激化,民族矛盾、阶级矛盾及统治阶级内部矛盾都呈现异常尖锐之态。对外,后金政权除了面对明朝的进攻,同时还要顾及辽民的反抗;对内,进入晚年的努尔哈赤两次废黜他的汗位继承人,实行八和硕贝勒共理国政的制度,与社会封

沈阳故宫的大政殿与十王亭

建化的发展方向背道而驰,为接下来汗位的争夺埋下了祸根。这些矛盾造成后金社会战事频仍,政权不稳,民生凋敝,动荡不安。正是在这种极为困难的情形下,皇太极于1626年继位。他面临的重要问题就是如何消弭因努尔哈赤后期错误的民族政策带来的负面影响,让后金政权重获生机。如果这些问题处理不好,后金政权很可能重回山野。皇太极以他"宏谋远略,动中机宜,料敌制胜,用兵如神"的文才武略,励精图治,在强化八旗制度的前提下,以"参汉酌金"为改革纲领,巧妙地将所面对的危机逐步化解,经过十年努力,终于使后金乱局一统为"清"。他的治世方略就是"盛京文化"。

"盛京文化"的具体内容大致包含三个方面。

一是大力弘扬儒家文化,奠定全社会的思想基础。学习、弘扬儒家思想,以儒家思想指导修身、治国,将儒家思想作为全社会的指导思想,是皇太极文化改革的一项重要内容,是"盛京文化"的重要组成部分。皇太极即位后即改弦易辙,保护汉民地位,按儒家思想礼遇汉族知识分子和官员。大批汉族知识分子成为皇太极改革的核心人物,为此,皇太极设置了文馆,身边聚集了多位汉人名儒,并成为他施政的智囊团,这些人反复劝其读儒家经典,"勤学问以迪君心"。当时,皇太极不仅自己按文臣开出的书目大量阅读儒家经典,而且还开设官学,普及儒家教育,将儒家经典定为教材。同时举行科考,使教育、考试制度化，又选贤任能，终使儒家思想成为后金和清代社会的统治思想，在沈阳，为清王朝封建化及取得全国胜利，既储备了大量人才，又奠定了明确而坚实的思想基础。

二是奖励革新与技术进步，推动生产力的发展。皇太极在改革过程中很注重农业和手工业的进步，提倡学习先进生产技术，奖励技艺革新，从而发现技术人才，提高了生产力，增强了国家实力。具体措施如改善军队武器与装备，对有贡献者予以重奖；对盛京城建设过程中设计、施工等贡献人员加大封赏；重视农业技艺，强调改良技术的重要性，并亲自示范，以此提高农业产量，口粮短缺的矛盾得以解决。这些举措对提高社会生产力，完善"盛京文化"，进而统一全国起到了重要的推动作用。

三是完善典章制度，渐就中国之制。在"参汉酌金"的纲领指导下，皇太极对后金的典章制度进行了大力度的改革，就政权组织形式、职官制度、土地制度、军事制度、法律制度、民族宗教制度等进行全方位的完善。政体方面，通过"南面独坐"，废除贵族共和制，建起君主独裁的中央集权制，通过六部和内三院控制中央行政机构；地方基层政权对满族实行牛录制，对汉族实行村屯制等；土地制度改革主要是重新编庄，恢复农户地位，将满官奴役下的农奴变为汉官统辖下的自由农民；军事上完善八旗制，并将其推广到蒙古诸部，从而保证满族不被汉族同化，而且还使在旗的汉人被满化，成功地起到了"熔铸满汉"的效果；在法律制度上，各项立法活动频繁，法制渐趋严密，1636年《崇德会典》颁发，开启了清王朝纂修法律会典的先河，以成文法取代习惯法，社会愈加稳定。皇太极对一系列典章制度的改革与完善，对封建生产关系、上层建筑及意识形态诸方面起到了很好的保护作用，并顺利地与中原地区的典章制度实现了对接，渐就中国之制。

清王朝在沈阳建立起来的"盛京文化"体系，是我国东北地方多民族文化碰撞、融合的产物，它以满汉文化为主体，儒家思想为指导，八旗制度为核心，王朝更迭为契机，不仅具有那个时代人类精神成就的广度和深度，同时也拥有个人或群体所秉持的道德观念、人生理念等文化特征。从而使清王朝不仅顺利入关、问鼎中原，对全国实施封建统制，避免了建国之初"手忙脚乱"的局面，而且还为有清一代创造了良好的文化氛围，出现康乾盛世和文化繁荣；既提高了满族的文化品位，也加强了汉族文化的主体地位，进而促进了各族文化精英的不断出现，使得中华传统文化达到又一个高峰。溯本求源，不能不说，这是"盛京文化"传播的必然结果，是"盛京文化"效用价值、创造价值的完美体现。

"盛京文化"是沈阳地区最有代表性和最重要的文化形态。今天，在民族复兴、地域经济振兴的过程中，研究和弘扬"盛京文化"，不仅有着深远的历史意义，同时也有着一定的现实借鉴意义。虽然沈阳故宫里当年皇太极倚重的三间"文馆"已变成飞龙与翔凤二阁，但从这个故地诞生的"盛京文化"却福荫后世，功垂千秋。"飞龙""翔凤"之名或许正是"盛京文化"所展示的祥瑞与风华。

SHENYANG
THE BIOGRAPHY

沈阳传

第七章 一脉豪气看『坛城』

我曾无数次地坐车走过沈阳一环、二环、三环、四环，还特意跑过基本成形的400余公里的辽宁中部环线。然而，无论如何，都是在围绕着一个中心环跑，那就是沈阳的老城，在抚近门与怀远门之间，在四塔四寺之间，以中心庙为圆心，以故宫为圆点。无论从哪个角度看，无论沈阳大城区如何规划发展，环形的还是放射状的，辽宁中部的沈阳现代化都市圈依然是围绕这个圆点而布局。

"坛城"沈阳的形成过程

沈阳是清入关前的都城，它是在明沈阳中卫的基础上改造、增拓而成。改造规划不仅继承了中原传统的都城规划理念，而且还保留了满族固有的建城传统，其中最重要的是吸收了藏传佛教的"坛城"构图理念，成为中国古代都城规划建设史上唯一一个、也是最后一个"坛城"形制城市布局的范例，从而创造了人类城建史上一个不朽的杰作。

明天启六年、后金天命十一年（1626）九月初一，35岁的皇太极继承后金汗位。即位后，皇太极即开始按照都城的规制，在明代沈阳中卫城的基础上重新规划和扩建沈阳城。截止到明崇祯四年、后金天聪五年（1631），皇太极大规模改扩建沈阳内城的计划基本完成。其拓展工程先是把明城墙增高加厚，又把城里的十字街路改为井字大街。据《盛京通志·京城》记载："其制内外砖石，高三丈五尺，厚一丈八尺，女墙七尺五寸，周围九里三百三十二步，四面垛口六百五十一，明楼八座，角楼四座，改旧门为八：东向者，左曰内治（小东门）、右曰抚近（大东门）；南向者，左曰德盛（大南门）、右曰天佑（小南门）；西向者，左曰怀远（大西门）、右曰外攘（小西门）；北向者，左曰地载（小北门）、右曰福胜（大北门）。地阔十四丈五尺，周围十里二百四步。"新修的护城河宽14丈5尺，周围长度为10里204步。城内还修有钟楼一座，位于内治门内大街；鼓楼一座，位于外攘门内大街。这与康熙年间绘就的《盛京城阙图》的描绘基本一致，从图上看，井字大街将全城形形色色的楼阁庭院分割成若干"田"字状的群落。分割开的纵横九块城区中，纵向中间的三块大于其左右的六块。盛京皇宫坐落于井字大街的中心位置，分为东西两路建筑群体。清初的六部三院等衙门，以及寺庙等在图中也有展示："大内宫阙"的东墙外有礼亲王府、奉天府；西墙外有庄亲王府。南区有理藩院、都察院，户部银库、造办库；西区有饶余郡王府、肃亲王府；东区有颖亲王府、成亲王府；东北区有长安寺；东南区有吏部、户部、礼部、敬谨亲王府、文庙；西南区有兵部、刑部、工部、郑亲王府、承德县衙。盛京内城扩建完成，明崇祯七年、后金天聪八年（1634），皇太极正式命名沈阳为满语"谋克敦"，汉译兴盛京都，从此沈阳城被称为"盛京"。

1644年清王朝迁都北京后，沈阳成为留都，设有户部、礼部、兵部、刑部、工部，统称"盛京五部"。与中央政府相比，不设吏部，长官为侍郎。五部负责处理盛京包括东北地区的财赋、朝祭礼仪、驿站传递、旗民交涉、工程建设等事宜。因为清代东北地区实行旗、民双重管理体制，机构隶属和行政区划边界比较复杂，所以同时朝廷又于盛京城内设有"盛京统部"，统部以盛京为中心，管理盛京、吉林、黑龙江三将军所辖区域。其地理范围据《大清一统志》记载："东西距五千九十余里，南北距五千八百三十余里。东至海四千三百余里，西至山海关直隶永平府界七百九十里，南至海七百三十余里，北逾蒙古科尔沁地至黑龙江外永安岭界五千一百余里，东南至锡赫特山朝鲜界二千九百余里，西南至海八百余里，东北至海四千余里，西北至蒙古土默特界六百九十余里。"当时的辖地比今天的东北面积要大好几倍。在沈阳城内，还设有"盛京将军府"。据《盛京通志》所载，盛京将军所辖疆域范围："东至兴京边二百八十余里吉林界，西至山海关八百余里直隶临榆县界，南至宁海南境七百三十余里海界，北至开原边境二百六十余里，东南至镇江城五百四十余里朝鲜界，西南至海八百余里，东北至威远堡二百三十余里吉林界，西北至九官台边门四百五十余里蒙古界。"当年的盛京将军府建在留都故宫之南，成为仅次于沈阳故宫的著名建筑，1907年，清政府实施新政，东三省改设奉天省、吉林省、黑龙江省，并设东三省总督，盛京将军府遂成总督衙门，又称"东三

盛京城内外郭

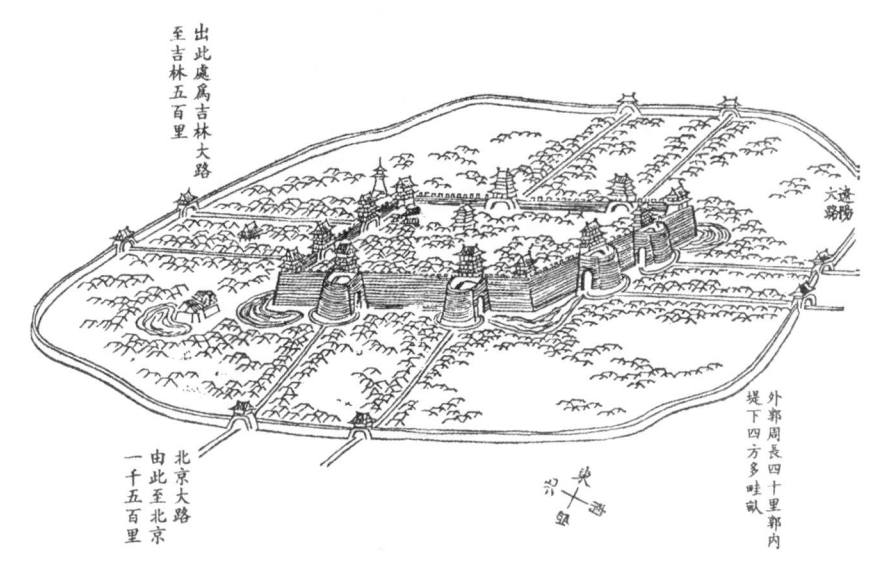

出此处为吉林大路 至吉林五百里

北京大路 由此至北京 一千五百里

外郭周长四十里 郭内堤下四方多哇畎

《盛京城内外郭图》

省总督府",保留至今。

沈阳城外圆内方的"外圆"应是皇太极时动议,直到康熙年间才完成的。中国古代的都城一般都有三道城墙,即宫城、皇城、罗城三重。皇城即内城,罗城即外城。古时又称罗城为"关城"或"郭城",即所谓"筑城以卫君,筑郭以卫民"。盛京罗城至康熙十九年（1680）全部竣工。在皇城与罗城中间建有规整宽阔的马路,东西南北各自对称平行。东有东顺城街,西有西顺城街,南有南顺城路,北有北顺城路。外城为圆形,周长32里48步。圆形的外城对应内城,也开了相应的八门：东向之南曰大东边门,北曰小东边门；南向之东曰大南边门,西曰小南边门；西向之南曰大西边门,北曰小西边门；北向之东曰大北边门,西曰小北边门。外城八门与内城八门两两相对,所以沈阳城又有"八门八关"之说。由于内外城的八门是错落的相对,所以内城门与外城门之间的道路不是正南正北或正东正西,而是斜的；又因为内城小而外城大,这样

141

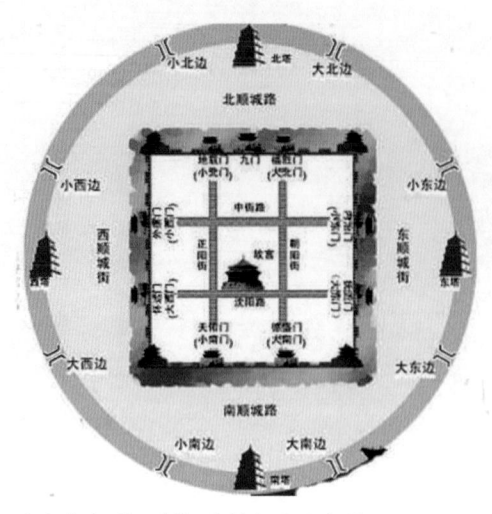

清代盛京"坛城"形制城区示意图

从内城到外城的道路不仅是斜的，而且还是放射状的，整个城俯瞰宛如一平置的车轮辐条状。内城与外城之间的地带称之为"关厢"，这样"关厢斜路"就成了沈阳老城基本的交通格局。

清崇德八年（1643），又开工建"四塔四寺"，顺治二年（1645）竣工。"四塔四寺"中的塔建在盛京皇宫东西南北四个等距离的正方向，相距都是5里。据"四寺四体文碑"碑文所记："盛京四面各建庄严宝寺，每寺中大佛一尊、左右佛二尊、菩萨八尊、天王四位、浮图一座，东为慧灯朗照，名曰永光寺；南为普安众庶，名曰广慈寺；西为虔祝胜寿，名曰延寿寺；北为流通正法，名曰法轮寺。"至此，沈阳古城的格局基本定型，城池的面貌也大为改观。中心为宫城，宫城之外为方形的皇城、皇城之外为圆形的罗城，皇城与罗城的"八门八关"间以放射状街道相连，罗城外又有对称四塔相护持。完美的外圆内方、对称的"八门八关"、等距的"四塔四寺"，这种形制作为中国都城规划的最后范例和完美布局，在中国是唯一的，在世界上也是罕见的。

永远的聚合与放射

"坛城"沈阳在当年曾吸引许多人的目光，并诉诸文字。清康熙二十一年（1682）三月，大才子纳兰性德随侍康熙皇帝巡幸奉天，为沈阳的帝都之势所感染，写下一首《盛京》诗，其中说"拔地蛟龙宅，当关虎豹城。山连长白秀，江入混同清"，高度赞美盛京城的雄伟壮观。1743年，最喜舞文弄墨和最具浪漫色彩的乾隆皇帝第一次东巡盛京，写下著名的《盛京赋》，其中说"规天距地，向明授时。增八门之迭荡，胁九逵之逦迤。翼翼俾倪，岩岩堞雉。起圜丘于郊南，单堵垣之洁祕"，称外圆内方的沈阳城是"规天距地，向明授时"，可谓得当。同时代盛京诗人缪公恩《城楼远望》一诗中则对沈阳城的格局作了更为具体的描述："无边景象望中来，城上高楼近帝台。四塔佛光摩日月，二陵佳气接蓬莱。山川盘郁风雷壮，阡陌纵横锦绣开。万祀龙兴重根本，天经地纬缅鸿裁。"从纳兰诗人和乾隆皇帝的赞颂中，从缪氏这幅盛京鸟瞰图上，都隐含着对沈阳独特格局与形制的肯定与赞美。

当历史进入20世纪中期的时候，沈阳内城的城墙逐渐消失，沈阳逐渐失去了最具象征意义的"外圆内方"城市格局。所幸宫城还在，中心庙还在，"四塔四寺"还在，今天沈阳人还能看到复原的当年内城的城门和角楼。虽然八旗王府风消云散，八门也只剩下了地名存在，但透过怀远门和抚近门的沧桑楼影，昔日的"坛城"沈阳还有着依稀的架构，或是伴着古旧的历史记忆存入

晚清时的沈阳城墙东北角楼

泛黄的历史档案中，或是星星点点般散落在文化人的考据文字里。从20世纪80年代开始，经过40年的城市大改造和大扩容，沈阳城越发地高楼林立，街道宽阔；越发地东北西南对称开发；越发地以故宫为中心，圆周形、涟漪式向外扩展。这一切，说明自皇太极之后，在近400年的时间里，沈阳城的发展格局还依然沿袭着"坛城"的形制。不仅城市格局，包括城市性格、城市文化，甚至城市局限性都呈现着近似的特点。这就是既聚合中心，又无限外延；既圆融有序，又纵横交错；既创意宏阔，又十分粗放。

这就是沈阳。圆圈的"坛城"设计，让这个城市很中心，很阔大，很有序，但又很放射，很交错，很粗放。不管是生活在这个城市里的老沈阳，还是外来的旅游者，都感到这是一个很有个性的地方，但又说不出它最突出的特点；这里所有的事物都有始有终，但又难寻始终；它所有的一切都裸露在外，一览无余，但又背景深厚，神秘莫测。一切的一切，都像极了圆的特性。

圆是一种几何图形，指的是平面中到一个定点距离为定值的所有点的集

144

合。圆作为一条闭合的曲线，将平面分为两个部分，即内切圆与外切圆。古希腊人认为圆是最美的图形，古埃及人认为圆是神赐给人的神圣图形，中国人认为圆就是天，是太阳，是月亮。圆的每个部分都会成为扇形放射，当它与外切圆交汇时，就能达至无限放大。沈阳充分运用了圆的外延原理，以清皇宫为中心，实现了城区最充分的放大。

在这样的圆形格局下，随着环城公路的一圈一圈涟漪般地放大，世人充分地感受到了沈阳的大气与雄阔。

公路建设，是沈阳近40年间最下功夫的，同时也是最与历史巧合的规划。就如同当年城里的"关厢斜路"和"八门八关"一样，沈阳最终实现了"六环八射"的大通道格局。沈阳的城市环线不仅层数多，而且环周长，这样大的环线在中国大都市中是极少见的。其中最为壮观的是，环绕沈阳的辽宁中部环线将辽宁中部城市群的抚顺、本溪、辽阳、辽中、新民、铁岭等几乎全部连接起来，使沈阳经济区连成一片，全部收进了大圆的格局之中。

在多条环路的圆点上，又有八条几乎等分的高速公路从沈阳这一个点向四周射出。从1986年通车的神州第一路沈大高速开始，相继建成开通了沈抚、沈丹、沈哈、沈山、沈吉、沈通、沈康等八条高速公路，形成以沈阳为中心向八个不同方向辐射的高速公路新格局，使沈阳现代化都市圈之间真正实现了"一小时交通圈"。

圆形呈放射状是壮观而富于诗意的。我曾登上过沈阳故宫西边一座最高建筑物的顶端，西望沈阳、也是中国的工业重镇铁西区，那是一幅展开的、世间独一无二的大折扇：南行的哈大铁路和西行的沈山铁路为张开的两柄大扇骨，其间有54条工厂铁路铺设开去，犹如大扇骨中间的54档小扇骨，二环、三环、四环又似一条条扇面上的连线，迤逦而飘渺。而我所站立的位置又似折扇形铁西的"柄轴"之处，面向西南，可见扇面中间一档档扇骨和高楼大厦组成的波峰浪谷，壮美而绚丽。扇形的无限放大，不仅包容着东北南部平原，还镶接着云水苍茫的黄渤海，其间更重要的是还布局着东北工业甚至中国工业的精华。向南，越过长白岛，以连接沈阳中轴线的中央公园为中轴，在南部又形成一个新的城市聚合点，行政中心与文博中心聚合成一个全新的生活区，将沈阳南部的扇形平面不断向外放射。在沈阳城内，不管在任何一个制高点上，随意向哪个方向远望，都会有这种扇形的放射之感。

追求无限大是放射状圆的构图方式，同时也是沈阳人自觉不自觉的气质表现。大城市，大工业，大铁西，大浑南，连吃饭喝酒也要"甩大盘子""换大杯"，甚至连马路的命名也有着气吞山河般的大气概。如和平区的马路是以经纬命名的，从一经街到九经街，从一纬路到十五纬路，编织成了和平区的核心区域，走在这里，就如同不时跨过地球的经纬线一般；而皇姑区的马路是以山河命名的，黄河、长江、珠江、怒江、松花江，昆山、崇山、泰山、白山、香炉山，就连一条小巷也称"黄山"，走在皇姑区，稍不留神就过了一条大河，上了一座名山；于洪区的马路又是以湖海命名的，渤海、黄海、青海、洱海、洪湖、太湖、洞庭湖，进入于洪区，跨过这些路，就有涉湖越海般畅快。生活在这个城市里，不知不觉间，东部青山半入城，南郊的浑河与城北的蒲河变成了市内河，只是几年工夫，原来觉得很远的抚顺和新民也东西靠拢，与沈阳几乎形成了一个城市。

2011年6月17日，沈阳、抚顺、铁岭三个城市通讯首次共用"024"区号，沈阳的放射状版图似乎又大了一步。于是，沈阳市最新制定的城市规划又勾勒出一个清晰的愿景：沈阳将不仅是沈阳经济区的核心城市，未来还要建成为国家中心城市。到2030年，常住人口达到1200万，中心城区人口达到825万。而在未来规划中，2030年的沈阳市中心城区范围将调整至1866平方公里，比2010年的城区面积要多4.5倍。在这个新规划中，沈阳城区东部将与抚顺连成一体，并沿着以"米"字形高铁所连接的重要交通走廊形成沈大、沈山、沈本、沈铁、沈抚和沈阜6条城镇发展轴，建设辽河生态景观带、浑河生态城市带、蒲河生态城镇带和沙河生态城镇带等。这样的规划实现后，不但可以提升沈阳的城市职能，同时也可以实现城市由单中心集聚增长式向多中心可持续增长的空间发展模式转变。

然而，不管如何规划，沈阳现代都市圈的中心不会改变，"坛城"沈阳，聚合与放射将是永远的。

充满豪气的城市性格

"坛城"的聚合、包容与放大，也造就了沈阳人充满豪气的城市性格。

在中国沈阳工业博物馆里，我曾遇到一位穿着八分裤，背着双肩包的姑娘。因为工作人员不许她上天车，她半是失望半是嗔怪地说："都说沈阳人豪放，豪放什么，天车都不让上！"我问她为什么非要上天车，她说小时候看电影，最羡慕开天车的女工，很想体验一下。她来自上海，姓曾，曾国藩的后人。问她到沈阳最想看什么，回答是沈阳故宫和沈阳大工业。她说沈阳大工业全国闻名，别处见不到。我问她看了有什么感觉，姑娘脱口说："震撼！有豪气！"

沈阳有"豪气"，是上海姑娘的感受，也是世人的感受。在一本《品味中国 30 城》的书里，就是以"豪爽者有如沈阳"立题的。著名汉学家、德国歌德学院（中国）总院长阿克曼先生是一位"沈阳通"。我曾问他对沈阳的印象，他说："沈阳留给我最深的印象不是高楼，也不是高速公路，而是沈阳人的豪放性格。"由此可见，"豪气"已成为沈阳的城市气质。

沈阳的一城豪气是由天然的地理优势、悠久的历史沿革和独特的人文积淀所形成的，也是聚合与放射的"坛城"城市格局所造就的。这种城市性格归纳起来就是在"一城豪气"中所形成的广泛的开放行为与接纳心态，强烈的争先意识与求大心理，纯朴的狭义之举和血性情怀。

在沈阳，从来就没有欺负外来人之说，因为在这个城市里几乎所有人都是"外来人",山东的、山西的、河北的、河南的,直到今天,那个南运河边上汇集外来工的"鲁园民工市场"就是全国做得最好的"民工之家"。我所认识的来自江苏农村的装修工"宋氏三兄弟",在沈阳做装修近30年,人好活也好,他们的事迹上过《人民日报》,请他们兄弟装修的人家一般得提前半年预约。说起对沈阳的印象,兄弟三人一致认为沈阳人不排外,在这里干活没有他乡的感觉,做着踏实。

确实如此,改革开放40多年,沈阳几乎未出台过一部地方保护主义的法规。相反,却坚持开放发展,主动融入国内国际双循环,国际友好城市达到100多个,中欧班列开行数位列东北第一。建大市场,搞大流通,这种广泛的开放行为与接纳心态,就如同在这个城市里你能看到的各种风格的穿着:时尚的,不足称奇;土气的,不曾蔑视。土与洋在这里既形成强烈的反差,又融合得浑然一体。又如这个城市里的美食:粤菜、沪菜、湘菜、徽菜,各种菜式都有一席之地,而且还能创造出融各家之长、原本"八大菜系"里所没有的"辽菜"。"大锅乱炖",敞开锅盖纳四方,炖出的则是多元融合的美味。

中心意识所成就的开放与接纳性,自然会导致沈阳人强烈的争先意识和求大心理。

清朝时,作为陪都的沈阳,各方面都是得天独厚的。民国时期,创造了沈阳从政治到经济,从军事到教育各个方面的领先优势。据相关资料,1931年的沈阳人口有70万,沈阳城里有外国领事馆16家,外国侨民约3万人,在北京、上海、天津之后位列中国第四大城市。1930年10月19日,东北学社邀请北平美专教授高阆仙到辽宁省图书馆演讲。金毓黻先生在当天的《静晤室日记》中记述了高氏演讲的一段话:"前者文化中心在北平,今已渐有转移之趋势。东北虽不必为文化中心,而由学者努力之结果,亦可有构成文化中心之希望。"这里有着中国在校生最多的大学——东北大学,学校里集中了中国最顶尖的学者、教授,他们拿着当时最高的工资,每月500大洋。连位居税捐局局长的于省吾也能说出颇为自负且流传天下的名言:"在有学问的人中我是最有钱的,在有钱的人中我是最有学问的。"这里还有占地千亩、员工3万的兵工厂,城郊的飞机场上有300多架战机,还拥有全国最好的炮兵与舰队。

民国时期沈阳城内全景

　　那时的沈阳是中国规划最优秀的城市，大批外国优秀设计师来设计沈阳。此举不仅为古老的城市带来建筑新技术，而且还有全新的规划设计理念。当时的沈阳，能吸引梁思成、林徽因那样卓绝的夫妇来到东北大学任课，创建了中国第一个建筑学系，并有好心情于此构筑"萧园"。如今，当年的奉系老建筑已成为沈阳一道独特的风景线，其中的每一座公馆、每一座住宅里都藏有一部从草莽到豪门的传奇故事，都曾演绎过沈阳城里最为繁华的沧桑旧梦。

　　新中国成立之初，沈阳成为名副其实的东北中心，东北局设在这里，从这里向全东北发号施令。直到今天，国家管理东北区域的相关机构仍设在沈阳。

　　当年，沈阳曾集中了共和国50%的工业项目。如今，建在沈阳铁西区的中国沈阳工业博物馆，不仅是中国工业发展史的立体展示，同时也是沈阳作为"共和国工业摇篮"所铸就的精神与荣耀的缩影。在这里，我们可以看到新中国成立之初沈阳所创造的160多项全国第一，从而赢得了共和国"装备部"和"新中国工业奠基地"的美誉。博物馆中那铁与血所凝成的斑斑锈迹，铭刻着一个城市从成长到壮大的历史记忆，铸就了一座城市铁一般的性格，同时也承载着一个时代里最伟大的理想与荣耀，更书写了共和国工业文明的不朽史诗——这就是大工业的沈阳所散发出来的震人心魄的人文感召力和历史冲击感。

中心意识还让沈阳人无论做什么都敢想别人所未想，敢做别人所未做。新中国成立之初是这样，改革开放之初同样是这样，在传统计划经济模式被打破、企业陷入困境时，沈阳人却能在困境中苦觅出路，在全国首开企业破产先河。因此多年来，沈阳总是一个出经验和出典型的地方。

正是因为有这种争先创新意识，改革开放40多年来，沈阳才获得了那么多的荣誉称号：国家历史文化名城、全国文明城市、国家环境保护模范城市、国家卫生城市、国家森林城市、国家园林城市、全国最具活力之城、全国最具幸福感城市、中国十佳冰雪旅游城市等。

豪气之城在具体的人格特质上则呈现出纯朴的狭义之举和血性情怀。豪气主导下的血性，让沈阳英雄辈出。武将如自刎殉国的总督甘文焜；群体有太平庙前出发前往新疆伊犁戍边的数千名锡伯族官兵与家属，说是60年，一去到如今；文士如学者金毓黻，为救亡御侮可抽刀断指。惊世义举如张学良的东北易帜和西安事变；默默牺牲如改革之初同时下岗的几十万产业工人。记得中国日报网曾评选过"中国十大城市性情男人排行榜"，说到沈阳男人，评价是"为人仗义的关外豪杰"。

一座城市的文化形态是这座城市凝缩的历史，也是这座城市群体性人格心态的物化。真正的"豪气"就如同真正的"豪杰"一样，豪爽里一定带着精明与精细，因为古代的"豪"与"毫"本来就是一字，就是一体。《庄子》说："天下莫大于秋豪之末。"在天地共生、万物一体的中国哲学思想中，细微之秋毫末端，就是事物之最大境界。沈阳可以更"毫气"，即做事精致化、专注并考虑长远，来成就不一样的沈阳。

SHENYANG
THE BIOGRAPHY

沈阳 传

第八章

东方旗袍故都

2017年9月19日,风和日丽,"盛京1636:首届沈阳旗袍文化节"在紫气氤氲的沈阳故宫凤凰楼前开幕。沈阳旗袍文化节,以旗袍这一独具魅力的文化符号为载体,充分展示沈阳"国家历史文化名城"和现代、时尚的国际化大都市城市形象,以此推动沈阳打造"旗袍文化之都",发展旗袍创意产业。381年前的1636年,旗袍在这里诞生,她带着雍容、华贵和无与伦比的风华,向世人呈现了一幅仪态万方、温婉典雅的画卷,从凤凰楼走向全世界;381年后,经历了不断的蜕变,她更加典雅,更加庄重,更加婉丽、更加时尚,从京都、从中原、从江南,披染着朦胧的旧时月色和绵远的奕世乡愁,重归故都,走进故宫,走进凤凰楼,走进关雎宫……

1635：满族的沈阳元年

　　回望旗袍从凤凰楼走出去的历史时光，像是一个轮回，重回起源之地的旗袍，带着历史的前尘影事，继续讲述关于岁月、关于八旗、关于满族的诞生、关于盛京1636"旗袍故都"的故事。

　　旗袍的诞生，离不开八旗，尤其离不开满族。所以后来权威的辞书均认为旗袍产生于满族妇女。如全球发行量最大的商务印书馆《现代汉语词典》2016年第7版中对旗袍的解释："妇女穿的一种长袍，原为满族妇女所穿。"汉语大词典出版社《汉语大词典》的解释："近、现代中国妇女穿的一种长袍。其式样从满族妇女的袍子改制而成，故称。"上海辞书出版社《辞海》第6版解释："中国传统女袍。由满族女装演变而来。因满族曾被称为旗人而得名。"中国台湾2015年版《重编国语辞典》解释："原指满族妇女所穿的袍服。现通称女子所穿，仿照清代旗人袍服式样改制而成的服装为'旗袍'。"如此说来，最早的旗袍是满族的专有。

　　那么，"满族"一词是何时何地出现的呢？

　　满族是我国历史悠久的民族之一。据乾隆年间成书的《满洲源流考》，满族的族源可以追溯到两千多年前先秦的肃慎。到了汉代则称挹娄，其居住地主要分布于黑龙江、乌苏里江、松花江流域，东滨大海，地处严寒，多穴居，过着原始社会后期生活。到了北朝和隋唐时期，肃慎人和挹娄的后人又称为"勿

首届沈阳旗袍文化节开幕式（2017）

吉"和"靺鞨"，与中原王朝建立了密切的经济和政治联系，隋炀帝曾封其首领突地稽为"辽西太守"，唐太宗封其为"右卫将军"。唐时粟末靺鞨大祚荣建立政权，称"震国"，并建立渤海督护府，史称"海东盛国"。唐开元元年（713），唐朝曾派郎将崔忻以鸿胪卿身份前往渤海国册封大祚荣，并于归途中在旅顺黄金山下凿井刻石，留下著名的"唐鸿胪井碑"。当时渤海国曾多次派贵族子弟入长安学习，晚唐著名诗人温庭筠就写有《送渤海王子归国》，深表"盛勋归旧国，佳句在中华"的独特情谊。渤海建国200余年，最后被辽政权所灭。

渤海国灭亡之后，黑水靺鞨向南迁移，契丹人称其为"女直"（《辽史》为避辽兴宗耶律宗真之讳故称"女真"为"女直"），即"女真"，此后"女真"取代靺鞨之名直到清朝建国前一年。宋辽之时的女真人主要居住在黑龙江、松花江流域和长白山一带。11世纪，完颜部逐渐统一女真各部。12世纪初，不堪契丹人的残酷压迫，女真人杰出首领完颜阿骨打率众起兵抗辽，并于1115

年在会宁（今黑龙江哈尔滨市阿城区）称帝，国号金。1125年金灭辽，1127年灭北宋，遂成为统一中国北方的强大封建王朝，100多年后的1234年被蒙古军所灭。

元末明初之时，部分女真人南迁，到达今吉林省和辽宁省北部及东部一带定居，并分为三大部分，明朝称之为"建州女真""海西女真""野人女真"，其中建州女真就是后来形成满族的主要成员。建州女真以今辽宁省境内的浑河流域为中心，居住在南抵鸭绿江，东达长白山北麓和东麓的广阔地域。万历十六年（1588），建州女真首领努尔哈赤统一建州女真各部。万历四十四年（1616），努尔哈赤基本统一了女真各部，在赫图阿拉称汗，国号"大金"（史称"后金"），年号天命。

明崇祯八年、后金天聪九年（1635）农历十月十三，皇太极发布谕旨，改女真族名为"满洲"。据《清太宗实录》卷二十五记述，皇太极的命令是这样的："我国原有满洲、哈达、乌喇、叶赫、辉发等名，向者无知之人往往称为诸申（女真）。夫诸申之号乃席北超墨尔根之裔，实与我国无涉。我国建号满洲，统绪绵远，相传奕世。自今以后，一切人等，止称我国满洲原名，不得仍前妄。"自此之后，"满洲"作为正式的民族称谓被固定下来并统一使用。辛亥革命后，满洲族逐渐改称"满族"。新中国成立后，落实少数民族政策，满族遂成为中国少数民族之一，同时国务院相继发文，如《关于今后在行文中和书报杂志里一律不用"满清"的称谓的通知》等，客观评价满族的历史功绩，保护满族人民的情感，以利增进民族团结。

关于满洲何以成为满族，这是一个很复杂的历史学术问题，学界也多有争论，比如清代的满洲到底是国号还是族名？满洲、旗人、旗族、满族这些概念有哪些异同？长期以来学界和普通公众多有混用甚至误用。但无论如何，学术是学术，现实是现实。现实就是直到今天，满族民众一直将十月十三这一天视为自己民族的诞生日，称为"颁金节"，汉语之意为"诞生之日"。

满族在沈阳诞生，不仅诞生了这个族名，同时也对应了后来辞书上"原为满族妇女所穿"的旗袍。但为什么不称"满袍"而称"旗袍"，这又涉及从后金开始整个清王朝实行的八旗制度。

八旗制度最初源于女真人的狩猎组织。当时结伴而行的狩猎活动集体称为牛录，牛录有时因人数增多而需统一指挥，其指挥者则称为牛录额真。遂渐，女真人以牛录额真统领的牛录组织在对外防御与征伐过程中又有了军事职能，为了将若干个牛录组成一个更大的单位，更好地发挥战斗力，于是便以旗帜为标志作导引而不使方位错乱。旗帜在满语中称为"固山"，因而这个高于牛录的最大的单位即称为固山，汉语称"旗"。万历十二年（1584）努尔哈赤兴兵，就是以黑旗为帜。

明万历二十九年（1601）前后，努尔哈赤对牛录组织首次进行大规模改造与重建，改编后的牛录被分别隶属于黄、白、红、蓝四旗。万历四十三年（1615），努尔哈赤在四旗基础上设为八旗，即正黄旗、镶黄旗、正红旗、镶红旗、正白旗、镶白旗、正蓝旗、镶蓝旗，完整的女真八旗制自此成立。皇太极主政时期，又分别编组八旗汉军和八旗蒙古，使八旗制度臻于完善。清入关之后，八旗兵分驻京师与全国各军事要地，并采取大规模圈地活动，大批良田划归旗人，并豁免旗人的税赋与劳役。当时，凡是旗人不分满、蒙、汉，均可视为满族，自然高人一等，所以当时民间有"民家"与"旗下"之称呼与分野。乾隆年间朝鲜使者李田秀《入沈记》里说，他刚到沈阳时，"初见异类，不觉骇眼，问之，云是'旗下'"。作者对"旗下"注曰："凡问人称'民家'者，汉人也；称'旗下'者，满人也。"这是说凡是自称"民家"者，都是汉族人；凡是自称"旗下"者，都是满族人。"旗下"顾名思义是"八旗之下"，与"民家"对应，有官之色彩，可见当时能自称"旗下"者是很有一种优越感的。这种优越感，自然来源于对于朝廷给予"旗下"者的优惠政策，但正是这些特权和这种优越感造成了旗人的颓废和寄生性，致使其后代骑射荒废，生计难料。随着清朝灭亡，旗人特权废除，许多旗人走向穷困潦倒甚至堕落。声名显赫的八旗制度既成就了清王朝统一全国，又促使其最终走向衰败没落。唯有随其诞生的旗袍文化最为兴盛，并逐渐成为中华民族的国粹。

如此，因为八旗制度和"旗人"一说，所以有了《辞海》对旗袍的解释："因满族曾被称为旗人而得名。"

从法定服饰到国粹女装

在女真改称满洲的半年之后,历史进入1636年。这一年注定是一个不平凡的年份,大清王朝建立,旗袍也成为清王朝的法定服饰。

1636年,在明朝的残阳里是崇祯九年,在清朝的熹微中是崇德元年。两年前的四月,皇太极上谕沈阳城称"天眷盛京",意为"兴盛之都"。两年后同一个月的四月十一日,皇太极率文武百官在盛京城德盛门外的天坛祭告天地。他在祝文中说:"勉徇群情,践天子位,建国号曰大清,改元为崇德元年。"从此,中国封建社会最后一个王朝276年的江山从此开始。接下来,皇太极又陆续颁布了宗室王公与福晋、诸臣顶戴品级服色等制度。

在关于清王朝服饰的讨论上,也曾有大臣建议用汉族服饰制度。对此,皇太极于崇德元年十一月召集满洲贵族和重要官员学习《金世宗本纪》,告诫群臣和子孙不得变更满洲服饰制度。《清太宗实录》卷三十二对此记述道:"无忘祖宗为训,衣服语言悉尊旧制,时时练习骑射,以备武功。……若废骑射,宽衣大袖,待他人割肉而后食,与尚左手之人何以异耶。朕发此言,实为子孙万世之计也。在朕身岂有变更之理。恐日后子孙忘旧制、废骑射,以效汉俗,故常切此虑耳。""削发易服",旗袍从此成为后妃、格格等旗人的法定服饰。

清初对旗袍的强调是法律意义上的。皇太极时曾对旗袍等满族服饰大加推进,《崇德会典》曾明文规定:"凡汉人官民男女穿戴,俱照满州样式。……

清初灰哈拉彩绣云鹤夹旗袍（沈阳故宫博物院藏）

女人不许梳头、缠脚。"《大清会典》对旗人穿戴袍服也有具体要求：帝、后的龙袍和亲王、贝勒、文武官员蟒袍，一律带箭袖。旗袍有龙袍、蟒袍、常服袍。清初，款式尚长。顺治年间，末减短至膝。不久，又加长至脚踝。对于这种国家层面关于服饰的法定性，《清史稿》中也有记载："盖清自崇德初元，已釐定上下冠服诸制。高宗一代，法式加详，而犹於变本忘先，谆谆训诫。亦深维乎根本至计，未可轻革旧俗。祖宗成宪具在，所宜永守勿愆也。兹就乾隆朝增改之制，以类叙次，而仍以初定者附见於篇。"清代的庆典，对服装的要求甚严。在庆典场合，不论男女都要穿着旗袍，比如皇帝的龙袍、官员的朝袍、旗人男女的各种长袍等。朝廷颁布法律，由皇宫而市井，旗袍由盛京而北京，及至全国，逐步普及。

旗袍的诞生是满族的一场服饰革命，其中最重要的就是由衣皮毛而变为布帛丝绸，同时还促进了辽东地区柞蚕业的发展和繁兴。在1636年大清王朝诞生之前，女真人大都是以穿皮毛或布帛为主，极少穿丝绸。旗袍的诞生，让柔软而具下垂感的丝绸成为当家衣料。需要产生市场，这就使拥有漫山遍野柞树的辽东地区成为重要的柞蚕丝产地，满族人率先并很快普及了柞蚕丝绸旗袍。《入沈记》对当时普通满族人的服饰有过这样的描写："色尚黑，而褂子、袍子之外亦用白。夏天则不用褂，或用单纱褂，而贫者亦不皆然。无穿布苎者，皆着黄色野茧袍子。"此中的"野茧袍子"即野蚕织的袍子，应当就是盛京满族人穿的旗袍。野蚕丝即柞蚕丝，是以吃柞树叶的蚕所吐之丝为原料缫制的长丝，我国独有的与桑蚕丝并列的天然纺织原料。其丝具有独特的珠宝光泽，天然华贵，滑爽舒适。柞蚕丝在中国至少有两千多年的历史，大约在辽金时期传入东北。据《金史》记载，金太宗天会三年（1125）七月，"南京（今辽阳）帅以锦州野蚕成茧，奉其丝绵来献，命赏其长吏"。然而，柞蚕业在当时并未发展起来，明时修撰的《辽东志》《全辽志》记载东北赋税有粮、草、豆、盐、铁等，唯独没有蚕税，说明清以前东北地区柞蚕业可以忽略不计。而到了清朝，辽东地区的柞蚕业却得到了长足发展。据《海城县志》载，康熙十五年（1676），知县江浦在当地"教民养蚕缫丝及种早稻，今境内山蚕之利，皆浦贻之也"。自此，柞蚕丝业在辽东发展起来，时人哈达清格在《塔子沟纪略》中说，蚕民秋天获茧后，"捻线织绸名曰'山绸'，与内地茧绸无异"。相较于棉布和桑蚕丝绸，柞蚕丝织出的山绸更加结实耐用，成为旗袍的主要用料，因此广受当地人的青睐，同时也得到政府的大力提倡，辽东各地遍布柞蚕山场，柞蚕丝绸成为民众主要收入和政府大宗税收的来源。《塔子沟纪略》对此说道："丰年茧多丝贱，每匹市价不过二两四五钱，可为袍服二。歉岁茧少丝贵，每匹市价二两七八钱有差。"柞蚕丝绸物美价廉，所以在朝鲜使者眼中，关外满族人"皆着黄色野茧袍子"。

随着时代的不断发展，时尚也在不断更新。"野茧袍子"几经变化，到了清中后期，旗袍流行宽松式，袖大尺余。甲午、庚子战争后，受西方影响，款

20世纪90年代初流行的紧身式旗袍

式越来越紧瘦,长盖脚面,袖仅容臂,形不掩臂。旗女所着的狭义旗袍,到了清末则成为满汉共同喜欢的一种服装款式,并逐渐演化为华夏女性服装中最动人的风致。这一点,后来的《奉天通志》卷九十九有过明确的记载:"暨清崛起,满州以武力定天下,全国冠裳皆同一律,于是袍褂、马褂鞋帽之制风行海内。本省为有清丰沛故地,……至妇女服装,向时满汉迥异。民国以来,力禁缠足,于是裙幅之制废而旗袍之风行。"这说明自清初开始,满族男人的服装与其他民族基本一致,而女子则与其他民族有别,必着旗袍,不管高低贫富皆然。

但是客观说，旗袍虽然在沈阳与满族一起诞生，但也并非是满族人的凭空想象，而是与中国几千年文明史上的服饰文化相关联的。中国古代服饰史中，最主要的有弁服、深衣和袍三种。袍的历史相当久远，《诗经·无衣》中有"岂曰无衣，与子同袍"之句。袍是一种衣身宽博，衣长至脚踝，袖口肥大，男女皆可穿的服饰。它作为正式的服装始于东汉，并成为礼服。唐太宗年间诏定全国除元旦、冬至的朝会及祭祀外，一律着袍服。随着袍服之制的普及，袍服逐渐成为华夏服饰中一种最稳定的传统样式，并被历代沿用。只是到了旗人，尤其是清王朝诞生之后，这种服装才以法律的形式固定下来，才有了"旗袍"的概念和名称。既称"旗袍"就说明此服饰并非是单一满族人的独有，这就如同"旗下"者的组成，既有满族人，也有蒙族人和汉族人一样。如此说来，旗袍当是满族服装与汉族服装相互继承、影响与融合的经典。

满族在迁都沈阳之前，长期居住在长白山、松花江流域，以游牧、渔猎为生。因此早期的旗袍，无论是样式还是结构都比较简单，不分上下，宽身直筒，与汉族上衣下裳的两截衣裳有明显区别，那时旗袍的基本款式是圆领、大襟、窄袖、带钮扣、束腰带。袖口窄小，似马蹄状，又称"马蹄袖"，也称"剑袖"，便于冬季作战时罩住手背，既起到保暖的作用又不影响拉弓射箭。四面开衩，便于骑马；束腰带，既可保暖又可在前襟存放粮食。

在清初的盛京皇宫里，因为还未到摄影的时代，我们无从欣赏后妃和格格们穿着旗袍，踩着旗鞋，出入关雎宫、衍庆宫或者上下凤凰楼的样子。但我们今天可以从沈阳故宫所收藏的各式清代旗袍里想象出当年清宁宫前和凤凰楼下的风华，如"浅豆青色暗兰花纹直径纱旗袍""嫩绿直径纱纳纱花蝶单旗袍""绛色直径纱纳金团寿单旗袍""湖色香云纱彩绣竹枝团寿单旗袍""品月缎彩绣折枝桃蝶夹旗袍""大红宁绸百蝶花夹旗袍""浅藕荷绸镶边百摺棉旗袍""红江绸暗云鹤镶边棉旗袍""古铜色宁绸暗福寿花纹棉旗袍""灰哈拉彩绣云鹤夹旗袍""海蓝缎平金五蝠捧寿百蝶纹夹旗袍""绿直径纱镶边旗袍""杏黄缂丝金龙双喜字旗袍""品月绸绣淡彩墩兰旗袍""红暗云鹤江绸夹旗袍"等。看看这些旗袍的名称，就已琳琅满目，一件件读起来，犹如走进一座旗袍博物馆。就颜色说，有"大红""古铜""海蓝""杏黄""浅藕荷""灰哈拉"；就质地讲，有"宁绸""江绸""蓝缎""径纱""品月绸"，就花样工艺言，有"百蝶花""暗云鹤""暗兰花纹""纳纱花蝶""纳金团寿""彩绣云鹤""淡彩墩兰""暗福寿花纹""彩绣折枝桃蝶""五蝠捧寿百蝶""彩绣竹枝团寿""缂丝金龙双喜字"。这些还只是沈阳故宫旗袍收藏中的一部分，如果全部展示出来，其辞藻排列则更加壮观。

清王朝在沈阳建立后，旗袍开始在沈阳最先流行，从宫中到市井，逐渐推开和普及，及至清末，旗袍则成为满汉共同喜欢的一种最流行的服装款式，不管贫富，皆有旗袍，如《奉天通志》所言："富者新妇盛饰高头绣履，袍褂彩衮，钗钏约指、银爪翠当，时肖宫样；贫者荆钗布袍，较长鲜洁耳。"这种着袍风尚，也在晚清翰林缪润绂的《沈阳百咏》里体现出来："卷袖衣衫称体裁，巧将时样斗妆台。谁知低护莲船外，争及罗裙一系来。"这样的长衫旗袍，再配上高底彩鞋，其神彩风姿，自是不一样。有如《沈阳百咏》另一首所赞叹的那样："踏春鞋小擅风华，木底高高指哪家。真个偷来天上巧，半堆云锦半堆花。"满族妇女受祖先女真人削木为履的风习影响，穿木底鞋，称为"旗鞋"。其特点在鞋底中间脚心部分有一个高出10厘米许的高底，高底的形状有的像花盆，又称"盆底鞋"，有的像马蹄，叫"马蹄底鞋"。这种"旗鞋"跟部用白细布裱蒙，鞋面用刺绣、穿珠绣等工艺施加纹饰。《扬州画舫录》对此说："女鞋以香樟木为高底。在外为外高底，有杏叶、莲子、荷花诸式。在里者为里高底，谓之道士冠，平底谓之底儿香。"说的就是这种"旗鞋"。"旗鞋"是满族女的必备，有如今天的女士穿旗袍必穿高跟鞋一样。

沈阳既是旗袍的诞生地，又是旗袍文化的延续地。与其他地区的服饰不同，满族旗袍一直处于不断转变过程中。随着清朝的背影在历史的潮涨潮落中渐行渐远，兴起于满族的旗袍经过百年改良，一步步走出盛京，走进繁华的都市，走向时尚中心。到了晚清，摄影艺术让我们看到了满族女性的旗袍样式。人们可以看到慈禧太后穿着的寿字纹旗袍，虽然其下摆是肥大的，上边是倒大袖，但是做工和色彩比较艳丽，也符合慈禧太后的皇家身份。末代皇后婉容的老照片上，我们看出或许在婉容最寂寞无聊的日子里，制作新式旗袍已成为她日常生活的一个重要内容，而照片上婉容身着的新式旗袍已经与20世纪初的

"沈阳国际友好之夜"——第三届"外国人眼中的沈阳"主题晚会（2018）上的大型旗袍表演《又见花开》

海派旗袍无异。

然而进入20世纪以后，随着民国初年旗袍在上海的兴起、改良和成为华夏民族的国服，再加上"驱除鞑虏"运动的影响，有人开始对旗袍的产生有了不同见解，或说是来自先秦两汉的深衣，或说是中国服装传统的西化变异。更有甚者，还在《民国日报》刊文，题为《袍而不旗》，建议将"旗袍"改为"中华袍"。如台湾辅仁大学王仁宇在《历代妇女袍服考实》一书中说，旗女之袍对民国旗袍有影响，但二者没有直接继承关系，认为民国旗袍称之为"旗"袍并不合适，所以他倡导旗袍应改名为"祺袍"，并把"台北旗袍研究会"改名为"台北祺袍研究会"。但这些不同的声音终未撼动旗袍的文化地位，直到今天，旗袍还是"旗袍"。

1929年，南京国民政府制定了《服装条例》，确定旗袍为现代中国女性的国服。于是，出席宴会的男士，或西装革履挽一青春飞扬的曼妙女子，或长衫马褂挽一成熟稳重的盘发女人，女伴的气质不同，着装的色彩不同，但服装的样式却是相同的，都是旗袍。

1984年，中华人民共和国国务院指定旗袍为女性外交人员礼服。从1990年北京亚运会起，历次在中国举行的大型国际博览会和奥运会等，女性的礼仪服装几乎都是旗袍。2011年，旗袍手工制作工艺被国务院批准公布为第三批国家级非物质文化遗产。2014年11月，在北京举行的第22届APEC会议上，中国政府选择旗袍作为与会各国领导人夫人的服装。

如今，旗袍已成为全球中华文化圈的一个重要标签，上至国家领导人夫人们的礼仪正装，下至时尚街拍镜头里的都市白领，旗袍文化的影响无处不在。其动人风致，已是中国文化软实力的一个重要标志。

不仅如此，在许多外国人看来，中国传统服装是中国文化的重要载体，而其中最著名的代表就是旗袍，那是来自东方的神秘诱惑。所以，作为一种文化符号和东方之美的象征，旗袍在世界范围内广受欢迎。如当年的好莱坞著名女演员格雷斯·凯利、伊丽莎白·泰勒都特别喜欢旗袍，并在许多场合穿过中国旗袍，对旗袍在西方女性中的普及起到了示范作用。而今天，在全世界各地都有旗袍在出售，旗袍已成为外国女性的一种时尚追求。

旗袍里的诗意东方

20世纪20年代末，著名作家张恨水应张学良之邀来到沈阳，一下火车就被沈阳的大都市气象所惊呆，其中最让他感叹的就是这里穿旗袍的女人特别多。在这其中，喜欢穿旗袍的赵一荻从天津来到了沈阳，她身上的旗袍几乎每天都在更换，而张氏官邸里的女人们也都是一排排的旗袍装。与此同时，梁思成、林徽因应东北大学之邀来到沈阳讲学、定居，西服、旗袍的绅士淑女服饰标配，也通过学者达人们的文化沙龙流行开来。在东北大学校园里，在沈阳街头，谈笑间的女性不管是吴侬软语，还是京韵粤腔，抑或东北的大声高嗓，一旦穿上旗袍，无不显示出华夏女性特有的柔软身段和万种风情。素雅的或艳丽的旗袍穿在她们身上，从领到脚，无不表现出一种无与伦比的曲线美，如同中国传统国画里的白描和书法中的线条，挥洒自如，秀润流畅，遮与露、虚与实、冷艳与温婉、矜持与轻倩、幽秘的心思与尘封的往事，都在每一件旗袍上得到了最好的诗意般诠释。

进入民国之后，随着妇女的解放和城市化的发展，旗袍文化有了新的活力。旗袍从宫廷走入市井，从满族普及到各民族，款式更趋向于简洁，色调更力求淡雅，愈发注重体现女性的自然之美。那柔软挺阔的丝绸布料，精致细密的针脚，新颖独到的盘扣，精致的滚边，都舒服得体，令人啧啧称赞。从旗袍演变中可以看出，旗袍的变化不仅是服装服饰的变化，也是人们在生活方式等

民国时张氏官邸里穿旗袍的女人们

方面的变化，更是人们对于审美情趣和文化内涵等方面的变化与升华。

旗袍的出现可以说是中国妇女最重要的服装改革，张爱玲在《更衣记》里对于旗袍有这样的话："发源于满洲的旗装自从旗人入关之后一直与中土的服装并行着的。"1921年，上海著名的《妇女杂志》撰文《女子服装的改良》，提出中国旧式旗袍的直线剪裁，无法体现女性之美，提倡新旗袍要体现女性的曲线美，一时间，社会名流、知性女人纷纷现身说法，如宋庆龄、宋美龄、林徽因、胡蝶、阮玲玉、张爱玲等，都以旗袍的身影成为那个年代女装的时尚模板。

可以说，从盛京皇宫到张氏官邸的小青楼，从王府的深宅大院到民国的市井人家，旗袍从十八镶到鸟兽纹与花饰，从皇家的唯我独尊到贫民女子间的流行，无论哪一种样式的改版，都离不开旗袍所独有的文化意蕴和美学内涵。旗袍的文化意蕴是民族精神的体现，彰显了儒家礼教所倡导的含蓄、中庸、悠闲、清静、优雅、端庄的精神传统，最大程度地塑造出了具有和谐之美的东方女性形象，其美学内涵在于那高高的竖领和流线型的收腰，以及恰到好处的开衩。

今天，许多人对于旗袍的印象，最难忘的是来自于一部王家卫导演的电影《花样年华》。或许很多年后，人们会记不清楚《花样年华》中那个令人惆怅的错爱故事，可电影之外，那个扮演了苏丽珍的张曼玉，还有那一身身明艳动人、妖娆惊鸿的旗袍，却会深深印刻在观众的心里。还有陈数在电视连续剧《倾城之恋》中的旗袍造型，让女性那曼妙的身姿和优雅的气质得到了精致的发挥。旗袍穿在她们身上，展现出独有的风姿绰绝，或端庄、或婉丽、或娇媚……这种美，独属于中国女子，半露半隐，含蓄而性感，如若初见，撩人心弦。每年冰消雪化之后，身着剧中款式的各色旗袍女子，如花似玉地徜徉在朦胧的霓虹灯下和灿烂的阳光里，让那些都市怀旧者，于时尚风流中品味着历史的光影陈香。

当然，也不是所有的地方都适合旗袍的出现，更不是随便一个女人都能够穿出旗袍的风情。穿旗袍的女人，或多或少应有点古典韵致，眉眼间绾结着绵绵的味道；她的身段，应在苗条中起伏一份丰韵，减之一分则太瘦，增之一分则太肥；而她的神态，回头抬手间，都应散发着欲语还休的妩媚和含蓄。她穿上旗袍，应是为了感怀一段心灵深处的回忆，或是剪不断理还乱的古典情愁。所以说，旗袍映衬了中国女人的形体、情态与修养。有了相应的形体、情态与修养，即使不很年轻的张曼玉穿着旗袍，拎着保温桶走在古老的台阶上，也会有房东带着几分妒意说：买碗面也穿得这么漂亮。

可以说，旗袍，是女人的第二层皮肤，再没有哪一种服饰，比它更能展示女人的身体曲线和审美品位，它惊艳了时光，温柔了岁月，穿越了古今，书写着每个女子的花样年华。

服饰作为一种文化艺术，它延续的生命力具有独特性。法国著名作家法朗士说："如果我死后还能在无数出版书籍中有所选择，我不想选小说，亦不选历史。我仅要一本时装杂志，看我死后一世纪妇女如何装束。妇女装束之能

第六届沈阳旗袍文化节（2022）现场旗袍展示

告诉我未来的人文，胜于一切哲学家、小说家、预言家以及学者。"未来的旗袍是什么样子的，我们无法预测。我们回味的是此前，关注的是当下。

  当下，从2017年开启的一年一度的沈阳旗袍文化节，一次次惊艳了世人的目光，一次次领引了旗袍的流行趋势，更实现了旗袍文化的华丽转身，成为全球旗袍时尚的风向标。继2017年沈阳获得"旗袍故都"称号，2019年中国起源地文化研究中心又授予沈阳"中国旗袍文化起源地"之称，截至2023年，"沈阳旗袍文化节"已连续举办了七届。旗袍文化给沈阳注入了更多的经济活力，昔日的旗袍诞生地正在走向旗袍产业聚集地。当下甚至未来，穿旗袍的女人，抑或喜欢穿旗袍女人的男人们，在瞩望旗袍这道世界服装史上最亮丽、最情致的风景时，一定不要忘了"旗袍故都"沈阳，不要忘了"盛京1636"。

SHENYANG
THE BIOGRAPHY

沈阳 传

第九章 中原名士与南国佳人

1644年,顺治皇帝迁都北京。东北的人口急剧减少,城市也逐渐荒凉,沈阳更是人去城空,往日帝都的繁华如烟云般散尽。这种情形让清王朝意识到了东北的根基在动摇,于是又开始往东北移民,其中最早来到这里的就是流人。尤其是清初顺治、康熙、雍正三朝,大批中原和江南士人因政治反抗、朝廷党争及扩大化的刑案被处罚和牵连,相继被流放到东北。这些被流放的人,既有名家巨子,也有普通文士;既有晓通天下的学子须眉,也有堪比易安的词家才女。这些颇具文名的饱学之士,大都为官正直,事业卓著,流放后在沈阳地区"筚路蓝缕,以启山林",为辽东地区的文化建设做出了重要贡献。

函可与冰天诗社

东北文化史上第一个文人结社——"冰天诗社"的诞生是因为有函可。沈阳慈恩寺成为"东北四大丛林"之首主要原因也是因为当年函可在这里"奉旨焚修"。

函可（1611—1659），字祖心，号剩人，又号罪秃。本姓韩，名宗䎯。广东惠州府博罗县浮碇冈（今广东惠州市博罗县）人。明代最后一位礼部尚书韩日缵的长子。少即聪慧，为名诸生，有康济天下之志。崇祯年间，以国事日非、家道零落，遂参礼道独，削发为僧，法名函可，又称剩人和尚。寓居南京、北京两都，与天下名流巨儒切磋论交，声名倾动一时。

顺治二年（1645），函可因请藏经事入金陵（今南京市），亲睹殉国诸臣，撰《再变记》，南归时为城门逻卒检获，顺至五年（1648）定谳，得减死遣戍盛京"焚修慈恩寺"。

顺治五年（1648），函可从北京经过永平、昌黎、山海关、宁远、医巫闾山奔赴沈阳，夜宿盛京西郊，第二天，也就是农历四月廿八进入沈阳城。

初入函可眼中的陪都，因大批八旗兵及其民众都已从龙入关，此时已是人烟稀少，民房荒芜，城市萧条。他在《初至沈阳》诗中说："开眼见城郭，人言是旧都。牛车仍杂沓，人屋半荒芜。"

在函可被流放的第三年，他在沈阳和左懋泰等人创办"冰天诗社"，从此，东北大地有了第一家文人结社。

那是顺治七年（1650）十一月二十七日的事。这一天，是函可的挚友，同为流人的左懋泰55岁生日。左懋泰是在函可到沈后的第二年来到沈阳的，函可成为左懋泰到达尚阳堡后接触最早、与之往来最多的流人之一。翻开函可《千山语录》卷首，可见左懋泰为其所写序言，从中可见他们之间真挚的友情，亦可知他们当时的生活相当清苦，只有咸地瓜粥充饥，但他们活得很高贵。有一段时间，他们一个住在城北，一个住在城南，往来不断。有时函可与几位诗人结伴同访左懋泰，见面之后首先拿出各自的诗作相互欣赏："入门先索袖中诗，未出还疑句过奇。"有时他们一坐就是一天，只有白水一杯，常常忘了饥饿。

左懋泰55岁生日这一天，函可在沈阳召集相熟的流人文士，为左懋泰祝寿。当寿宴进入高潮时，函可看着窗外的冰天雪地，触景生情，提出成立"冰天诗社"。函可的倡议，即刻得到左懋泰和众人的响应，大家当时即兴和诗33首。冰天诗社第一次聚会所得33首诗最终都收在函可的《千山诗集》卷二十，题为"冰天社诗"，前有函可所作序。就在"冰天诗社"成立后的第五天，又恰逢高僧函可的生日，一些流人文士们又汇聚盛京慈恩寺，由左懋泰主持了函可的生日宴和这次"冰天诗社"的第二次集会。第二次集会又得诗33首。两次集会共得诗66首，皆为七律。两次集会诗后还收有函可的《招诸公入社诗（诸公答诗附）》，共10人，包括答诗共20首，皆七言绝句。连同两次社集的66首，冰天社集总共收诗作86首。这些诗都收在函可的《千山诗集》卷二十中。

"冰天诗社"虽只集会两次，其意义却是非凡的。它在当时几至文化荒漠的辽沈大地，无异于"兰移幽谷""松植千山"，给冰封的辽沈大地吹来一股强劲的春风，开辽沈文人结社集会之先河，传承了中国文人的传统，活跃了东北地区的文化气氛，在东北诗歌及文化史上都是应当大书特书的。

函可在辽海生活了12年，他从风软花艳的南方来到冰天雪地的东北，无时无刻不在为衣食生存而乞讨奔波，同时还要不断地与乡愁、严寒和疾病作斗争。但是，即使在这样艰难困苦的条件下，函可仍然保持着高贵的气节，吟咏著述，写出了数目可观的反映现实的诗篇，其《千山诗集》收诗 1500 多首。

进入 21 世纪，随着沈阳历史文化研究的深入，函可研究进入一个活跃时期，2018 年，沈阳出版社出版了第一部由姜念思先生撰写的《函可传》；在函可入沈 370 周年之际，在沈阳恢复了冰天诗社；并相继出版了与函可相关的《露浥婵娟——冰天诗社首届中秋赏月诗会作品集》《余芳剩人瓢——函可与盛京慈恩寺》等书籍；2021 年，又于沈阳图书馆举办了"寒木春华——函可与冰天诗社主题文献展"，这是历史上第一次有关函可与冰天诗社的展览，得到学界的高度评价。

陈之遴与徐灿：旅雁征人未共归

1671年，康熙在位的第十个年头。这一年的秋天，他第一次东巡祭祖到达盛京，留都天高气朗，云淡风清，当浩荡的东巡队伍接近留都皇城时，路边有妇人仆伏跪陈。见此情形，康熙停轿问道："宁有冤乎？"妇人回答："先臣唯知思过，岂敢言冤。恳请圣上恩准，许先臣归骨江南。"康熙问明缘由，即命还葬归乡。这位妇人就是清初著名女词人徐灿，她路边跪请皇帝恩准归骨江南的人就是他的丈夫，清初弘文院大学士加少保兼太子太保，后两次被流放并死于盛京的陈之遴。

陈之遴（1605—1666），字彦升，号素庵，海宁盐官人。在明清两代，海宁陈氏为海内第一望族，尤其是清代，有"一门三阁老，六部五尚书"之誉。作为名门公子，陈之遴年轻时就与东林、复社名士钱谦益、吴伟业、陈名夏等结交和参与活动。明崇祯十年（1637）以一甲二名进士，授翰林院编修。不料，在他高中榜眼的第二年，担任顺天巡抚的父亲，因在大清兵南下时失职，被革职逮捕。陈之遴四处奔走救护，在得知崇祯皇帝不允宽赦的消息后，他怕株连自己，竟将父亲毒死于狱中。但他仍没有逃脱噩运，还是被罢去了官职，永不任用。

1644年，明朝灭亡。第二年，陈之遴投奔南明福王政权，授左春坊左中允，奉命赴福建主持乡试。清军占领江南后他立即投降，并赋诗效忠："行年四十，乃知三十九年都错。"顺治四年（1647），任清廷秘书院侍读学士，第二年，又升为礼部右侍郎。顺治八年（1651），升礼部尚书，旋加太子太保，再授弘文院大学士，徐灿也因此受封一品诰命夫人。陈之遴在官场虽失气节，阿谀周旋，但才能突出，自然深得顺治皇帝重用，他曾上疏"修举农功、宽恤兵力、节省财用"三策，对清初发展农业生产、节省开支、充盈国库都起到了积极的作用。

然而，以前朝"贰臣"身份做到相当于清王朝宰相地位的陈之遴，自然受到当朝政治旋涡和党争的冲击与碾轧，他不断遭人弹劾，顺治十三年（1656），皇帝不得已将其保留原官职发往盛京居住。时间不长，又念他为大清效力多年，不忍终弃，遂令其回京入旗。顺治十五年（1658），陈之遴因收内监吴良辅的贿赂，被人举报。按律当正法，顺治最终免去其死罪，下诏革职和抄没家产，全家流徙盛京。

陈之遴一家到盛京的时间大约是顺治十六年（1659）的春天。进入沈阳，在辽河岸边，陈之遴感慨颇多，这已是他第三次渡此大河了。第一次时他写有五律《辽河》，那时虽是被贬但还留有官职，心情与此次自然不一样，还能发出"居然穷塞客，几日别长安"的感慨。第二次回京再渡辽河时他又作《渡辽河》，并发出"却忆方舟东渡日，迅湍回卷白波层"的未来期许。这一次大概是他人生中最残酷的打击，毫无感觉地渡过了辽河，没有诗，更没有诗的兴致。倒是他的夫人徐灿，渡过辽河后，作《望沈城》以纪："遥望层城带落晖，昔年曾此一枝依。别来已见梅三发，到日惊看柳半肥。莫向殊方悲失路，暂离尘网幸忘机。秋空杲日中天照，旅雁征人却共归。"对于沈阳这座城市，徐灿是熟悉的，三年前她随被流放的丈夫在这里如同鸟栖树枝一样，寄居近一年。哪想三年之后，再度被流放此地。离开北京时还是残冬飞雪，只有梅花绽放，到了这里却已是柳叶渐成。命运如此，不必在这异域悲伤而失去人生的方向，权当远离那个尔虞我诈的官场牢笼，忘掉世俗的机巧之心，从而甘于淡泊，与世无争。不是吗？你看丽日晴空，阳光灿烂，期待哪一天与天上的鸿雁一样，一起回京或是南归。

相较于陈之遴的丢官沮丧，徐灿似乎更乐观一些。这是缘于她的出身、性格、经历、思想和价值观。

徐灿（约1618—1698），字湘蘋，又字明深、明霞，号深明，又号紫䇹。出生于苏州城外支硎山下徐氏世家，其《怀灵岩》诗中说："支硎山畔是侬家，佛刹灵岩路不赊。"她的祖姑徐媛是明万历年间闻名一时的才女，工诗擅画。钱谦益在《列朝诗集小传》中称其"多读书，好吟咏，与寒山陆卿子唱和，吴中士大夫望风附影，交口而誉之。……称吴门二大家"。其父徐子懋官至光禄丞，精通经史，故而对女儿的教育自然是倍加用心，所以徐灿自小即通读四书五经，深受儒家文化熏陶，成为继祖姑母徐媛之后远近闻名的徐家才女。她早起撷花扑蝶，傍晚语诉斜阳，入夜卧看流萤，邀同伴"彩丝艾虎"，见来人"还倩花藏"。诗由心生，与出身书香门第、秉受诗词点染的李清照一样，深闺中的徐灿，笔下的诗词满是姹紫嫣红、欢愉恬谧，恰如《初夏怀旧》所述："金阊西去旧山庄，初夏浓阴覆画堂。和露摘来朱李脆，拔云寻得紫芝香。竹屏曲转通花径，莲沼斜回接柳塘。长忆撷花诸女伴，共摇纨扇小窗凉。"闲散静谧的闺中生活，让她出口成词："小雨做春愁，愁到眉边住。道是愁心春带来，春又来何处。屈指数花期，转眼花归去。也拟花前学惜春，春去花无据。"这首《卜算子·春愁》是她早期的闺阁之作，其中所蕴含的目之所及的伤感之情，颇有些"为赋新词强说愁"的意味。春心涌动的时节，少女徐灿期待一个朦胧的男人。

这个男人终于出现了，大约20岁的时候，他嫁给了海宁才子陈之遴为继室。婚后二人可谓情感甚笃，诗词唱和，琴瑟和鸣，温馨浪漫，人间仙侣，陈之遴很疼爱这位才高貌美颇有情调的可人儿，而徐灿也对这位满腹经纶，才气冠绝的夫君深怀一片缱绻之情。据陈之遴为徐灿词集《拙政园诗余》序中的追述，他们入清后，"侨居都城西隅。书室数楹，颇轩敞，前有古槐，垂阴如车盖。后庭广数十步，中作小亭，亭前合欢树一株，青翠扶苏，叶叶相对，夜则交敛，侵晨乃舒，夏月吐花如朱丝"。在此如诗似画的居住环境中，夫妻"觞咏"于那株成为他们感情象征和见证的合欢树下，"闲登亭右小丘，望西山云物，朝夕殊态"。这种雅致的生活一直延续到陈之遴第一次流放盛京之前，并激发着她的创作。她曾与当时的著名女诗人柴静仪、朱柔则、林以宁、钱云仪

鲁迅美术学院教授晏少翔绘《拙政园写生图》

等相互唱和,结蕉园诗社,称"蕉园五子",成就一段清初女性文学的佳话。

然而对于热衷仕途的陈之遴,徐灿似乎对政治更有着天生的敏感和清醒的认识。早在丈夫入清为官时,她就心怀隐忧,预感到他们的生活将会深受时局的影响,在《水龙吟·次素庵韵感旧》中追述"合欢花下留连"时,已告诫陈之遴:"悲欢转眼,花还如梦,哪能长好?"这一幕果然不幸被言中,陈之遴宦海浮沉,终于再次被流放,第三次站到了辽河岸边。

此时的陈之遴已经54岁,面对滔滔的辽河巨流,他或许有些后悔。如果不是为了这个官,可能他此时正在苏州的拙政园里诗酒人生,吟风弄月。

拙政园,江南最有名的园林,那是陈之遴在顺治初年买下的,并"重加修葺,备极奢丽",植下数株名贵的宝珠山茶。然而他和徐灿都没有看到拙政园的山茶花开,后人也只有在著名诗人吴梅村的《咏拙政园山茶花》中得知一二。当年,吴梅村的女儿吴齐嫁给了陈之遴的儿子陈直方,故吴陈两人为儿女亲家。陈之遴一家被流放盛京时吴梅村曾作《赠辽左故人诗信八首》，以寄怀亲家并随戍之女儿。而当他路过拙政园时，则又见山茶而及人，在诗中小序里写道："有宝珠山茶三四株，交柯合理，得势争高，每花时，钜丽鲜妍，纷披照瞩，为江南所仅见。"并在诗中对此花赞美道："艳如天孙织云锦，赪如姹女烧丹砂，吐如珊瑚缀火齐，映如蠕蝀凌朝霞。"诗人笔下的拙政园和山茶花固然令人神往，而更令人追怀的则是与园和花有关的人和事。而此时，陈之遴一家已无暇顾及拙政园的山茶花了，东北的冰天雪窖里，他们最要顾及的是悲愤中的生命。

悲愤最能产生诗人。在沈期间，陈之遴写下大量作品，其《浮云集》中所收诗许多都是遭戍沈阳时所作。这些诗里，有对流放地的排斥与融入、对明亡清兴和流放命运的反思、对佛道信仰与个人解脱的追求、对苦难生活的煎熬与感受等，这些诗对于研究流人与沈阳地方文化提供了不可多得的丰富内容。他住在浑河边，每每见景生情，如《春日杂感》其五："几曲浑河带柳汀，数楹茅屋想兰亭。频更令节头增白，安得群贤眼共青。世患辟除须纵酒，名心湔被好持经。却思水国嬉游地，岁岁回波冷绿萍。"反映了诗人复杂的难以言说的思想感情。

随着年复一年的流放生活，陈之遴和徐灿最强烈的希望就是归家。陈之遴还将在浑河岸边的茅庐命名为"旋吉堂"，祈望有朝一日，全家能吉祥平安地回归江南，并频频在诗中表达这种情愫，如《有感》："万里悲风斜日里，谁人能上望乡台。"《友人席上作》："莫唱吴门新越调，座中南客旅怀多。"《癸卯五日》："万里归心乡月冷，一天愁望岭云多。"这种期待和希望在徐灿的居辽诗作中也多有流露，如抵达戍所的当年除夕所写的《己亥除夜》中说："阳和忽转条风暖，好送雕轮凤阙旁。"在《庚子元日》中说："金鸡为报归期早，柳色依依引客程。"在《怀德容张夫人》中说："屈指明年容色早，紫泥应下玉关东。"直到7年后的康熙五年（1666），她在《丙午元旦》中还满怀期望地说："归计年年切，今年定得归。"然而，这些都是她的幻想，她和她的家人却没有旅雁那样幸运，上次被流放还只是不到一年，这一次却是漫长的，不是"丛菊两开"，也不是她在《秋感八首》中说的"辽海三看雁往来"，而是谪居塞外

12年。这期间，丈夫和二个儿子相继过世，她历尽人间苦难，遍尝人生辛酸，最终一个人带着丈夫和儿子的骨灰，凄然回到陈之遴的家乡海宁。

命运弄人，陈之遴一生毁誉参半，但生前死后始终有一位美才女相伴，虽荣华尽失，但却爱情尽得。只是苦了女词人，终老于海宁新仓小桐溪畔南楼上，青灯古佛，丹青黄卷，不再作诗，手绘观音像5000余幅，归乡27年后去世，寿过九旬。

经历人生种种磨难与荣辱的徐灿，虽然旅雁征人未共归，但她却以"清代第一女词人"声名赢得了后世，后人将其与东晋谢道韫和宋代李清照相并列。"双飞翼，悔煞到瀛洲。词是易安人道韫，那堪伤逝又工愁。肠断塞垣秋。"这是近代词人朱孝臧《忆江南·徐灿》的评价，深情而中肯。徐灿的作品集名《拙政园诗余》《拙政园诗集》，尽管拙政园对她来说恍如隔世，恰如同时人陈维崧《拙政园连理山茶歌》说的："已知人去不如花，那得花间尚如故。"

但那毕竟也是家的符号。

陈梦雷的盛京十六年

在清初的历史上，沈阳注定是一个最能接纳"中原名士"的地方。就在"南国佳人"徐灿抱骨而归的20年之后，康熙二十一年（1682）的初夏，著名翰林陈梦雷又沿着当年陈之遴的足迹，被流放到盛京。

押解陈梦雷一行的囚车走出山海关的时候，已是仲春时节。不知是边外荒寒的缘故，还是单车就道的孤苦，在江南早是荷叶田田，在关内已见青杏小小，但这里仍是"荒城败堞，衰草寒烟"，其荒凉景象令人怆怀。这一切，让他的心情倍感凄怆。

陈梦雷（1650—1740），字则震，号省斋，晚号松鹤老人，福建侯官（今福州）人。他12岁秀才，19岁举人，20岁进士，不久又成为翰林院编修。康熙十三年（1674），他在老家与同乡李光地同遇"三藩之乱"。两人密议，由陈出任伪职，获取情报，由李将情报封成蜡丸密疏送入朝廷。不料最终李光地却出卖了他，陈梦雷被判从宽免死流放盛京，以流人身份遣戍沈阳。

陈梦雷来到沈阳的时候，先前到此地的文人学士多已离开或是死去。他倍感孤独，尤其是做了满洲兵丁的奴隶，从肉体到精神都难以承受，不久他就病倒了。还好，他的家主总算宽厚，"怜其委顿，始许养疴僧寺"。于是在心月和尚的关照下，他住进了沈阳的龙王庙。

关于当年陈梦雷在沈阳住过的龙王庙，今天已很难确定了。我曾为此访问老辈沈阳人，称沈阳最有名的龙王庙在浑河岸边。今天浑河北岸文体西路与和平南大街交汇处还有龙王庙公园，不知是否就是当年陈梦雷住过的龙王庙遗址。

陈梦雷在龙王庙并没有住多长时间，就让奉天府尹高尔位发现了，并将他请到了奉天府。原来，高尔位正在主持《盛京通志》的编纂，耗时数年就是没有什么进展，几乎处于停顿状态。才名素著的陈梦雷的到来，无疑让这位因编志而一筹莫展的府尹喜出望外。他全然不计陈梦雷是朝廷重犯，立即让其脱离奴籍，安排他主修通志和负责组织指导各地的修志工作。

为编好通志，陈梦雷首先采取了深究典籍与实地考察相结合的方法，广泛搜集典籍，将存世的资料尽一切可能都搜罗到。同时又在全东北境内进行实地考查，"自是三韩以北，故都旧邑，断碣遗碑，靡不搜剔"。这种将典籍史料与实地考察结合起来的方法为编好通志打下了坚实的基础。其次是确定《盛京通志》的全书体例，写出序言、凡例和各分志小序。陈梦雷在此是做着具体的、名符其实的策划、设计、主编工作。康熙二十二年（1683）三月，高尔位升任外转。四月，新府尹董秉忠一如前任，优礼倚重陈梦雷，使编志工作进展很快并顺利完成。之后，陈梦雷又先后审定了《海城县志》《承德县志》（即《沈阳县志》）和《盖平县志》。

虽然《盛京通志》等志书修纂者名单中不见陈梦雷的名字，但他对清初东北文化建设的贡献是巨大的。不仅如此，他在沈阳期间还秉持一个正直学者所应尽的职责和所肩负的使命，向朝廷提出了许多充实和开发东北的设想。建议将流放到东北的大批"三藩罣误之众尽隶州县为民"，以充实边地。如此不出十年，即会出现"户口可殖，农桑可蓄，国用可充，军实可足，辽河东西直接畿辅，鸡犬相闻，室庐相望"的繁荣局面。这在当时东北人口顿减，土地空旷，民生萧条，大清立业之根基不稳的情况下，陈梦雷此番主张，可谓颇有见地。

陈梦雷才华横溢，学识渊博，且通满文，久居沈阳，慕名来访的学子不断，诚如陈寿祺《左海文集·陈编修梦雷传》中所说："诸公卿子弟执经问字者踵接。"于是，他热心地设馆收徒，授人学业，满、汉、回等民族子弟纷纷拜在他的门下。他执教严肃，对学生多加规范。如当时沈阳地区吸烟风很盛，他训戒弟子不准吸烟，有吸烟习惯的必须戒掉。为此特作七律《戒诸生饮烟》，对吸烟之恶习进行了尖锐而辛辣的痛斥。在他的教授下，康熙二十九年（1690），学生中有6人参加秋闱考试，其中阿锡台中举人，吴澄中副贡。后来阿锡台和他的另一位回族弟子铁显祖还考中了进士。

陈梦雷在沈阳还留下了许多创作。其中《留都十六景》组诗，颇具才情。所咏十六景为：天柱衡云、开城霁雪、东园泛菊、龙石观莲、实胜斜晖、浑河晚渡、御园春望、黄山秋猎、沈水春游、永安秋水、大堤踏月、塔湾落雁、景佑晓钟、天坛松月、南塔柳阴、望云列障，囊括了当时沈阳最具特色的自然与人文景观，后来各种版本的"盛京八景""沈阳八景"等大都据此所列。

陈梦雷的悲剧和不幸遭遇在沈阳受到诸多人的同情和关心，而他的人格和学识也受到人们的尊敬与信任。他有了更多的朋友和广泛的交友，这些无疑为他的流放生活注入了最灿烂的色彩。

康熙二十六年（1687），陈梦雷在沈阳终于有了自己的家，在朋友们的帮助下，于城西筑"云思草堂"。王一元在《辽左见闻录》中曾说陈梦雷的云思草堂"花石娟秀，日以著述为乐，从游者甚众"。"云思"，这是一个多么浪漫和富于诗意的名字，只有经历过牢狱和困窘磨难的人才更能感受蓝天白云的美丽，才能体会到云思般身心自由的珍贵。草堂落成之日，好友黄鸎来特作《陈省斋草堂新成过集漫赋》二首。他在诗中描述云思草堂是"新筑郊西宅，中庭十亩宽""四壁图书列，烟光一径深"，并将陈梦雷比作晋代大诗人陶渊明和三国时隐居辽东的著名学者管宁："达识推元亮，边人重幼安。"在这种"卷帘风自入，过雨夏犹寒"的环境里过着云卷云舒的闲静生活。陈梦雷亦作和诗《丁卯孟夏云思草堂落成步黄叔威原韵》四首。其中第三首道："谁信投荒日，犹居帝里西。迁莺依近树，巢燕宿新泥。烟冷蘼芜迳，风吹苜蓿畦。乡关惊旅梦，夜起待晨鸡。"能在"投荒"之日筑此草堂，且环境新雅，风光宜人，也算人生的一种安慰。但依然心中不稳，夜里惊梦，总还似在旅途之中；长夜惊醒，难以入睡，在失眠的煎熬中期待天明的鸡叫声。

从这些唱和诗中和后人的描述里，可知云思草堂的位置在"郊西""帝里西"，即在当时沈阳城的西郊。西郊在哪里？现在沈阳城的西郊，至少应当在西四环以外，可当年陈梦雷的时代，沈阳城的西郊最远也不会超出现在的二环路，大约也就在今天的三经街到西塔一带。

新筑的草堂是一座比较宽敞的院落，中庭十亩，茅屋数间，花光草径，细沙怪石；房前屋后栽满了绿树，杨枝抵墙，槐阴匝地，黄莺穿柳，新燕啄泥。主人的书房里，四壁叠满了各种图书典籍，夏日的清风吹拂着半卷的竹帘，苜蓿的清香不时地飘到书案上来，颇有江南故乡情味。

康熙三十五年（1696）的夏天，陈梦雷为了找一个更僻静的地方散心读书，于是与妻子到沈阳东南二百里的"山水佳胜"之地白云寨，买下了当地许氏的一处宅院定居。"白云寨"为何地，曾见有文章称即是今日沈阳市苏家屯区所属的靠近本溪的"白清寨"，其实不然，当年的"白云寨"应当是今天本溪市的桥头镇。1998 年初，瓦房店发掘了一处明代古墓，在大批随葬品中最引人注目的是两方雕饰精美的龙凤辽砚，砚底有"白云寨"三字铭文。经专家考证，此"白云寨"即为明清时期盛产辽砚的桥头镇旧称。陈梦雷来此居住，大约是相中了这里的清幽山水，远离红尘，闭塞云山之中，也许更能抛却心中的烦恼吧。

然而不幸的是，当时许家正染寒病，陈家住进来没有几天也即传染上，其中李氏尤重。陈梦雷只好令仆人赴沈阳求医，然而还没等到沈阳的医生赶到，李氏已离开了人世，年仅 48 岁。陈梦雷极为悲痛，回想起她从四季如春的闽地只身来到关外苦寒之所，陪伴自己 13 个春秋。患难夫妻，相濡以沫，如今她竟然于这深山荒谷中匆匆地走了，在这远离故土的长白山麓，自己孤苦的心灵还会有谁相伴。过后，他满怀深情，写下了《原皇清敕封孺人先室李氏行述》。"孺人"是李氏在陈梦雷当年得授翰林院庶吉士，读书内廷时朝廷敕封的，是七品官员妻子的称呼。在这篇行述中，陈梦雷饱蘸血泪写道："余意其克享遐龄以待天恩之宥也，岂意年未五十，千辛百折，死穷山荒谷中，求一返乡见母而未得，呜呼痛哉！"读来令人为之欷歔。

妻子去世后，陈梦雷更觉孤苦，同时也更激发了他急欲回归的愿望。康熙三十七年（1698）十月，康熙帝东巡兴京谒永陵后，前往沈阳谒福陵。陈梦雷进上一首120韵的七言排律《圣德神功恭记》，康熙帝于是下令赦陈梦雷回京。

回到北京的陈梦雷奉旨侍皇三子诚郡王胤祉读书，后在胤祉的帮助下历15年完成巨著《古今图书集成》。这部书是中国完整存世的最大的一部类书，全书10040卷，共1.6亿字，50余万页，订成5020册，分装522函。按字数统计，它是此前类书《太平御览》的32倍，《册府元龟》的16倍。文献搜罗完备而编次井然，分类缜密而宏富壮观，在中国图书史上可谓浩瀚之作。内府铜活字版共印64部，印制精美，装潢

辽宁省图书馆所藏的陈梦雷编《古今图书集成》

考究，堪称中国古代印刷史上的巅峰之作。然而由于康熙死后诸皇子之间的斗争，《古今图书集成》上并没有陈梦雷的名字，相反他再一次遭流放，于雍正元年被流放于卜魁（今齐齐哈尔）。从此他成了一位模糊不清甚或下落不明的人物，直至他死后244年，才由沈阳的著名清史学者张玉兴先生在《关于陈梦雷第二次被流放的问题》一文中考证清楚：陈梦雷于乾隆五年（1740）死于流放地。

乾隆四十七年（1782）秋天，陈梦雷的皇皇巨著《古今图书集成》随《四库全书》从京城运抵他曾居住过16年的沈阳，入藏皇宫文溯阁。此时，离陈梦雷去世已过42年。

终老沈阳的火器专家戴梓

1686年的一天，在紫禁城内，清康熙皇帝正在接见来自荷兰的使团。

荷兰使者在送给康熙皇帝的礼物中特意介绍了一件兵器——"蟠肠鸟枪"，他们强调这是欧洲乃至当今世界最先进的武器。康熙皇帝听了，心里不太高兴，就随口说道：这种鸟枪我大清天朝早就有的。皇帝在外国使节面前为了面子虽然这么说，但他心中明白，清朝当时真没有这种枪。但康熙皇帝敢这么说，他心中也有三成把握，就是清朝虽然没有这种枪，但他身边确有能造枪的人。这个人，就是戴梓。

戴梓（1648—1726），字文开，自号耕烟老人，人称耕烟先生，浙江仁和（今杭州）人。据《国朝耆献类征》一书所载，戴梓的父亲戴苍为明朝监军，擅绘画且作战英勇果敢。一次与海贼交战断肋破脑，犹挺立不倒，令人叹服。后遭难，陪母携妻避居四川临梓庙。其妻梦中天神授子生下戴梓，父感此奇异之梦遂命其名为梓。戴梓自幼聪颖不凡，勤于读书，12岁时作《淮阴钓台》诗，得诸宿儒称赞。受父亲影响，尤喜兵家典籍和机械制造。康熙十三年（1674），康亲王杰书镇江浙，闻戴梓声名，遂聘其入幕，参与军政诸事。戴梓在康亲王手下悉心效力，提出许多有价值的建议，为亲王采纳，收到很好的效果。进军福建后，戴梓收降叛将，督造战船，屡建功勋，成为康亲王左右，多有依赖。尤其是在收复台湾战役中，戴梓所造冲天炮，发挥巨大作用。台湾收复后,戴梓随亲王班师入京,受到康熙召见。康熙亲试春日早朝诗,戴梓应对如流,深得康熙之意。同时,对于早就喜欢数学等西方科技的康熙来说,遇见戴梓也算是找到了知音,于是授予他为翰林院侍讲,奉命与高士奇一起在宫中南书房值班,后又移到养心殿,成为康熙身边有数的近臣之一。

正因为康熙身边有戴梓这个人,所以他才敢对荷兰使者说"蟠肠鸟枪"这种先进武器我大清天朝早就有的话。第二天,康熙将戴梓传到跟前,将荷兰枪交给戴梓看。这对于从小就喜欢机械制造,曾造出过多种火器的戴梓来说,并不是一件难事。仅仅过了5天,戴梓就向康熙皇帝进献了10支"蟠肠鸟枪",外形和性能与荷兰枪一模一样。之后,戴梓还尝试将珐琅工艺装饰到鸟枪上,又做出几支带珐琅的"蟠肠鸟枪"。于是,康熙把这些仿制出来的鸟枪,全部回赠给荷兰使团,令他们大为惊叹。

这件事让康熙帝对戴梓更加赏识。不久,康熙皇帝又听说比利时有一种称为子母炮的"冲天炮",威力巨大,于是下旨让戴梓抓紧研制。戴梓接旨后用了不到10天时间就将子母炮造出来了。子母炮造好后,康熙亲自率众臣到现场观看试射。此事在《清朝文献通考》中留下了这样的记载:"子在母腹,母送子出。从天而降,片片碎裂,锐不可当。"后来,康熙帝率军二次亲征噶尔丹时,就带上了子母炮,此炮大显神威,只三发炮弹,即令敌胆寒而降。康熙帝大喜,遂将子母炮命名为"威远大将军",并将戴梓的名字刻在炮身上。戴梓还发明了另一种火器,名为"连珠火铳"。据纪昀《阅微草堂笔记》引述戴梓后人戴亨的话说:"少时见先人造一鸟铳,形若琵琶,凡火药铅丸皆贮于铳脊,以机轮开闭,其机有二,相衔如牝牡,扳一机则火药铅丸自落筒中,第二机随之并动,石激火出而铳发矣。计二十八发,火药铅丸乃尽,始需重贮。"此事后来记入《清史稿》中,说"法与西洋机关枪合,当时未通用,器藏於家,乾隆中犹存"。如果此事不虚,这应当是最早的机枪雏形,比后来比利时工程师加特林设计的世界上第一挺机枪、英籍美国人马克沁设计的马克泌机枪要早100多年。可惜的是,戴梓发明的连珠火铳,并没有受到康熙皇帝和当朝重视,以致中国的热兵器制造错过了一次最好的世界领先的机会。

戴梓多才,不仅是一位火器专家,而且还是一位多方面的发明家,"凡象纬、绝股、战阵、河渠之学，靡不究悉"。在水利学上，他根据兴修水利的实践，总结经验，写出《治河十策》，后来河道总督于成龙在督治黄、淮两河时，多依《治河十策》之论。另外《清史稿》还说戴梓"通天文算法"。他的发明在日常生活中还有多种，如徐珂《清稗类钞》记载："戴能作铜鹤，高飞云间，按时长鸣；又能作木偶人，饰以衣服，客至则捧茶献客。"这倒有些像今天的智能机器人了。此外，据韩国史料李田秀所著《入沈记》记载，戴梓当时还发明了自行车，"有轮有轴，日可行六十里，每行十里再转机关方行，不过二三百斤，险阻及转弯抹角不能行"。韩国史料《燕行录》里还记载戴梓"尝依武侯遗法，制木牛流马，载两担米，日行四十里"，为当时盛京人亲见之。所谓"木牛流马"，大约就是自行车一类。于此可见，戴梓的发明在中国科技史上占有重要地位。同时，戴梓还是一位艺术家，擅长诗书画。沈德潜《国朝诗别裁集小传》评其诗"挺劲有力，谪戍后尤佳"；其绘画兼众家之长，其书有米芾、董其昌之风；他还精通音律，曾参与纂修康熙帝钦定之音乐著作《律吕正义》。

多才者难免傲物，且刚正不阿，敢言人过，自然易遭人妒，诚如韩愈《原毁》所言："事修而谤兴，德高而毁来。"戴梓自然也难逃此宿命。因修《律吕正义》提出不同意见和制造冲天炮得到康熙重用，他得罪了徐日升、南怀仁等西洋诸人；因称呼之事得罪了康熙御前侍卫赵某；因不屈服郎中陈宏勋的敲诈，而成为被告。最终，这些人串通一气诬诟戴梓"私通东洋"。结果康熙只好将戴梓"流放关外，籍属沈阳"。

康熙三十年（1691），中国历史上最有名的火器制造专家及其家人经过一个月的跋涉到了沈阳。据其《出关行》一诗所写，他到沈阳时间不长就去了铁岭，到了铁岭一看，"风景萧萧有如此"，也不比沈阳好，于是又折回沈阳，在城南一家简陋的旅馆住下，然后"乱草和沙砌寒水"，盖了一处土坯茅屋安顿下来。

艰苦的谪戍生活让他很不适应，乾隆年间著名学者金兆燕曾作《耕烟先生传》，其中叙述戴梓初到沈阳"鬻书画卖文自给，常冬夜拥败絮卧冷炕，凌晨踏冰入山拾榛子以疗饥"。他闲下来就坐在屋里写诗，写完之后或自语朗诵，或掩面痛哭，哭完或把诗稿扯碎，或一焚了之，或塞在土墙缝中，压在炕席底下，由此可见诗人此时心灵深处的痛苦煎熬和巨大创伤。

就在戴梓最为心灰意冷之时，他见到了陈梦雷。此时的陈梦雷已流放到沈阳十余年，谪戍生活渐已习惯，并在沈阳西郊有了自己的云思草堂，草堂里不仅能课徒授业，还不时有朋友来品茶论文。于是，陈梦雷请戴梓，还有前一年流放到沈阳的翰林院编修杨瑄一起来草堂相聚。过后陈梦雷作《佳公子招游郊野，座中赠陈、杨两太史》诗："万里存君我，千秋共肺肠。有书延贱命，无语慰高堂。"戴梓亦作《佳公子招游郊野，座中赠陈省斋梦雷、杨玉斧瑄两太史》诗："闽南恒把袂，塞北又连舫。万里存君我，千秋共肺肠。"从此诗可知戴梓与陈梦雷早在福建时就已相识，此次沈阳见面，自是"塞北又连舫"。共同的命运使他们在频繁的交往中建立了深挚的感情，而同时，云思草堂里的"四壁图书"则成了他们延续生命的精神支柱。他们惺惺相惜，在这里品茗吟诗，宴乐雅集，互相砥砺，彼此关照，从而使戴梓逐渐走出痛苦的深渊。这期间，戴梓写给陈梦雷的诗共有6首，足见两人情谊之深。后来，陈梦雷赦回北京，两人仍时通消息，诗笺互答，延续多年，戴梓在《寄陈太史省斋梦雷》中说："鱼雁音书又几年，喜君患难得生还。"对于老友最终遇赦回京，表达一腔欣喜之情。又在《寄怀陈太史省斋》诗中写道："与君同是白头人，十四年来不复亲。"时已60多岁的两位老人，无时不在互相惦记着。

戴梓在沈阳创作了许多作品，《耕烟草堂诗钞》所收诗大部分写于沈阳谪戍期间，其中最多的是题画诗，这大约是他以卖画为生相关，足见其画作上多为自书诗。面对沈阳的山水名胜，戴梓无法不动情，写下许多有关沈阳风物人情的诗篇，如《铁岭回沈》《大堤踏月》《御园春望》《万井朝烟》《千甍夕照》《南塔柳荫下口占》《春日泛舟沈水》《浑河晚渡》《塔湾落雁》《天坛松月》等。如写当时"盛京八景"之一的《浑河晚渡》："暮山衔落日，野色动高秋。鸟下空林外，人来古渡头。微风飘短发，纤月傍轻舟。十里城南望，钟声咽戍楼。"傍晚时分，诗人站在沈阳城南浑河岸边的渡口，看暮色中的苍山与落日一点一点接近，似手托口含，十分融洽；苍凉而寂静的大河两岸在秋天的旷野里缥缈浮动，景象迷蒙而壮阔。倦归的鸟儿纷纷飞入岸上林中，晚归行人也行至古渡

"盛京八景"之一的"浑河晚渡"

口,等待渡船的到来。水岸微风掠过,吹动短发稀疏,天上的月牙渐渐清晰,相伴轻舟离开渡口。此时回望渡头北面的沈阳古城,钟鼓楼的钟恰被敲响,钟声回荡在城楼之上,低沉而悠长。这首诗好比一组长镜头,摄下浑河晚渡时的典型场景:首联的暮山、落日、野色、高秋为远景;然后镜头拉近为颔联的中景:飞鸟、空林、来人、渡头;再拉到颈联的近景:风吹短发,月下轻舟;尾联又将镜头推到远景:十里之外的古城上空,但闻钟声断续,天际黯淡……全诗似乎都在写客观景物,但却巧妙地嵌入了诗人的主观感受,读来颇有一种悲怆之感,贬谪者的黯然心绪含蓄托出,跃然纸上。住在浑河岸边的戴梓,自然对这条大河有着不一样的感情,在他的诗集中还有一首写浑河的《春日泛舟沈水》,也写得清新而俊爽。

戴梓在沈阳生活了35年,最后终老沈阳。据戴亨《耕烟草堂诗钞》跋介绍,戴梓去世时,其子戴亨不在身边,及赶回家时,戴梓所居床席已经更换清扫,平时习惯写完就塞于席下之诗稿多已不见,只在放东西的架子上找到一卷手稿，残缺不全，原来是戴梓仅存的诗稿。后来这部诗稿由戴梓儿子戴亨和侄子戴秉瑛主持，于乾隆二十三年（1758）刊刻，附于戴亨《庆芝堂集》之后。道光二十四年（1844），戴梓的外曾孙即戴亨外孙孙荆道主持，依据《耕烟草堂诗钞》旧刻本进行重刻，独立四卷刊行。

戴梓去后，戴家继续在沈阳生活。他有四子：戴京、戴亮、戴亨、戴高。三子戴亨为康熙六十年（1721）进士，以其高洁的品性和博大精纯的作品在八旗诗坛享有较高知名度，与李锴、陈景元并称"辽东三老"，影响很大。

纵观沈阳的文化发展史，有一个事实我们不得不承认，是清前期遭戍到沈阳的流人开创了沈阳文学创作的先河，奠定和发展了城市的精英文化。是否可以这样说，函可、陈之遴、徐灿、陈梦雷、戴梓等流人的到来，使沈阳成为承载文化人的土地。对流放者来说，从杏花春雨的江南，从金碧辉煌的朝堂之上来到这萧条苦寒之地，是他们个人或者整个家族的悲哀，但同时，沈阳和它的周边之地却因此得到了文化的滋养。当我们重新面对三百年前的历史时，真的无法评定流人现象到底是文化的幸还是不幸。从地方文化上讲，这当然很难说不是历史的幸事。

SHENYANG
THE BIOGRAPHY

沈阳 传

为城作赋的一代帝王

第十章

在中国文化史上，有这样一篇近3400字的大赋，由皇帝亲笔，为心心念念的一座城市而写，用32体篆文刊刻印刷，并流传海外得到法国启蒙思想家伏尔泰等人的高度评价，从文本写作到刊刻、传播、阅读与影响，创造了多个史上唯一。这就是乾隆皇帝为沈阳而写的《盛京赋》。

东巡祭祖的车马

《盛京赋》的诞生，有一个深切而饱满的孕育过程，那就是清朝皇帝的东巡祭祖。在东巡过程中激发和创作出了大量御制诗文，从而推动了《盛京赋》的问世。

清王朝大规模东巡祭祖最早缘起于顺治帝的乡愁之思。据《大清世祖章皇帝实录》第七十五卷所载，顺治皇帝曾于顺治十年（1653）五月时首次下谕三院："朕仰承天眷，统一区宇，深惟我太祖武皇帝肇造艰难，太宗文皇帝大勋克集，诞祐朕躬，以有今日。自登极以来，眷怀陵寝，辄思展谒。……今将躬谒山陵，稍展孝思，议政诸王、大臣、满汉九卿等官，其详议以闻。即传谕礼部知之。"此时的顺治皇帝离开自幼居住的盛京已有10年之久，经常因思念先皇和故乡而寝食难安。然而他的这种"躬谒山陵，稍展孝思"的想法，终因国内政局未稳、灾害多发等原因未能实现，直到1661年患天花驾崩，未能实现东巡盛京祭祖遂成为他短暂生命中的重大遗憾。为了完成父亲的遗愿，康熙皇帝在18岁那年，即康熙十年（1671）九月，正式启程东巡祭祖。年轻的康熙深知东巡祭祖不仅仅是为了完成父亲的遗愿，还有着更重要的政治意义。在清王朝，"盛京"一词包括了两层含义：一层是盛京城，也就是清军入关前的旧都；另一层则是整个盛京将军与盛京五部管辖区域，涵盖了东北地区相当广阔的地理范围。而从政治文化符号上，"盛京"则象征着"发祥之地"，是"敬

位于沈阳的世界文化遗产清昭陵

天法祖"这一政治文化观念的重要寄托。然而,当1644年盛京百官和八旗官兵绝大多数"从龙入关"后,随着北京皇都地位的上升,作为陪都的盛京行政机构大为削弱,乃至"人去衙空",行政体系中的地位大为下降,盛京的政治意义也不断萎缩和被边缘化。这一点,在康熙朝就已认识到。如何增强盛京的政治地位,激励后世不忘祖宗创业之艰,以保江山永固?大清皇都虽然迁移北京,但大清王朝的祖陵,即永陵(葬四祖)、福陵(葬努尔哈赤)和昭陵(葬皇太极)还在盛京。祖陵在此,故宫在此。所以,谒陵祭祖无疑是清廷"敬天法祖"和国祚支点的最好形式。其于此,从康熙朝开始,东巡祭祖成为一种贯例。

在距第一次东巡祭祖11年之后,康熙二十一年(1682)的二月,他又开始了第二次东巡祭祖。当时"三藩"之乱已平,全国实现统一。康熙帝在北京祭告天地、太庙、社稷完毕,复又觉得做的还不够到位,他说:"盛京乃祖父初创根本之地,朕不时思念。现值天下无事,欲诣山陵致祭。"正如有学者所认为的那样,这是盛京与清代政治文化之间联系的重要确认,也是清朝统治者重新构建"盛京"观念的一个重要起点。在这种理念支配下，距第二次16年之后，在康熙三十七年（1698），又进行了第三次祭祖。此时45岁的康熙皇帝正值壮年，御驾亲征噶尔丹，成功平叛。为了向祖先告祭，他于七月二十九从京师启程，在吉林进行了多次围猎活动后，于十月十三至兴京永陵告祭，三日后抵达盛京，并亲自到福陵和昭陵进行祭祀，是康熙整个东巡史上耗时最长的一次。

到了乾隆时期，清帝东巡祭祖活动的规模到达了顶峰。乾隆皇帝一生东巡四次，分别是乾隆八年（1743）、乾隆十九年（1754）、乾隆四十三年（1778）和乾隆四十八年（1783）。和康熙皇帝不同，乾隆皇帝的祭祖之旅并非完全出于以汇报功绩为目的，更像是在向他的祖父康熙皇帝致敬。因此，乾隆皇帝的四次东巡排场更大，活动更多，礼仪也在康熙时期定制的基础上更加详尽。

随着1795年乾隆皇帝退位，清帝东巡进入了嘉庆、道光阶段。嘉庆皇帝一生东巡两次，分别是在嘉庆十年（1805）和嘉庆二十三年（1818）。道光在位30年只东巡一次为道光九年（1829）。这是清代皇帝最后一次东巡，此时国内的社会矛盾已经到了无法忽视的程度，大清国运由盛转衰。至此，清帝的东巡祭祖活动正式落下了帷幕。

在清朝276年的国祚中，4位清帝共进行了10次东巡祭祖活动。从政局动乱到盛世太平，再到最后风雨飘摇、黯然收场，东巡祭祖见证了这个王朝的起伏兴衰。道光皇帝在完成两个月的东巡祭祖后曾写下《九月三十日盛京留别》诗："匆匆七日旧宫停，月晖旋骖不尽情。屈意西行循往制，回头东望恋陪京。"诗言心志，此时的道光皇帝实在不愿再回北京主政了，陪都盛京才是他恋恋不舍之地。皇帝的疲态与幽秘心事于此可见端倪。

清帝东巡的意义是通过谒陵祭祖、瞻览宫殿等活动，既以展孝思，同时缅怀祖先功业，回思肇造之艰难，告诫后世子孙溯涧求本，勿忘祖宗创业之不易，从而更好地治国理政。用现在的话说，就是寻找路是怎么走过来的，知道今后怎么继续努力，这是不忘初心、寻觅精神家园的行动，有着重要的精神激励作用。同时，清帝的10次东巡，也加速了沿途的城镇建设和文化发展，使东北地区更进一步得到清廷重视。而盛京皇宫作为大清皇帝在关外的留都行宫，大批御用物品、皇家秘籍贮藏于此，不仅提高了盛京的政治和文化地位，还使城市建设得到了可持续发展。较之于"南巡""北巡"，清帝东巡每次都必经蒙古之地，对于巩固民族团结，稳定东北边疆局势更有着特殊意义。

大清皇帝的东巡祭祖活动，几乎每一次都是随行数万人，轮蹄震地，旗旛拂天，文臣武将，后宫妃嫔，内侍扈从，大队人马浩浩荡荡。皇帝每到一地，每行一事都要作诗属文，随侍文臣也纷纷附和，遂有大量诗文作品传世。一部《清帝东巡御制诗文集》就收有 4 位皇帝的诗文共 631 篇，另有多位随侍学者、文人的诗文则会更多，难以统计。如高士奇、纳兰性德、曹寅、纪昀、汪由敦、梁国治、董诰、戴衢亨、赵秉冲、祁隽藻、穆彰阿、曹振镛、许乃普等，都曾随侍皇帝东巡盛京祭祖，留下大量诗文创作。某种程度上说，一部清帝东巡祭祖史，同时也是一部东巡盛京的文学史。

在这些东巡祭祖题材的诗文中，以乾隆皇帝创作数量最多，共有文、赋、记 14 篇，诗 337 首。同时还为留都盛京五部及将军府、奉天府等多个衙门和建筑题写了大量匾额、楹联。匾额如户部曰"宗邦会要"，礼部曰"典重明禋"，兵部曰"陪京枢要"，刑部曰"弼教留都"，工部曰"饬材山海"；将军府曰"屏翰邠丰"；奉天府曰"风淳丰芑"。创作之丰，堪称惊人。

对于东巡盛京祭祖之事，乾隆皇帝始终作为皇家大事来处理。他 25 岁继位之时，就把祭祀关外"三陵"的事放在了心上。乾隆二年（1737），在得到"三陵"维修工竣的报告后，即有动身"前诣盛京"之想，最终因准备不足以及东北水灾等缘故迟迟未能成行。到了乾隆七年（1742），32 岁的皇帝有些着急，他感叹道："恭谒祖陵之事，每以不能前往，迁延时日，不惟于敬谨之道不合，而心内亦实不自安。"他焦灼难耐，东巡之事再不能等了。乾隆八年（1743）七月初八日，乾隆"展谒祖陵"的活动终于隆重起程。在此间的皇帝"实录""起居注"及"御制诗集"中，我们看到，一支浩浩荡荡的队伍，从北京圆明园启銮，直行承德避暑山庄，再曲折穿越木兰围场，沿老哈河进入内蒙古科尔沁草原，再经喀喇沁、敖汉、奈曼、扎鲁特左诸部，及至达尔罕王府，迫近松嫩平原，从科尔沁入克尔素边门、盛京围场、英我边门，而恭谒永

乾隆皇帝朝服像

陵后，进入盛京城。"群山万壑总朝东，王气为龙镇郁葱。"扑面而来的盛京气象，让这位年轻的皇帝越发振奋和激动。

这就是故乡，大清王朝的发祥之地。仰望盛京留都大政殿和凤凰楼的巍峨重影，乾隆不禁在《谒陵礼毕，车驾入盛京，得七言排律十四韵》中吟道："延伫关山千里外，每怀瞻拜八年中。"八年了，时时想着的盛京，今天，终于来到了。他第一次亲临"为王气所聚"的沈阳，诸般情景，亲切而庄严。

九月二十四日，乾隆帝带着敬畏之心进入盛京皇宫，停銮8日。在这8天里，乾隆皇帝住于皇宫何处？《清实录》等典籍均未有明确记载，只说"癸卯驻跸盛京，至庚戌皆如之"。长期以来此事在史学家那里一直是一个谜，直到学者发现藏于辽宁省档案馆的《黑图档》之后,这个谜才最终解开。其中的"乾隆八年都行档"记载:"皇上驾临盛京后,于凤凰楼前搭设蒙古包驻跸。"原来皇帝这8天都住在当年沈阳城的最高建筑物凤凰楼前临时搭建的蒙古包里。其缘由是什么?后人难以说清。或许是对先祖的崇敬与尊重,或许是对故乡土地的眷恋与亲近。8天里,乾隆在蒙古包里处理了许多政务,召见盛京将军、留都各部大臣、宗室及扈从官员,举行盛大宴会,又到文庙行礼。诏书、讲话,每天行程安排满满。

离开沈阳的前一天是十月初一。这天的沈阳天高云淡,秋光正好,乾隆帝登上故宫大政殿,发布了一篇长文。血气方刚的盛世皇帝缅怀先祖,走读故乡,盛京家国江山的深厚背景和浓烈气场,早早地就被放进了心中。多日里情绪兴奋的风暴,经过缜密而细致的酝酿后,终于从一个时间的空隙里訇然掀开。这篇文字里,有悠长的缅怀,深刻的思索,缱绻的寄情,精心的盘点,有"盛京"这一地理概念在时人政治文化中的"印象重建",有"盛京"在国家战略中重要作用的指认与确定——作为清朝统治者巩固国家凝聚力的支点,沈阳发出熠熠的光芒。

这篇长文,就是闻名中外的《盛京赋》。

浓墨重彩的盛京长卷

1743年那个秋天盛京留都大政殿里缭绕的诵读之声，我们已经无法聆听，但今天吟哦着《盛京赋》落在纸面上的文字，其铿锵的音节，跌宕的文思，依然会让我们心潮起伏，逸兴遄飞。

洋洋627句，近3400言的《盛京赋》，体制宏大，层次清晰，从形式上可分为序文、赋文、颂诗三部分。

序文500余字，分为首、次、末三节，主要阐释写作背景，即此次东巡谒陵活动之大要。首节，强调"以祖宗之心为心"之重要，围绕"盛京"之题，突出全篇即崇拜祖宗创业精神之主旨；次节，申明"我国家肇兴盛京郊岐之地桥山在焉"，强调溯宗敬祖之意义；末节，叙写写作宗旨，并非一篇单纯文词富丽的盛世雅颂，而是具有明确政治意涵与文化价值取向。

序文之后进入近2500字的主体赋文。作者饱含深情，以浓墨重彩，将一幅盛京长卷掀天揭地般铺展开来。

首先说族源之神奥："帝女天妹，朱果是吞，爰生圣子，帝用锡以姓曰觉罗，而徽其称曰爱新。"

其次道地域之广大："左挟朝鲜，右据山海，北屏白山，南带辽水。"

其三讲山川之形胜："沧溟为池，澎湃瀰溰，流汤汤，赴弥弥。"

其四言皇城之壮丽："增八门之轶荡，胁九逵之逦迤。翼翼俾倪，岧岧堞雉。"

沈阳故宫全景

其五叙宫殿之辉煌："殿名维何，崇政建中。高楼望氛，厥题凤凰。后宫紫极，交泰清宁，关雎麟趾，化洽家邦。……大政当阳，十亭雁行。"

其六赞战士之骁勇："既彬彬而济济，亦赳赳而彭彭。……角严则百墉失凭，旌挥则三边定檄。义不返顾，勇不重壁。是以牧四海而莫撄，亘千古而鲜匹。"

其七颂军威之雄壮："于是带甲之士百万，尽发鹰犬，而骤骅骝，卑泰山之为橹，跨渤海以张罘。"

其八述围猎之勇猛："羽林佽飞之士，手豹尾，踞虎头，搏洞熊，歼泽貗。观壮夫之鹤跃，快猛兽之貙腾。"

其九云耕纴之悠然："男则耕耘是务，女则织纴是谋，抑工商之末业，勤衣食之本图。……我仓如陵，庾如坻也。服尚布棉，奚纤美也，器用陶匏，戒奢靡也。"

如此不胜枚举的迤逦画卷，层层深入，迭次展开，令人观之美不胜收，读之口齿留香。

接下的赋文部分，还涉及了祖先创业的艰苦历程、英雄人物的辉煌事迹、族人的生活生产习俗，等等。对盛京自然物产的表述，更是林林总总，美不胜收。如写到了25种蹄类、29种羽类、16种骏马、34种水产、12种树木、15种花草、15种粮食、16种蔬菜。像鸟类，赋中写道："羽类则野鸡沙鸡，鹅鸭青鹣，鹳鹤秃鹜，维鹈在梁，缩脖鸠燕，啄木鹊鸽，鹰鹞雕鹗，红牙商仓。黄鹄鼠化，白雁霜横。曰海东青出黑龙江，林击则天鹅褫魄，甸搏则窟兔走僵。其他鸽雀铜嘴桃虫鸳鸯，杂沓纷泊，腾轶翱翔。"如水产类写道："鲤鲂鳟鳜，鳗鲫鳙鲢，鲦鲴鳢鳡，鲍鲔鲇鳝，比目分合，重唇浮湛，剑饰鲛翅，柳炙细鳞。牛鱼之长丈计，带鱼之白韦编，乌鲗之须粘石，渡父之喙碇船。他如蛇马驴狗，豚獭豹獾，出没乎汹涌，潜跃乎游渊。苍龙捷鬐而云作，赤螭掉尾而波开。老蚌含珠，九光烛天，神奇是韫，琼瑰是生。"这些天上水中的物产知识和托举的实物，令人眼花缭乱，别有其趣。无论人文，抑或自然，赋文如数家珍，在打造着一部浓缩的满族发展简史之同时，也完成了一部精致的盛京地区风物志。乾隆皇帝能在赋中诗化地一一点出，着实令后人惊叹。

《盛京赋》颂诗部分，由98句392字四言诗组成，这是全篇的概括和总结。根据满、汉文诗韵的变换和所描写的内容，可分为7段，每段14句。

第一段，叙述盛京的地理位置：山川雄壮，壁垒森严的设置所围绕；天造地设、神眷人爱的气象所护佑。

第二段，赞美祖先的择地生息：如同周、汉早期根据地，清朝于此发祥，因形胜而择，后世当思源念始，慎终追远。

第三段，追溯皇祖当年巡幸盛京之盛况：车马如龙，人声鼎沸；祖陵拜谒隆重，故宫筵席大开，闾里耕织欢悦，为后辈帝王感慨再三。

第四段，描写清帝东巡的感慨与场面：向盛京一路奔来的队伍，裹挟着"缅仰鼎湖"的虔诚，卤簿煌煌，敬忱惕惕。

第五段，作者亲祭"三陵"观感：祖先安寝于林茂溪淙的陵园，祭陵者面对"石马悲风"的起伏情感，警谨有加。

第六段，展示故宫建筑的简约与庄严：沈阳故宫简约而不失浩然，纯朴自有庄严，后辈当承先祖遗风，卓力江山永葆。

沈阳塔湾公园的《盛京赋》景墙

　　第七段，状写筵宴情景并深情寄语：此行筵宴盛大，相晤愉洽，故情绵长，敬意殷切，祝愿江山与国民"于亿万岁，皇图永绵"。

　　至此，全文结束。整篇《盛京赋》，以逻辑严密的论说性序文开头，中间以纷扬铺排的赋文展开叙述，尾声颂诗以七步咏叹调留下绕梁三日般袅袅余音。全篇用健拔沉雄、苍润奇辟、纵横淋漓、幽邃深奥的语言风格，奏出如同一部此起彼伏、气势博宏的多声部交响曲。虽然某些语句，在时间的暌隔中显得有些古奥，也不免当时"官样文章"的铺张和佶屈，但认真细读之后，它给予我们的依然是关于辽海大地的无限趣味，以及在阅读中识破一颗"帝心"而带来的诸多惬意。

　　文章合为时而著。据清乾隆五十四年（1789）大学士阿桂等纂的《八旬万寿盛典》所述，在乾隆日后谈到《盛京赋》的写作时，曾说："实足以垂法守，非仅托为吟咏。"这句话将《盛京赋》的创作本意透露无遗，作者没有把它仅仅当作一篇华丽的文章，或挥别"老家"前的深情留言，而要将其东巡祭祖一路走来的观察与思考、驻跸盛京之时的感慨与思虑，通过这篇赋文，来庄严宣示自己的治国理政抱负和执掌帝业的方略，从而通过"盛京"这一独特的、既具地理概念又具象征意义的清代政治文化符号宣示给他的臣民，这里优厚的自然条件，象征着大清的独厚天眷；淳朴的社会礼俗，展现着满洲的道德风尚；肇基建都的历史，启示后人尤要"敬天法祖"，不可"忘本"。

直到今天，在许多人、许多场合，我们都能感受到它的传播和影响的魅力，作品中的许多描写都以"金句"的形式深入到沈阳乃至中国人的文化生活中。

——"以祖宗之心为心者，天下无不睦之族人；以天地之心为心者，天下无不爱之民物。"（以祖宗之心为己心者，天下没有不和睦的亲族；以天地之心为己心者，天下没有不可爱的人物与事物）

——"因周览山川之浑厚，民物之朴淳，谷土之沃肥，百昌之繁庑，洵乎天府之国兴王之会也。"（因此遍观山川之雄浑，民风之淳朴，土地之肥沃，百业之繁荣，真可谓天府之国兴王之地）

——"于是乎左挟朝鲜，右据山海，北屏白山，南带辽水。沧溟为池，澎湃灛溦，流汤汤，赴弥弥。"（于是乎东控朝鲜，西据山海关，北屏长白之山，南临辽河之水。以茫茫沧海为池沼，澎湃汹涌，浩浩汤汤）

——"大政当阳，十亭雁行。"（大政殿向阳而居，十王亭排列如雁行）

——"服尚布棉，奚纤美也，器用陶匏，戒奢靡也。"（衣服提倡布棉所制，何必追求纤丽华贵，器物选用陶瓦葫芦，以求戒除奢靡之风）

——"不有开之，何以培之。不有作之，何以得之。"（没有艰辛草创，哪有继承发扬。没有勤劳耕作，哪能有所收获）

——"於铄盛京，维沈之阳。大山广川，作观万方。"（辉煌的盛京，居沈水之阳。此地有崇山巨川，显国威于万方）

《盛京赋》里的这些"金句"或是言简意赅，或是富于哲理，或是对偶工整，或是描写精彩，其艺术性丝毫不逊乾隆之前名家名赋中的名句，而这些名言警句在今天沈阳乃至国人的语境里仍有鲜活的语言和文化魅力。

谁人不识《盛京赋》

《盛京赋》在大政殿的发布，仅仅是一个开始。它还要走出故宫，走出沈阳，走向全国，只有经过广泛的传播才能更彰显其意义。在这个过程中，《盛京赋》的刊刻印刷以及传播手段、扩散过程、阅读频率、影响广度，堪称经典。

乾隆帝十月二十五日回到北京不到两个月，武英殿雕版朱墨套印一卷本《盛京赋》就出版了，其速度之快，可谓奇迹。在京士人，是《盛京赋》重点颁赐对象。清代北京，士子云集，或入学监中，或与试科举，或就教官学，或供职翰林，他们很快都获得《盛京赋》，人手一册。武英殿刻书处日夜赶制，京华之地，簪缨熙攘，《盛京赋》首先实现了由内阁到学校的梯次覆盖。

各省督抚、驻防将军在乾隆八年（1743）年底，亦雨露均沾。各省驻京传递奏折的机关，将《盛京赋》与加急文件一起由专人传递。无论地北天南，不出一个月，天子重墨，均摆上了封疆大吏的案头。这些重臣们自然心领神会，安排以《盛京赋》作为教材，令士子在阅读、品鉴中领会皇帝对开国历史的深厚感悟，巩固士子对清朝统治的认同感。尤其是江南地区，本就出版业发达，于是马上安排雕版重刊。苏州巡抚陈大受、浙江巡抚常安都在谢恩折中奏请将《盛京赋》在当地重行刊刻，至第二年三月即刷印成书，陈大受特装潢40函送京，进呈皇帝。同时还发给所属州县学校、书院的学生，还让《盛京

御制袖珍本《盛京赋》四体书墨拓（乾隆时期）

赋》走上市场，满足求购者需要。

于此同时，各种特装本《盛京赋》也闪亮登场。乾隆十三年（1748），傅恒、汪由敦等人受乾隆帝之命，刊刻满汉合璧32体篆书版《盛京赋》，各篆所书字体婀娜秀丽。乾隆意在以此厘正字体，以为国文典范。乾隆帝对此举深为自负，认为满文篆体在对照汉文篆体的基础上确定规范字形，"既广国书，并传古篆，足以昭示来许"。在谈到篆书《盛京赋》学术价值时，《清朝通志》卷一一《六书略》说："虫鱼、鸟兽、草木、山川，陶镕万象，归于一治，又直追古皇仰观俯察之心，以神而明之，则国书为谐声之祖，何尝非象形之祖？"对它深表赞扬。32种篆书《御制盛京赋》后来还相继出过篆书手抄本、刺绣、刻印、影印等多种版本。此举同时也对篆书的兴盛起到了积极的推动作用。

除了32体篆书《盛京赋》外，乾隆帝还令文人多次以《盛京赋》为内容制作手卷碑帖，于是有了尤工小楷书法的礼部侍郎陈邦彦的《盛京赋》小楷卷轴，有了汪由敦的泥金写本《御制盛京赋》《御制盛京赋真草隶篆四体书帖》等。据《清朝通志》卷一一六《金石略》载：《御制盛京赋真草隶篆四体书帖》中，"真书为励宗万，草书为梁诗正，隶书为张若霭，篆书为汪由敦。册高二寸许，笔细如发"。这件作品曾勒石成拓，2014年北京泰和嘉成秋季艺术品拍卖会"王氏·静斋藏品"专场，曾以近33.35万元的价格拍出过一件《御制真草隶篆四体盛京赋拓本》。这件出自乾隆年间的内府拓本，"经折装，四册，每页幅面7.8×4.5厘米，袖珍小巧，玲珑精制，典型的宫廷内装，御墨佳纸，精拓亮丽，完美地展现了乾隆朝高超的工艺水平和精绝的审美诣趣。而民间也开始工整抄写，乾隆十六年（1751）南巡时，就有工书之苏州籍贡生蒋仙根缮写《盛京赋》进呈。

《盛京赋》在官方的力推之下，利用各种形式和渠道广泛传播的同时，作为带有政治属性的文艺书写，也热络地进入了18世纪中后期清朝士人的阅读世界之中。对《盛京赋》的阅读体验，以模仿、评述等衍生写作的方式展现出来，构成了清人对《盛京赋》及其背后政治文化的阅读接受史。

乾隆首先让诸位皇子带头阅读《盛京赋》，据《八旬万寿盛典》所述："所有四诣盛京御制诗，著皇子等分年按次，每人各录一，分装成四卷，汇贮一匣，以昭觐垂裕之至意。"皇子如此，大臣自是纷纷跟进，这从当时编纂的《皇清文颖》书中即可见出。百卷本《皇清文颖》由张廷玉、梁诗正等奉敕编修，收录乾隆九年（1744）以前皇帝御制、宗室诸王及臣子赋颂等诸体诗文。书中所收一大批圣驾东巡盛京恭谒祖陵大礼庆成诗，是臣子们第一时间对《盛京赋》的读后感，或说是文僚们的同题作文。这些作品赛诗会一般争相出炉，是对乾隆帝东巡祭祖政治效应长久不散的轰鸣回声。臣子们对《盛京赋》的学习瞬间形成了热潮，且领会程度渐次加深，相互推波助澜。同时，在这波阅读高潮中，文臣对《盛京赋》的注文、跋语也极为详尽和醒目。如乾隆八年（1743）武英殿朱墨套印本《盛京赋》中，除了皇帝诗赋原文外，句间有注文，篇后有跋语。注文博引经史，用儒学经典及历史故事解说赋文句意。而汪由敦跋语则高度评价了乾隆此赋的文采，以为"自书契以来，著作之府，鸿章巨篇，未有盛于斯者也"。"书契"指文字，这里是说自有文字以来的著作，再没有比《盛京赋》更宏大更好的了。这可能是中国历史上对一篇文章最最顶级的评价。这种学习热潮甚至在十几年后仍然余温不减。1754年，乾隆帝第二次东巡盛京时，"五词臣"之一的刑部侍郎钱陈群再次"伏读"《盛京赋》，依然认为："御制《盛京赋》，追溯列祖创业垂统，原发迹之隆，述诒谋之远，山川之深厚，风俗之敦厐，数千余言，考据精博，气体裔皇。其于风也，为《七月》；其于雅也，为《生民》。真书契以来第一文字！"与多年前汪由敦的观点如出一辙，甚至在对《盛京赋》关于"创业"意义的领悟上走得更远，更为深刻。

除了官员的思想认识不断向皇上的本意游弋靠近，学者也跃跃而起，一时间，以地域为单位的仿作大赋也纷纷亮相，如《四库全书》总阅，曾官至工部尚书、兵部尚书的周煌奉诏出使琉球，就作《中山赋》；大学士纪昀谪西域，则作《乌鲁木齐赋》；礼部尚书和宁镇卫藏，就写《西藏赋》；还有著名学者、翰林全祖望作《皇舆图赋》，翰林院侍读学士朱筠作《圣谟广运平定准噶尔赋》，翰林院编修、著名地理学家徐松作《新疆赋》，著名诗人、文廷式曾祖父文守元作《四塞纪略赋》，文林郎、台湾知县王必昌作《台湾赋》，等等。一时地域名赋，四处开花。这些名公巨卿以《盛京赋》为范本的写作，为封疆增色，为国朝昌明，一时成为清中期最引人瞩目的一种文学现象。

《盛京赋》经历了一个以多种承载及包装形式而传播的漫长过程。进入21世纪，随着大规模城市文化建设的繁荣，《盛京赋》作为沈阳的一张名片，也广受关注，沈阳出版社也出版了数种版本，如宣纸线装本、注译普及本、小楷书法本、法汉对照本等，持续推动着这一文化符号的进一步传播。

伏尔泰：我很爱《盛京赋》

"亘古未有之旷典""书契以来第一文字"的《盛京赋》在中国阅读高潮持久不退的同时，让乾隆想象不到的是，这部作品早已传到西方，引起3位法国启蒙思想家伏尔泰、狄德罗和格里姆的评论与赞美，正是因为得到这些文化精英们的重视，才成就了这篇大赋在西方世界的传播和影响。

"当我们第一遍读一本好书的时候，我们仿佛觉得找到了一位朋友；当我们再一次读这本好书时候，仿佛与这位老朋友重逢。"说这句话的人叫伏尔泰，18世纪法国启蒙思想家、文学家、哲学家，被誉为"法兰西思想之王""法兰西最优秀的诗人""欧洲的良心""精神王子"。他出生于1694年，年长乾隆17岁。在他生命的晚年，读到了《盛京赋》，"仿佛找到了一位朋友"，中国当朝皇帝引发了他的好奇，他给他写信，他为他献诗，他扭头转向东方，东方的中国，中国的沈阳。

这一切的因缘际会还要从一位法国传教士说起，他的中国名字叫钱德明。

钱德明于1751年8月定居北京，3年后，钱德明成为乾隆帝的御用西方语言翻译官。钱德明有极高的语言天赋，除母语外，他还可以用汉文、满文、蒙文进行翻译和著述。他是中国文化的崇拜者，《盛京赋》的诗学价值和历史价值自然也让他着迷。在他得到《盛京赋》的第一时间，就开始了翻译工作，他希望这篇宏文能在法国得到传播。

18世纪中叶的中国正处于清王朝的鼎盛时期,西方传教士将中国文化介绍给欧洲人,空前的"中国热"像一片巨浪在西方大地汹涌。欧洲人追崇中国文化、思想与艺术,无论是王公贵族,还是平民百姓,西方人只要谈到中国,不论是食物、服装、建筑、装饰,甚至奇闻轶事,都会让他们喜欢得醉如痴。

西方太渴望了解中国,而这部从天而降的《盛京赋》,恰逢其时地出现在钱德明面前,他打定主意要翻译这篇大赋。他要向西方展示在睿智君主统治下寰宇中最大国家国

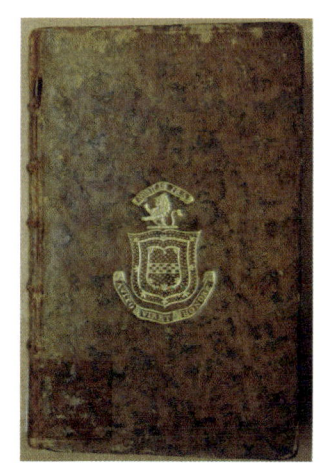

法文版《御制盛京赋》封面

泰民安的美好形象;通过介绍乾隆皇帝的沈阳之行,向西方展示中国的传统礼仪;同时,希望他提出的法国在沈阳设立主教区的建议也能够尽早实现。

《盛京赋》的翻译无疑是一件难度很大的事,许多表达满洲风物的文字,在法语中很难找到对应的词汇。然而,立志要将《盛京赋》译出来的钱德明,一切困难他都要克服,想尽一切办法来实现他的理想。他说:"我主要的注意力就是尽可能跟随原文,一页一页地,一句一句地,一行一行地跟随。……不管怎样,我觉得已经说得够多了,能够给读者一个如实的赋和颂的看法。"钱德明艰难地推进着自己的译作,他知道,"对《盛京赋》感兴趣的远不止我一个人"。

最终,法文《盛京赋》完成全部翻译。在厚厚的一大摞译稿中,钱德明对《盛京赋》提出了149个问题,其解释文字之长,超过全书总字数的三分之一,而且还增加了序、跋、清朝定鼎中原的帝王谱系、参与武英殿雕版朱墨套印本《盛京赋》相关人员的姓名及官阶、32体篆书缘起、满族发祥地概要、乾隆的《三清茶》诗等内容。

1769年,钱德明将译稿寄往法国国王图书馆。1770年,法文版《盛京赋》由巴黎提亚尔出版社出版。钱德明将中国最具诗意,最能体物而浏亮的赋体文本以西方最严谨、规范、优美的法语译成,自然会赢得法国人的阅读兴趣。果

209

然,《盛京赋》法文版一经问世,即引起法国人的高度关注,并开始了在西方传播,并为欧洲的"中国热"增加了新的燃点。

就在这一年,76岁的伏尔泰读到了《盛京赋》,他写道:"我很爱乾隆的《盛京赋》,柔美与慈和到处表现出来,我禁不住追问:像乾隆这样忙的人,统治着那么大的帝国,如何还有时间来写诗呢?"他还率性地说:"中国皇帝万岁,他写诗歌,与众人和睦相处。"他还专门给乾隆帝写了献辞。直至6年后,即伏尔泰去世的前两年,他依然难忘这位形象伟岸的写诗的中国皇帝,称他是"一位比奥古斯丁还要伟大、让人敬畏、更加操劳的皇帝,他只为教化和人类的幸福而作诗"。虽然老态龙钟,但伏尔泰面对东方,一样偏执地放纵着自己对《盛京赋》、对乾隆的热爱。

与此同时,法国另一位启蒙思想家、哲学家、戏剧家狄德罗,也在用心地阅读《盛京赋》,他一边读一边做了大量笔记。他说他虽然是"以我的方式进行摘要",但却"是皇帝在言说"。他把体现《盛京赋》要义的摘录文字,发表在《文学通讯》上,这是一本在当时的欧洲具有足够思想能量的刊物。显然,狄德罗在探讨本国意识形态的诸项问题时,是将中国文化作为参照的。

与狄德罗一样,还有一位法国启蒙思想家格里姆,在通读了法文版《盛京赋》后也是兴奋不已。文本中洋溢的道德理念,让他为乾隆帝点赞。他甚至不无夸张地说:"由这样的诗人皇帝治理的人民该是多么幸福!""这位君主牢记品德高尚的祖先,且将适时纪念他们视为自己的义务。"可见《盛京赋》的影响,在西方知识分子界引爆了巨大的能量——它已经涉及了统治和传承的命题,这倒和乾隆的创作本意极其吻合了。

18世纪70年代初《盛京赋》在法国的出版,使中西方文化得到了一次激烈碰撞、细密渗透和深刻融汇。3位法国启蒙思想家不约而同地从法译本《盛京赋》中解读出一个符合他们理想的中国形象——开明的君主,幸福的子民,以及符合自然秩序的阐释和点评,极大地促进了这部著作在西方世界的传播速度,扩大了古老中国在世界上的积极影响。

1778年,84岁的伏尔泰去世。虽然当年的乾隆皇帝并不知晓伏尔泰对他的崇高评价,甚至不知道莱茵河畔有伏尔泰这样的人物,但这一年,在伏尔泰离世后不久，他启程离开京城，第三次东巡盛京。这或许是巧合，或许是冥冥中的感应。

伏尔泰和诸位法国启蒙思想家对《盛京赋》，对乾隆的评价与赞美这一段中西文化交流史上的插曲，在1926年出版的《大英百科全书》第17卷中有明确的记载。令人遗憾的是，在当年那个通讯和沟通十分不便的时代，伏尔泰的热情并没有得到中国皇帝的回应。这倒应了伏尔泰的一句名言："古人充斥了对更遥远的古人的颂扬。"不过，盛京之名却因此走进西方人的视野，盛京和沈阳这一浪漫而辽阔的美名成为那个时代的举世热词。这也是目前所知，沈阳城在西方世界的第一次亮相，为后来清末民初多位法国等西方学人及艺术家来沈阳叩问东方文化，埋下了一颗魅力无穷的种子。

《盛京赋》不仅让世人清楚地认识到，沈阳城在历史上特别是有清一代的重要地位，而且每个人都可以从中找到乾隆皇帝对沈阳地区历史人文、壮丽山川和丰饶物产的全面描述和由衷赞美，从而窥见其昔日的辉煌，令后世子孙为之感叹和自豪，更加信心百倍地建设这座城市。而另一方面，沈阳的发展、繁荣与壮大，同时也印证了《盛京赋》在文化史上的不朽地位。

2010年11月的一天，原沈阳市档案馆馆长荆绍福先牛带领相关工作人员不远万里，来到英国伦敦大学亚非学院图书馆。他们花了一天时间，将长达404页的法文《盛京赋》全文拍摄。这正是1770年出版，当年伏尔泰阅读过的那个版本。《盛京赋》西传东归，这期间整整相隔了240年。

2015年，《御制盛京赋》法汉对照本由外语教学与研究出版社和沈阳出版社共同出版。此时的故都沈阳，已经是中国历史文化名城、中国国家级区域中心城市，不时有开往欧洲的班列从沈阳出发，进入伏尔泰的故乡。伏尔泰当年给乾隆写信如石沉大海的遗憾，不会再发生了，中国通往世界的所有道路都已打开，"伏尔泰"们，通过"一带一路"，情寄沈阳，情寄中国，已然畅通无阻。

SHENYANG
THE BIOGRAPHY

沈阳 传

第十一章 文溯阁与《四库全书》

乾隆皇帝不仅通过《盛京赋》将"盛京"这一既具地理概念又具政治意义的清代文化符号宣示给他的臣民，以启迪后人尤要"敬天法祖"，不可"忘本"，而且还以实际行动，进一步扩大留都盛京故宫的规模，其中最富象征意义的，则是文溯阁与《四库全书》。

乾隆设计了半个沈阳故宫和文溯阁

文溯阁是一座天下闻名的藏书楼，也是最理想的读书处。不过自此阁建成，可能只有乾隆一个人在其中读过书，因为这是皇家藏书楼，乾隆不仅是皇帝，还是编纂《四库全书》的决策者和总策划人，他当然最有资格在此读书。所以我每次来文溯阁，看到一楼大书案和书案上的文房用具，眼前都会浮现出乾隆坐在阁中捧读《四库全书》，不时挑出书中的错处，朱笔一挥的身影。其结果就是让那一众《四库全书》的编辑者们夜以继日地劳作校改，致使总纂官陆锡熊、总校官陆费墀不堪此折腾或病死或郁郁而终，其中的故事既有孜孜以求校改的坚辛，又有被处以几万两白银罚款的酸楚，更有往返北京与盛京间的悲情苦旅。这一切，都是因为文溯阁这座皇帝的读书处。

乾隆读书的文溯阁建于沈阳故宫西路。其实今天的沈阳故宫如果不是乾隆，不仅文溯阁，其他许多有特色的建筑可能都不会出现，可以说是乾隆设计建造了半个沈阳故宫。清乾隆八年（1743），在顺治皇帝福临入关 100 年之后，乾隆皇帝怀着对列祖列宗的崇敬心情，东巡祭祖驻跸沈阳故宫。当他看到祖宗宫殿之简朴，列祖列宗创业之艰难，不禁感慨万千，同时也为了驻跸行宫、举行典礼和尊藏《玉牒》等典籍的需要，当即决定拨巨款对这处祖宗遗迹进行大规模扩建和修缮，在原有宫殿之西建起 160 余间大小房屋，形成与原"大内宫阙"部分既有联系、又相对独立的西路建筑群，也使盛京宫殿平面分布由两个

沈阳故宫文溯阁

区域扩展为三个区域，最终形成了盛京故宫东、中、西三路对称的格局。

同时，乾隆时期还从北京移送大量珍贵文物及用品至盛京故宫收藏。清定都北京后，盛京故宫只藏有清入关前的一些宫廷文物。乾隆时期运送的主要有清帝及后妃祭祀、庆典活动所用的各类物品，帝后宝册、典章文物和皇家档案，历代艺术珍品和新造的各类皇家御用器物等，以此来提高盛京故宫的尊贵地位。例如乾隆四十四年（1779），就拨送康熙、雍正、乾隆年款各色瓷器10万件。在乾隆帝下令编纂的"西清四鉴"中就收录了盛京故宫的900件青铜器。盛京故宫文物都载于清末道光年间所编的《翔凤阁存贮器物清册》《西七间楼恭贮书籍墨刻器物清册》等中。

关于乾隆年间盛京故宫的扩建与增建，我们可以从辽宁省档案馆馆藏《盛京内务府档案》中得知具体情形。

盛京故宫初建时，其建筑布局和风格带有浓厚的满族民族特色。如东路大政殿形似驻军营帐中央汗王大幄的缩影，而十王亭则形成共同拱卫大汗之势。这一点正如嘉庆皇帝第一次东巡祭祖时所写《大政殿》诗中所述："大殿居当阳，十亭两翼张。八旗皆世胄，一室汇宗潢。"而中路凤凰楼后和崇政殿两侧的建筑，又延续了满族先民在山区居住时因地势建房的习俗，长短不一、高低不等。这对于久居京城，早已习惯了格局规整、殿宇威严的乾隆皇帝来说，自然是难以接受的。故乾隆皇帝下旨，在崇政殿前东西两侧，分别重新修建飞龙、翔凤两座楼阁，成为崇政殿的左辅右弼，并作为盛京故宫最重要的藏珍蓄宝之处。在崇政殿北与凤凰楼前的空地两侧，重新修建两组东西对称的建筑，东名曰华楼，西曰霞绮楼。楼北各有一座五间房，东为师善斋，西名协中斋。同时，在崇政殿与凤凰楼一线左右两侧修建东、西二所，分别为皇帝东巡时与皇太后、后妃的驻跸之处。

到了乾隆十九年（1754）第二次东巡之时，又建成了以迪光殿为主的盛京故宫西路，又称西所，为东巡时皇帝和后妃驻跸处。乾隆四十三年（1778）第三次东巡时，又下旨在西所迪光殿前东西各建配殿三间，以便于皇帝处理政务。这样西路迪光殿前后建筑全部完成，共五进院落，由南至北，分别为东西配殿、迪光殿、保极宫、继思斋、崇谟阁。其中迪光殿最为重要，乾隆四次东巡驻跸盛京，有三次都是在迪光殿处理政务、召见官员、接见大臣、办理案件等。此时的迪光殿就成了国家的临时政治中心，其地位可想而知。

乾隆四十六年（1781），为贮存《四库全书》，乾隆皇帝下旨在盛京西路，即迪光殿一列建筑西侧，再增一列以文溯阁为主的配套建筑，于乾隆四十八年（1783）建成，由南到北依次为扮戏房、戏台、嘉荫堂、文溯阁、仰熙斋、九间殿，主要是皇帝东巡驻跸时读书娱乐区。至此，盛京故宫最终形成了东、中、西三路对称的格局。尤其是为保存《四库全书》而建的文溯阁，与北京皇宫的文渊阁一样，使沈阳故宫乃至盛京城陡增了空前的文化氛围。

作为皇家藏书楼的文溯阁，仿照宁波天一阁的建筑形制，是一座外观二层六楹，内部三层的前后出廊，重檐硬山式独立建筑。它采用的则是黑色琉璃瓦绿剪边，水磨丝缝砖墙，除屋脊吻兽外，各垂脊仅用雕刻海水云装饰，寓水从天降，以水灭火之意。从阁顶的瓦件、廊前的柱子到隔扇门、窗、柱等都是绿色的，外檐彩画也以蓝、绿、白相间的冷色调为主。在沈阳故宫建筑中，只有这座文溯阁呈现一种与皇家氛围不同的淡雅的冷调，这种冷色的格调不仅与文溯阁作为藏书楼的身份相谐调，而且还会使人想到碧水、蓝天、清风、明月等，自然产生一种阴凉安静和深远凝重的感觉。阁檐之下，仰头即可见到檩枋上的苏式彩画，题材不是宫殿中常见的飞龙舞凤，而是以"白马献书""翰墨卷册"等与藏书楼功用相谐的图案，给人以洗尽铅华之后的清静与典雅之感。"白马献书"的典故是说黄河里出现了一匹龙马，龙马的背上驮着一种图；洛水里浮出一只大龟，龟背上刻着文字。这就是传说中图画和文字的起源，后人称此为"河出图，洛出书"。这个故事很能让人产生一些遐想，文字、典籍该是何等神圣，而保护和延续这些典籍的生命也该是同样的神圣。

"文溯阁"门额是乾隆的手笔。为什么称"文溯"，这也是乾隆的文化匠心。当年，抄好的《四库全书》藏于七阁之中，七阁之名都带有三点水，取水立意，意在仿效范氏天一阁借水克火，以求阁书永存。关于"文溯阁"之名的含义，乾隆四十八年（1783）第四次东巡驻跸盛京旧宫时曾写有《文溯阁记》，其中谈到"内廷四阁"的立意，说"四阁之名，皆冠以文，而若渊、若源、若津、若溯，皆从水以立意"。水各有源，同归于渊，渊为源尾，源为渊头；由渊觅源，其经为津，其行为溯。所以乾隆又写道："恰于盛京而名此名，更有合周诗所谓'溯涧求本'之义，而予不忘祖宗创业之艰，示子孙守文之模，意在斯乎！意在斯乎！"可见乾隆在"文溯阁"的命名上是期望后世子孙能读书明理，让祖先创下的基业永久延续，与《盛京赋》主旨一样，是颇费了一番心思的。

门额是宫殿建筑的组成部分，对整体建筑起到画龙点睛作用。按中国传统建筑匾额悬挂规制，无论是单檐、重檐建筑，门额都要悬挂在顶檐正中。现存的北京故宫文渊阁、杭州西湖文澜阁、承德避暑山庄文津阁，样式与文溯阁相同，其门额都悬挂在顶层檐下，唯有文溯阁门额悬挂在低矮、昏暗的下层廊檐下，以致离阁稍远一点就看不到门额，只有走近到廊庑之下才能看到。皇家藏书楼为何会出现这种情况？原来这是当年北京皇宫造办处的设计错误所致。

乾隆四十八年（1783）春，抄写完成的第二部《四库全书》已陆续送进了文溯阁。北京故宫总管内务府造办处，将高约7尺5寸、宽约5尺的硕大文溯阁门额也送到沈阳故宫，还带来安装图样。此门额为"云龙毗卢帽斗匾"，蓝地金字，满汉两体文字竖书，上钤乾隆皇帝玉玺一方。按照安装图样要求，文溯阁门额应该悬挂在顶层檐下。但是，北京的设计师在设计文溯阁门额时，犯了一个严重错误：设计师误以为盛京文溯阁与北京文渊阁体量大小相同，于是闭门造车，按照北京文渊阁体量制造了文溯阁门额。谁料想，文溯阁体量比北京文渊阁要小，以致文溯阁门额因体量过大，在顶层檐下根本无法悬挂。当时的盛京将军永玮见状，立即上报朝廷总管内务府造办处，请求重新制造文溯阁门额。但因这一年的九月，乾隆第四次东巡驻跸盛京故宫，要到文溯阁读书，

乾隆皇帝题写的"文溯阁"匾，悬于沈阳故宫文溯阁一楼上方

重制门额时间已来不及。内务府总管大臣和珅只好将此事奏请乾隆皇帝。乾隆下旨：按照圆明园文源阁门额挂法处理。于是，和珅命有司将文源阁画成图样，派人火速送往盛京。如此，沈阳故宫文溯阁门额就悬挂到如今这个位置上了。

当年九月十七日，乾隆按计划住进来，他在故宫住了4个晚上。此时，《四库全书》中的第二部样本已经摆在了阁内一楼大厅中央嵌有螺钿的雕花大书案上，同时还有文房四宝和一本康熙字典。乾隆皇帝成为文溯阁《四库全书》的第一位读者，这一年，他已是73岁高龄的老人，但看上去还很年轻。当时，曾有朝鲜使团在盛京附近迎接晋见乾隆，使团成员李田秀在当天的日记《入沈记》中这样描写面前的这位皇帝老人："皇帝年可六十许，面胖而正方，耳珠至腮，一眼微小，眉彩甚疏而厚，黄须短少而无一白。广颡大口，隆鼻丰颐。声音朗朗如碎玉，真气动众，福相盈溢，故自不凡。而平生传观，此为上首，一举眼而不觉此心之诚服矣。"这大约是历史上仅见的描写乾隆皇帝长相的文字，其真实而生动的艺术效果比当年意大利画师郎世宁所绘的那个单眼皮的真容要好过许多。

乾隆一定对他的策划喜不自胜。当他看到新建的宫殿和文溯阁中盈架而

陈的《四库全书》后不胜感慨，当即挥毫命笔，作七言古诗《题文溯阁》："老夫四库集全书，竟得功成幸莫如。京国略欣渊已汇，陪都今次溯其初。"乾隆似乎很重视文溯阁，又为阁中题了横额"圣海沿回"和对联两副。其中一副为："古今并入含茹万象沧溟探大本，礼乐仰承基绪三江天汉导洪澜。"极为切合文溯本义。他同时还在文溯阁边上的迪光殿处理了两天政务，撰写了一篇富丽典雅的《文溯阁记》。回京后还钦命造办处将《文溯阁记》制作成玉册，装于刻有"迪光崇典"的紫檀盒中，送至沈阳故宫迪光殿庋藏。

如今，73岁老人题写的那块"文溯阁"匾仍悬于沈阳故宫西路文溯阁的一楼上方。历经近240年风雨剥蚀的三个大字，虽然饶余"承平气象"，少些"威武之风"，但其与宫廷环境相适应的规正端丽和圆润丰满仍然不失为留都旧宫里的一道独特风景。

因为纪录片《文溯阁与〈四库全书〉》总撰稿的身份，我曾有幸几次登上此阁，感受皇家藏书楼的独有魅力。通过很窄的木制楼梯，上到二楼，只见六楹开间，每楹都是楠木雕花窗格。阳光斜射，当年的金丝楠木书架空落着，乌黑中透着暗红。历经沧桑，楼内依然飘逸着楠木的古色古香。阁中寂静，寂静得让人感觉不到人世间的风尘。如果不是楠木书架上那镌刻着"集部第××架"的字样，似乎让人再也想不起历史，想不起文溯阁240年的沧桑。楠木书架、楠木楼板、楠木门格，都是楠木的，都与那部《四库全书》有过无间的亲密。所以随意驻足在这里的任何一块地方，都仿佛走进了满是文字的历史。

它的每一块楼板、每一架书格都告诉我：文字记载，无疑是文明发轫最重要的标志之一。沧海桑田，英雄枯骨，当历史烟云散尽，世事飘若尘埃的时候，没有什么比卷帙浩繁的典籍更能供后人解读文明演进的足迹了。正是从这个意义上，人们才将《四库全书》视为同万里长城、大运河相并列的中国古代三大工程；也正是从这个意义上，尽管《四库全书》不在了，可人们还是那样重视文溯阁，保护文溯阁，都想到这座曾经庋藏过《四库全书》的地方凭吊些说不清的东西。一份追慕？一份伤感？一份企盼？曲意幽怀，无不是那部典籍的魅力和文化的感召。

千古巨制《四库全书》

就确切价值而言，文溯阁只是一座藏书楼，而且只藏了两部书，精确点说只有《四库全书》一部，那部《古今图书集成》只是一个陪衬。然而，这却是几乎囊括了清乾隆以前中国历史上主要典籍、历经240多年兵燹战乱而完好无损的一部硕大无比的书。它本身，就是一件巍烁古今、震惊世界的壮举。

《四库全书》编纂之创议，首倡者为翰林院侍读学士朱筠，他于乾隆三十八年（1773）应乾隆各省访求遗书之谕，在任安徽学政时上《谨陈管见开馆校书折子》，奏言翰林院藏《永乐大典》，内多逸书，请加采录，并核对得失。乾隆据此议，诏开四库全书馆，遂有《四库全书》。

四库馆既开，乾隆特派他的三位皇子和数位军机大臣来主持这件事。以军机大臣刘统勋、于敏中等总其事，纪昀、陆锡熊、孙士毅为总裁官，陆费墀为总校官。各纂修分校为戴震主经、邵晋涵主史、周永年主子、纪昀主集。最终参加这一浩大工程的人员多达4400余人，其中有360余位学者参加校订和撰写提要，许多人是海内积学之士，历史上的知名学者，如王念孙、程晋芳、任大椿、俞大猷、朱筠、翁方纲、王太岳、姚鼐、吴锡麒、卢文弨等，一时名宿，尽在网罗，直到今天仍被人们所熟知。修成后的《四库全书》，征调了各地保举、经考试而录用的3800余名落第举子以工笔小楷缮写了七部。从编纂开始到第一部抄完，共用了10年时间，至乾隆五十二年（1787）最后一部抄成，共历时15年。

当年乾隆皇帝为修《四库全书》而征集的图书主要有五个来源：一是各省征集采购之书，称为"采进本"；二是原来清宫内收藏之书，称为"内府本"；三是从清初到乾隆当时奉皇帝命令编撰之书，称为"敕撰本"；四是各藏书家进献之书，称为"进献本"；五是从《永乐大典》里辑逸出来的书，称为"《永乐大典》本"。对民间藏书的征稽，乾隆是颇费了一番苦心的，后人称之为"寓禁于征"。他反复下诏，奖罚并用，公开表示民间藏汇送京师是"以彰千古同文之

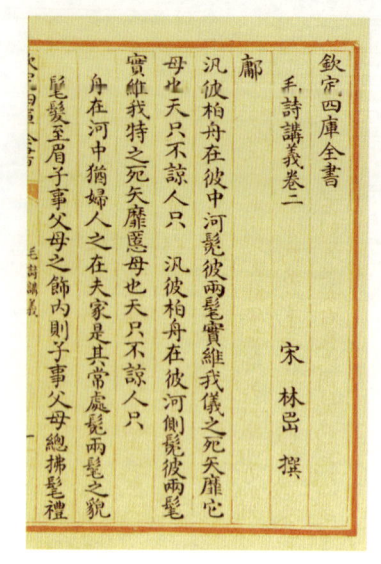

文溯阁《四库全书》内页

盛，是"为天地立心，为生民立命，为往圣继绝学，为万世开太平"，用尽诱惑，且信誓旦旦。到了1774年，各省运抵京城的图书已达万余种。这时，乾隆撕下伪装，公开下达了禁书令，命将有违碍字句的图书"及此一番查办，尽行销毁"，并告谕满汉官员，见到诋毁本朝的图书，应"共知切齿"；对搜集到的图书，要"细加核查"。这样，在征集图书及修纂过程中，共禁毁书籍3000余种，大约在7万部以上。

乾隆对修书的具体细节也曾多次进行详细而具体的干预、谕示，导致书中窜改之处很多，特别是对南北宋之交以及宋末元初、明末清初的著作，凡认为对金、元及清人有诋毁处，如"贼""虏""夷狄""女真"等字样，均在改窜之列，甚至成段成篇删除。此外，一些被视为小道的有价值的民间文学创作，如戏曲、小说，以及与正统儒学相抵触的佛教、道教、科技、手工业著述等，均被排斥在《四库全书》之外。

修成的《四库全书》分经、史、子、集四部。其中的"经"为群经及小学之书，如《易经》《尚书正义》《毛诗指说》《尔雅注疏》等；"史"为纪事之书，如《史记》《竹书纪年》《建康实录》《岁时广记》等；"子"为著书立说成

222

一家之言者，如《孔子家语》《世说新语》《西京杂记》《归田录》等；"集"为诗文新曲、散篇零什，如《楚辞章句》《李太白集》《文心雕龙》《沧浪诗话》等。全书著录书籍3500余种，7.9万余卷，订成3.6万余册，221万多页，9亿多字，分装在6600余只楠木盒中。这一系列数字叫人眼花缭乱，但它的分类却又极为科学。经、史、子、集"四库"，这种富于诗意的分类法，曾令西方人叹为观止，并从此成为中华典籍的代称。其实，此种分类法并不是乾隆的首创，早在晋代就已成形。晋初荀勖整理政府藏书，变刘歆《七略》之法，分目次为四部：一曰甲部，纪六艺小学；二曰乙部，纪诸子、兵书、术数；三曰丙部，纪历史旧事、皇览杂著；四曰丁部，纪诗赋、图赞、汲冢书。后东晋李充加以调整，以五经为甲部，历史记载为乙部，诸子为丙部，诗赋为丁部。隋唐以后遂沿用此种分法，称为经、史、子、集。《新唐书·艺文志》曾有这样的记载："两都各聚书四部，以甲、乙、丙、丁为次，列经、史、子、集四库。"从此，书分四库成为定制，只是到了乾隆这一笑傲历史的举动之后，"四库"一名叫得更响了。

然而今天，无论从哪个角度看，《四库全书》又不仅仅是一部典籍，他的阅读功能已完全被文物价值所取代，经、史、子、集中的任何一种，任何一册，甚至任何一页都是无比珍贵的文化遗产。1996年秋，为了拍摄纪录片《文溯阁与〈四库全书〉》，我和沈阳电视台的一个摄制组远赴兰州，在甘草店战备书库，年过七旬的书库管理者刘德田先生接待我们。他是一位老新四军，为了看护《四库全书》，超龄10年不退休。我们一行3人和他一起戴着白色的口罩和手套，分别打开经、史、子、集四函。每函中的每一册封面都不一样，经部为绿色，史部为红色，子部为青色，集部为灰色，分别代表一年四季。《四库全书》封面这一讲究的创意，也是颇能体现中国传统文化的缜密与趣致。

据记载，封面的这种创意还是总纂官陆锡熊想出来的。在全书抄写近尾声的时候他曾向乾隆建议说，《四库全书》卷册颇多，经、史、子、集四类，若用不同颜色封面装帧，或可更利于翻阅。乾隆最终听取了陆锡熊的建议，决定用象征四季的颜色来表明书的类别。他认为经书居群籍之首，犹如新春伊始，当标以绿色；史部著作浩博，如夏之炽，应用红色；子部采撷百家之学，

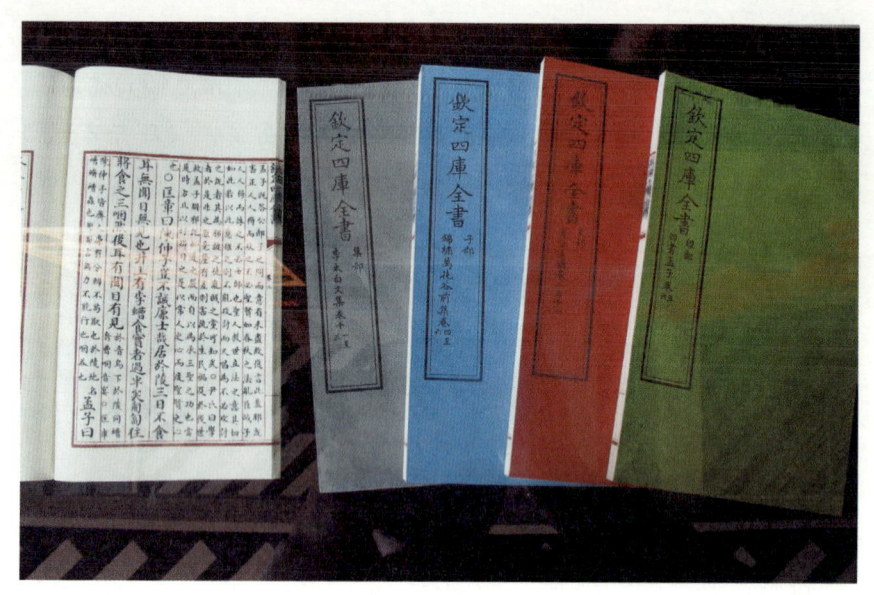

文渊阁《四库全书》完整复制版

如同秋收，白色为宜；集部文稿荟萃，好似冬藏，适用黑色。然而文溯阁本《四库全书》用的颜色却不是乾隆的"绿、红、白、黑"，而是"绿、红、蓝、灰"，不知其间如何又有这样的变化。然而，杭州文澜阁本《四库全书》的封面又确是"绿、红、白、黑"，这与乾隆的决定是一致的。

在甘草店库的一个上午，手捧200余年前装帧精致的写本，我由衷地溢发出一个读书人的满足，同时又隐隐有读书人的苦涩与沉重，每翻动一页，都能感觉到有无数只古代士子的眼睛盯着我，似乎在说：你很幸运。我细审每页的形式，都是固定的格式，均为红色边栏、界格，四周文武线，每页8行，每行21字，书口鱼尾上写"钦定四库全书"，下写书名及页码，每书前冠以该书提要，次写该书内容。每册书首页左上角钤有"文溯阁宝"朱红大印，尾页则盖"乾隆御览之宝"朱印。

在书库中，我特意翻看了一遍辽宁省图书馆当年的《文溯阁四库全书检查纪要》，认真地记下了文溯阁《四库全书》的基本数字，因为我知道七阁所藏之书的具体册数、卷数是不一致的。纪要上详细地记着：文溯阁《四库全书》共计6199函，36313册，79897卷。另有《简明目录》《总目》《考证》《分架图》等39函，265册。同时还藏有《钦定古今图书集成》一部，576函，5020册。

我贪婪地将四函书翻完，并细读了一页。书的用纸是上乘的开化榜纸，比一般的宣纸略厚，翻着手感极好，没有一般线装书的翻页困难似有粘连之感。我一边翻书一边想，抛开它本身的典籍与文物意义，就这小楷字，也算是最珍贵的字帖，有几个当代书法家的小楷敢和这书上的字相比呢？然而这个念头刚刚冒出，我又鄙视我自己这个蹩脚的联想。我深知，《四库全书》保存至今的价值和意义不是我所能想象出来的。

当年，七阁中的藏书除《四库全书》外，还有雍正年间完成的武英殿铜活字印刷的《古今图书集成》。官修最大的一部类书和官修最大一部丛书，共同成为清三代鼎盛时期前后对峙的文化高峰，同时入藏七阁之中，在中国历史上，只有乾隆完成了。相隔54年，《四库全书》和《古今图书集成》两部硕大无比的典籍在文溯阁、文渊阁等相聚，此时陈梦雷已去世42年，印刷完毕的65套《古今图书集成》也各自有了它的位置。

《古今图书集成》于康熙三十九年（1700）由陈梦雷开始编纂，雍正六年（1728）全部成书，前后历时28年。全书10040卷，共1.6亿字，插图6244幅，50余万页，订成5020册，分装522函。在体例上全书分为历象、方舆、明伦、博物、理学、经济等六汇编；每编再分若干典，共32典；每典又分若干部，共6117部。内容包括天文星象、疆域图记、山岳形胜、神仙传奇、花草树木、禽虫鸟兽、青铜器皿、农桑水利、冠服配饰、乐律舞蹈、货币量具、仪仗礼器、城制苑囿、军阵战备、百家考工等。文献搜罗完备而编次井然，分类缜密而宏富壮观，在中国图书史上可谓浩瀚之作。万卷巨著，荟萃古今典籍；亿字鸿篇，熔铸万千铜章；纲举目张，经纬交错，终成中国古代类书经典；图文并茂，镌刻工整，是为四海之内最精最细铜活字版典籍；印制精美，装潢考究，堪称中国古代印刷史上的巅峰之作、绝后善本。《古今图书集成》的编纂者陈梦雷曾因为涉嫌"三藩之乱"被朋友出卖，于康熙二十一年（1682）流放至沈阳。他与沈阳有缘，所编纂的《古今图书集成》不仅贮藏于文溯阁，还曾为张氏官邸所收藏，成为张学良"定远斋"的藏品，如今藏于辽宁省图书馆。

《四库全书》编纂完成后的第17年，即1799年，乾隆逝世，这年正好是18世纪的最后一年，19世纪已迎面而来。这位89岁的老人带着煌煌大国的梦幻、满足与微笑撒手而去。随着18世纪的结束，中国进入了一个最不堪回首的腐败和昏暗的世纪。乾隆爷如何也想象不到，中国的封建社会竟在他的子孙手中结束。

实际上，早在乾隆下诏修纂《四库全书》的时候，封建社会就已露出衰亡的先兆。这中间有一个很巧合的现象，即《四库全书》始修的乾隆三十七年，正是标志着法国启蒙运动进入高潮的著名的《百科全书》正编17卷、图版11卷全部出齐的1772年。18世纪的启蒙运动作为法国大革命的前奏，是西方资产阶级继文艺复兴之后所进行的第二次反对教会神权和封建专制的文化运动，追求政治和学术思想上的自由，提倡科学技术，把理性推崇为思想和行为的基础。它为法国大革命的爆发做了充分的准备，使其成为世界历史上最大规模最彻底的一次资产阶级革命，影响波及整个欧洲和北美。而《百科全书》正是在这场运动中用唯物主义观点来介绍各种科学知识，反对中世纪的宗教蒙昧主义，反对封建专制的重要工具。有意思的是，编撰《百科全书》的启蒙学者正是当年欣赏、赞美乾隆《盛京赋》的狄德罗、伏尔泰等人。他们团结了一大批当时并不出名的文学家、科学家、哲学家乃至开明的传教士来为《百科全书》撰写条目。这批人有着共同的政治和哲学观点，都强烈地主张通过宣传科学知识、扫除愚昧来痛击反动的封建势力和教会势力，这就是历史上著名的"百科全书派"。

正当百科全书派启蒙思想家历时30年编撰完成《百科全书》时，纪昀、周永年、翁方纲、姚鼐、王念孙、戴震等360余位饱学之士正奉乾隆之命甩着长长的辫子躬身伏案纂修《四库全书》。冥冥中的东西方进行了一场文化大赛跑。同是那个时代的精英，却完成了不同的历史使命，从而也奠定了他们各自国家迥然不同的历史归宿——一群人在意气风发地敲响封建专制的丧钟，另一群人则孜孜以求地为封建王朝增色添彩。历史就是这样让人感慨万端。

两次出入关、三次入出宫的悲壮历程

因为《四库全书》的庋藏，就有了闻名世界的皇家藏书楼，历史上称为"南三阁北四阁"。"北四阁"又称"内廷四阁"，即紫禁城文渊阁、沈阳故宫文溯阁、承德避暑山庄文津阁、圆明园文源阁；"南三阁"为江苏扬州大观堂文汇阁、镇江金山寺文宗阁、浙江杭州圣因寺文澜阁。对这些藏书阁，清朝都是严格管理，如沈阳还设立了文溯阁衙门。文溯阁与《四库全书》一起成了拖着长辫子的八旗子弟们手中大刀和梭镖保护的对象。进入19世纪后，由于清政府的腐败无能，《四库全书》也走上了一条悲壮的历程。1853年，南三阁中的文宗阁和文汇阁连同藏本在太平天国战争中被毁。1860年10月，英法联军抢劫并烧毁圆明园，文源阁及其藏本一并化为灰烬。1861年12月，太平军进攻杭州，文澜阁藏本散失过半。在不到10年的时间内，七分之书已佚存参半。缅怀畴昔，不能不令人产生典籍散亡之悲也！

还好，余下的三部半书总算熬过了中国历史上最为黑暗的19世纪，走到了20世纪。然而20世纪上半叶的中国更为动荡，三部半书依然四处辗转。1915年，文津阁藏本运抵北京，先藏古物保护所，后交北京图书馆收藏，现藏国家图书馆；故宫文渊阁藏本在日寇侵占热河后，于1933年运到上海，后又迁徙重庆，1948年被国民党政府运到台湾，现藏于台北故宫博物院。至此，七阁之书，只有文溯阁藏本还算完整，书阁一体。

然而，后来的文溯阁《四库全书》也难逃多舛的命运。自从它1783年运出北京开始，经历了两次出关、两次入关，三次入宫、三次出宫的颠沛过程。

第一次入宫即第一次出关是1783年。那一年是清乾隆四十八年，皇帝第四次东巡驻跸盛京旧宫，时逢文溯阁建成，抄写好的《四库全书》贮藏阁内。乾隆东巡驻跸盛京故宫时成为文溯阁《四库全书》的第一位读者。

第一次出宫也即第一次入关是1914年。那一年北京政府下令调运盛京皇宫文物进京陈列，当时的奉天督军段芝贵，为了讨好即将称帝的袁世凯，将文溯阁《四库全书》运往北京，这是文溯阁的第一次书阁分离。这期间此书还差点被售卖给日本人，据郭伯恭《四库全书修纂考》披露，1922年，退位的清室曾以经济困难为由，欲将由沈阳运抵北京故宫存于太和殿的文溯阁《四库全书》盗售给日本人，且价已议定，为120万元。此事被当时的北京大学教授沈兼士获悉，于是他致函民国教育部，并引起北京文化界的一致愤慨和竭力反对，最终在强大舆论面前不得不作罢。

第二次入宫即第二次出关是1925年。这一年奉天教育界人士拟办奉天图书馆，呈请当局索回文溯阁《四库全书》。张学良为此事亲自积极奔走，经多方争取，终使文溯阁《四库全书》回沈之事落实。现在沈阳故宫文溯阁前立有董众撰写的《文溯阁四库全书运复记》碑，详记此事。

第二次出宫是1950年10月。当时朝鲜战争爆发，在战火已烧到鸭绿江边的形势下，基于备战和保护国家珍贵文物考虑，经有关部门决定，东北图书馆将文溯阁《四库全书》连同宋元珍善本图书运出沈阳。先是运到黑龙江讷河县；1952年夏，讷河水患，又将《四库全书》迁往北安县（今黑龙江北安市）。

第三次入宫是1954年1月。朝鲜战争结束后，《四库全书》从北安回到沈阳，仍存放于沈阳故宫文溯阁院内的新库中。

第三次出宫也是第二次入关，是1966年出于中苏关系紧张的战备需要，文溯阁《四库全书》远走兰州。那一天的10月7日，清点好的《四库全书》在沈阳铁路局的精心安排和高度保密状态下开始启运。全书共装了3个车皮，行程3000多公里，于10月13日安全护运到兰州土门墩货场。10月14日，兰州军区派出军用卡车27辆，由解放军和图书馆工作人员共同将《四库全书》

1996年，本书作者在兰州甘草店与守护文溯阁《四库全书》的新四军老战士刘德田先生合影

运抵战备书库——甘肃永登县连城鲁土司衙门的妙因寺保藏。1971年6月13日，文溯阁《四库全书》又从永登迁往距离兰州60多公里的榆中县甘草店。甘草店是丝绸之路上的一个古镇，在古镇的项家堡村，有一座海拔不到1900米的不毛小山峰，名叫古浬山，山脚下不远处是一条几乎长年干枯的流入宛川河的苏子沟，在古浬山和苏子沟之间不到100米的较狭长地段，居住着二十几户人家，自古以来当地人一直把这里称作"木林沟"。就是这个在中国行政村区划中无法查到，鲜为外人所知的小山村，却因为秘藏了34年的《四库全书》而变成神秘之地，以致在当时所有涉及文溯阁《四库全书》的文字中，有不能公开披露的"甘草店"三字。

50多年过去了。当年致使文溯阁《四库全书》远走他乡的主要原因——紧张的中苏关系如今已变成中俄战略伙伴，且紧张关系中的一方苏联早在30多年前就已解体；文溯阁所在的沈阳故宫已成为世界文化遗产，当年的甘草店也不再神秘。唯一未变的，只有沈阳故宫里的文溯阁，依然灰墙绿瓦，依然不掩风华。然而，书去阁空，遥遥的期待和怅望让它越发苍桑。站在它的面前，让我颇生出些阁中四库今不在，文溯从此无颜色的感慨。

SHENYANG
THE BIOGRAPHY

沈阳 传

第十二章 《红楼梦》的沈阳渊源

《红楼梦》毫无疑问是中国历史上最伟大的一部小说。这样一部伟大的作品，与沈阳有着巨大关系，如作者曹雪芹祖上世居沈阳，续书作者高鹗自称"奉天高鹗"，《红楼梦》"程甲本"整理刊刻者程伟元居沈阳多年，最早记述曹雪芹形象和红楼续书《枣窗闲笔》的作者裕瑞为沈阳籍并居沈多年。另外，曹雪芹在撰著《红楼梦》时，还采用了大量与沈阳相关的创作素材。《红楼梦》如此密集的沈阳元素和因缘际会，正说明沈阳是与《红楼梦》渊源最深的城市之一。

"世居沈阳"的曹家

1921年，新红学的奠基者胡适发表《红楼梦考证》，之后又陆续撰写了《跋红楼梦考证》《考证红楼梦的新材料》《重印乾隆壬子本红楼梦序》《跋乾隆庚辰本脂砚斋重评石头记钞本》等文章，对曹雪芹的家世进行了相当深入的考证与研究。胡适的研究几乎涉及曹雪芹家世的各个方面，虽然他没有单独提出曹雪芹籍贯或祖籍问题，但他在《红楼梦考证》一文的第二部分中摘录了《八旗满洲氏族通谱》中的一条资料："曹锡远，正白旗包衣人。世居沈阳地方，来归年月无考。其子曹振彦，原任浙江盐法道。"

据《清史稿·文苑传》《八旗满洲氏族通谱》《辽东曹氏宗谱叙言》《八旗艺文编目》《国朝诗别裁集》等多种典籍记载，曹雪芹的先祖原是宋朝开国大将曹彬的后裔，明朝初年随军到了辽东，从此"世居沈阳"二百余年。而且曹家数代人"世袭"沈阳中卫指挥之职，是明朝辽阳都司管辖下的沈阳中卫的军政长官。明朝在内地实行郡县制，设州设县；在边境地区实行卫所制，设卫设所。沈阳中卫是辽东二十五卫之一，从明洪武二十年（1387）曹雪芹的始祖曹俊入辽"调沈阳中卫"，到后金天命六年（1621）"末代中卫指挥"曹雪芹的五世祖曹锡远沦落为后金八旗军的战俘，前后历时234年之久。曹家在辽宁人口繁衍千余，渐成巨族，主支一直生活在军城沈阳卫，还与同为沈阳大家族的甘家有着姻亲关系。因此《清朝通志》卷八《氏族略·满洲旗分内尼堪姓》说曹

《重修沈阳长安禅寺碑》，现存于沈阳市文物考古研究所

家"世居沈阳"。200多年间，曹家袭职沈阳中卫指挥，有文献可考、有名字可查的就有十代12人：入辽始祖曹俊；长房的曹升、曹爵、曹珮、曹懋勋、曹辅、曹铭；三房的曹效冉、曹养勇、曹权中、曹振先；四房的曹锡远等。其中曹辅、曹铭的名字还出现在明成化二十三年（1487）重修沈阳长安寺的《重修沈阳长安禅寺碑》上，此碑现存沈阳市文物考古研究所，曹辅的名字在碑阳第11行，曹铭的名字在碑阴第9行，两人当时的职务都是"沈阳中卫指挥"。这件《重修沈阳长安禅寺碑》也是曹雪芹祖上"世居沈阳"的重要佐证。

2012年，沈阳市大东区政府拆迁榆林堡地区平整场地时，考古部门抢救性地发掘了明代曹辅墓。墓地位于榆林堡北岗向阳坡地，由青砖砌筑的墓室与祭台两部分组成，墓室在北，祭台在南。墓室平面接近长方形，随葬品有锡盘和酱釉瓷碗等器物。祭台平面呈八角形，中部放置酱釉瓷罐和石质墓志。墓志

沈阳出土的曹雪芹先祖曹辅墓志，现存沈阳市文物考古研究所

为长方形青灰色石灰岩，志盖与志铭相扣合，外侧用两道铁箍缠绕固定。志盖篆书阴刻"赠怀远将军曹公墓志"；志铭为楷书阴刻，由明代沈阳乐郊乡贡进士郭宾撰文书写，共828字。墓志内容记述了墓主人曹辅始祖、高祖、曾祖、父亲等几代人事略，曹辅生平事迹，曹辅子女情况以及其子曹铭的相关事迹。从墓志中得知，曹辅于成化二十一年（1485）去世。沈阳城郊曹辅墓的发现及完整墓志的出土，进一步佐证了曹雪芹远祖"世居沈阳"的历史。

"世居沈阳"的曹家在200多年间，族人从"沈阳曹"分散到辽东各地，逐渐形成了"金州曹""海州曹""盖州曹""辽阳曹""广宁曹""宁远曹"等分支，他们合起来又可称为"辽东曹"或"辽宁曹"。而曹雪芹直系世祖则始终在沈阳生活，据《五庆堂重修辽东曹氏宗谱》记载："曹俊……世袭指挥使，封怀远将军，守御金州，后调沈阳，即入辽之始祖。生五子，长升，次仁，三礼，四智，五信。"而曹雪芹的五世祖曹锡远则是曹俊四子曹智的后人，属"辽东四房"，是曹俊的九世孙。曹锡远世袭沈阳中卫指挥使，生子曹振彦，曹振彦于万历四十八年（1620）前后生子曹玺，即曹雪芹的曾祖父。清康熙二十三年（1684）未刊稿本《江宁府志》卷十七《曹玺传》、康熙六十年（1721）唐开陶等纂修《上元县志》卷十六《曹玺传》中都记载着曹锡远的事迹："曹玺……王父（即祖父）宝宦沈阳，遂家焉。"这说明曹雪芹的五世祖曹锡远为官沈阳，安家于此。

到了后金天命六年（1621）三月，努尔哈赤的八旗劲旅一举攻破沈阳城，效忠明廷200余年的辽东曹氏遭遇惊天巨变，曹雪芹的五世祖曹锡远战败被俘，沦为"末代中卫指挥"。和他一起被俘的，还有他的儿子即曹雪芹的六世祖曹振彦、孙子即曹雪芹的曾祖曹玺，那一年曹玺大约才3岁。祖孙三代一同沦落为正白旗旗主皇太极府上的"包衣阿哈"（家庭奴隶）。

成为皇太极府上"包衣阿哈"之初，曹家曾"播迁"辽阳四年。到了天命十年（1625），努尔哈赤决定再次迁都，曹振彦跟随皇太极重返沈阳。第二年（1626）努尔哈赤驾崩，皇太极登极，他亲掌两黄旗，令阿济格掌镶白旗，多铎掌正白旗，多尔衮掌十五牛录，隶镶白旗。在牛录与旗主的变动中，曹振彦开始由正白旗转隶镶白旗多尔衮属下。据《清太宗实录》卷十八记载："天聪八年（1634）甲戌，墨尔根戴青贝勒多尔衮属下旗鼓牛录章京曹振彦，因有功，加半个前程。"曹振彦能武能文，受到主子多尔衮的赏识，将他选入正白旗汉军，提拔为旗鼓牛录章京，也就是由汉人家奴编立的兵民合一基层组织的军政长官，率领亲兵保护多尔衮行军征战。沈阳曹家以曹振彦任牛录章京为标志，开始步入后金和清初上层社会圈子，由汉人转变为"旗下"。

顺治元年（1644），清朝定都北京，曹家也"从龙入关"。此后，曹振彦考中贡士，历任山西吉州知州、大同府知府、两浙盐运使，成为三品文官。顺治八年（1651），摄政王多尔衮死后被认定犯了大罪，顺治将多尔衮的正白旗收归自己掌管，曹家也由王府包衣转为内务府包衣，成为皇帝的家奴。这时曹雪芹的曾祖父曹玺也由王府护卫升任内廷二等侍卫。顺治十一年（1654），玄烨，即后来的康熙皇帝出生。按清朝的制度，凡皇子、皇女出生后，一律在内务府三旗即镶黄、正黄、正白三旗包衣妇人当中挑选奶妈和保姆。曹玺的妻子，即曹雪芹的曾祖母孙氏，选中为康熙的保姆。从此，曹家与皇帝的关系日益密切。曹雪芹的祖父曹寅做过玄烨的伴读和御前侍卫，后任江宁织造，兼任两淮巡盐监察御史，极受玄烨宠信。康熙六下江南，其中四次由曹寅负责接驾，并住在曹家。曹寅病故，其子曹颙、曹𫖯先后继任江宁织造。

因与皇家的关系，曹雪芹的曾祖父曹玺、祖父曹寅和父辈曹颙、曹𫖯祖孙三代4人任江宁织造达58年，盛极一时。幼时的曹雪芹就是在这"秦淮风月"之地的锦衣玉食中长大的。雍正初年，曹家开始遭受一系列打击，家产抄没，曹𫖯下狱治罪。曹雪芹随着全家迁回北京居住。曹家从此一蹶不振，日渐衰微。经历了生活中的重大转折，曹雪芹深感世态炎凉，对周围社会有了更清醒、更深刻的认识，于是才以坚韧不拔的毅力，创作出了内容丰富、思想深刻、艺术精湛的文学巨著《红楼梦》。

康熙二十一年（1682），曹雪芹祖父曹寅扈从康熙东巡盛京，他是曹家自顺治元年（1644）"从龙入关"后离开故土近40年后重返故乡的第一人。近300年间，沈阳乃至东北大地上有着曹家及其亲属的奋斗史，还有几代人都经历过的明清王朝更替之际杀伐动乱和悲欣交集。此时回到故乡，曹寅的内心深处无时不萦绕着故土之思和乡情波澜。在他《楝亭诗钞》别集卷二中，有写于此时的《过甘园诗》："依然薜荔旧墙阴，再拜河阳松柏林。一二年间春更好，八千里外恨难沈。（原注：总制公死难滇南）崚嶒石笋穿窗见，狼藉风花绕地寻。已是杜鹃啼不尽，忍教司马重沾襟。（原注：谓鸿舒表兄）"曹寅扈从康熙东巡盛京写于沈阳的诗只有这一首，写他在沈阳期间专访甘氏家族故园的情形。诗中所述居于"河阳"（今沈阳市浑河北岸）"甘园"的沈阳甘氏家族是明清两代有名的世家，诗注中的"总制公"即清初任云贵总督的甘文焜。康熙十二年（1673）因吴三桂叛乱，甘文焜力战叛军，自刭于贵州镇远，如今镇远县城舞阳河边还立有其高大的汉白玉塑像。顺治元年以前，有着姻亲关系的曹家和甘家都居住在沈阳。据《五庆堂重修曹氏宗谱》记载："三房十世，沈阳指挥使曹权中之女，适甘公体垣室。"《沈阳甘氏宗谱》也记载："六世，体垣……配曹氏，沈阳指挥使曹公全忠女。"这里所说的"沈阳指挥使曹权中（全忠）之女"是曹寅的堂姑，嫁给了甘文焜的堂兄甘体垣，所以诗注中曹寅称甘文焜的二子甘国基（字鸿舒）为表兄。世事沧桑，在重回沈阳的曹寅笔下，故土之思已是邈远的过去，眼前所见唯有石笋穿窗，风花绕地。祖辈们的沈阳犹如西风黍离，复杂的情感只有寄寓那沈水岸边的杜鹃声里了。

另外，沈阳不仅是曹家的"世居"之地，同时曹雪芹在创作《红楼梦》时，还采用了大量与沈阳相关的创作素材。整部作品里的军功、家世背景，文本中所体现的在旗与随旗文化、庄田文化、奴仆文化、火炕文化、人参文化，以及风俗、景物、方言等大都来自辽沈地区。他不仅把曹家在北京、南京的生活经历融入小说情节中，而且把曹家在盛京的生活场景也作为纵深背景写入小说中。作家祖先生存的社会环境、曹家人的生活遭遇、经验和感悟在一部《红楼梦》中随处都可见到。就文学创作意义而言，曹雪芹超过六代以上的祖籍对研究《红楼梦》小说文本内容而言，都没有太大意义，而沈阳地方文化在《红楼梦》作品中的文本体现，或许才是我们研究曹雪芹与沈阳渊源的真正意义。

"奉天高鹗"与《红楼梦》

清代文学家高鹗（约1738—约1815），字兰墅，汉军镶黄旗人，祖籍奉天府铁岭县镇西堡三台子（今辽宁铁岭市镇西堡镇三台子村），奉天府即沈阳在清时的称呼，顺治十四年（1657）所设，辖铁岭地区。当然，此说难免也有争议。不过，其始祖高可仕"世居沈阳三台子"，在当年是地道的沈阳人。

高鹗自幼不受儒学禁锢，多才多艺，性格爽朗；长大成人后即熟谙经史，工于八股文。他热衷仕进，却屡试不第，直到乾隆五十三年（1788），才考中顺天（北京区）乡试举人。乾隆六十年（1795）中三甲一名进士，授内阁中书，从此步入宦海。此后，高鹗累迁内阁典籍、内阁侍读、江南道监察御史、署给事中、刑科给事中等职。他去世以后，他的学生增龄将其遗著编为《月小山房遗稿》出版，并亲写一序，其中说："兰墅夫子，铁岭汉军人也。由乙卯进士，历官给谏，誉满京华。而家贫官冷，两袖清风。故著如林，未遑问世，竟赍志以终。"这是文学史上留下的唯一的"高鹗简介"。

高鹗在文学上的最大成就是续写《红楼梦》后四十回，此说当然也有争议。不管如何，其整理修订功绩甚伟。《红楼梦》的后四十回尽管在思想和艺术上与前八十回比都有不足，但它能遵循曹雪芹的很多语言结构和话语技巧，大体完成全书的整体结构，使故事首尾完整，从而使《红楼梦》得以迅速广泛地流传开来。对于一些重要情节的处理也基本符合前八十回的发展脉络，比较合理，如贾府日渐衰败，大祸迭起而导致锦衣军的查抄，黛死钗嫁，宝玉出家以完成爱情故事的悲剧结局等，具有很强的艺术感染性和审美力量；某些章节如夏金桂撒泼、贾政做官、黛玉焚稿及袭人改嫁等描写颇具传神色彩。后四十回完成后，高鹗曾写有七绝《重订〈红楼梦〉小说既竣题》："老去风情减昔年，万花丛里日高眠。昨宵偶抱嫦娥月，悟得光明自在禅。"表达了超凡脱俗，别取新境，过一番隐逸宁静生活的愿望。

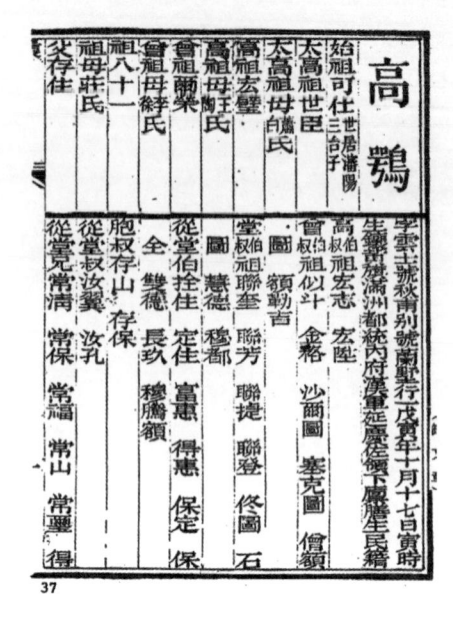

《清代硃卷集成》高鹗履历中显示高鹗始祖可仕"世居沈阳"

在当时，《红楼梦》的后四十回之作得到了同为顺天举人张问陶在《赠高兰墅鹗同年》一诗中的赞许："侠气君能空紫塞，艳情人自说红楼。"后来胡适也评价说，高鹗"替中国文学保存一部有悲剧下场的小说"。俞平伯也说："程伟元、高鹗是保全《红楼梦》的，有功。"这说明，后四十回在《红楼梦》中虽然还存在诸多问题，但仍不失为高水平的文学作品。高鹗对《红楼梦》的贡献不仅在于后四十回的文学价值，更重要的是使《红楼梦》能够以一种完整的形态流传下来，这一点可谓功莫大焉。

乾隆五十六年（1791），程伟元、高鹗合作整理修订的一百二十回本《新镌全部绣像红楼梦》在高鹗的襄助下，程伟元萃文书屋第一次活字排印出版。首有程伟元序、高鹗序，还有程、高二人的引言。正文半页10行，行24字，附图24页木刻，前图后赞。因为是程氏萃文书屋第一次刻印《红楼梦》，故后世名为"程甲本"。这也是存世最早、最接近曹雪芹原著风格的《红楼梦》初印本。因此书为木活字印刷，印数有限，故存世极少。2003中国嘉德春季拍卖会"古籍善本"专场曾拍出一部早年郑振铎赠给俞平伯的程甲本《红楼梦》残本,上有俞平伯题记:"红楼梦最初只有抄本八十回,后有二十回。清乾隆时,程伟元始以活字排印,其第一次,今称'程甲',为是书最早的刊本。是为程甲残本,凡六册,存首三十回,原有周氏家藏印,不知何人。于五十年代余治红楼梦,西谛兄惠赠,后钤衡芯馆图记,及丙午家难,并书而失之,遂辗转入他人手,余初不知也。今其图记尚在,阅二十载而始发还,开卷怅然。爰属孙女华栋为钤新印以心经过,并留他年忆念之资云。乙丑夏四月信天翁识于京都,时年八十有七。"最终此残本以19.8万元拍出。2017年中国嘉德春拍"古籍善本金石碑帖"专场,一部完整的程甲本《红楼梦》估价为20万至50万元人民币,最终以2090万元成交,加佣金达到2400多万元。由此可见程甲本的价值。

高鹗、程伟元在出版程甲本之后的第二年又修订、排印了"程乙本"。两本合称为"程高本"。"程高本"的印行,迅速扩大了《红楼梦》的流传与社会影响。因为在高鹗、程伟元排印的《新镌全部绣像红楼梦》出版之前,《红楼梦》只以抄本的形式在民间流传,并且大多是前八十回,影响面自然会有所限制。程高本的刊行,大大推动了《红楼梦》的广泛传播。终清一代,绝大多数士人都把程高本《红楼梦》视为一个整体,高鹗的功绩得到文学史和后人的认可。直到今天,"程高本"依然是最通行的《红楼梦》版本。

在文学创作上,高鹗并有其他小说创作问世,而且诗词、戏曲创作也很有成就,并工于绘画和金石之学。诗宗盛唐,词风近于花间派,论文则"辞必端其本,修之乃立诚",强调以意为主。主要著作有清盛昱、杨钟羲《八旗文经》中所收的《高兰墅集》、门人及弟子编校的《月小山房遗稿》及《红香馆诗草》《兰墅文存》《兰墅十艺》《吏治辑要》等。

程伟元和沈阳的不解之缘

程伟元是《红楼梦》"程甲本"的整理刊刻者，不管是从红学文本意义还是版本意义上说，程伟元之于《红楼梦》都是一个重要人物，其重要程度不亚于高鹗，或者说某种程度上要超过高鹗。他不仅是《红楼梦》版本流传史上的标志性人物，而且还是一位工诗善文、长于书画、文采飞扬、极为风雅的"冷士"与"高士"。在20世纪80年代以前，因为史料的缺失，红学界对程伟元的认识只是一介"书商"。随着《红楼梦》研究的普及和深入，一系列关于程伟元的史料陆续被发现，人们才开始对程伟元重新认识和重新定位。而程伟元的生平与事迹很大程度上都与沈阳有关。

程伟元曾经为盛京将军晋昌《且住草堂诗稿》作跋文。晋昌是清太宗皇太极后代，恭亲王常宁五世孙，固山贝子明韶长子。从嘉庆五年（1800）起，晋昌前后三次担任盛京将军，是东北和沈阳地区的最高行政长官。在晋昌初任盛京将军时，即延请程伟元做他的幕僚，负责文书方面的工作，与晋昌私交甚密。同时，程伟元还是这位红梨主人的诗友，多有唱和。晋昌作诗"随时适兴，意到即书，无草稿、无涂窜"，程伟元默默"记而录之，萃而成帙"，编成一部《且住草堂诗稿》，收录诗词73题154首。《且住草堂诗稿》还有程伟元、李棃、刘大观、周箓龄、明义等人所作序跋。其中程伟元所作跋文是除了"程甲本"中《〈红楼梦〉序》、"程乙本"里与高鹗合撰的《引言》之外所发现的

第三篇文章，也是目前所知道的其唯一一篇非红学文稿。

程伟元在沈阳的情形，我们从韩国《燕行录·蓟山纪程》里可见一斑。《燕行录》是明清时期朝鲜使者以及他们的随行人员来华时写下的文字记录，时间前后相继达700年之久，是一部外国人记录中国的大型史料书籍，极为罕见。《蓟山纪程》是其中的一部，作者为生活在朝鲜纯祖年间的文人李海应，他是随一个大型使节团来中国观光而到沈阳的。他在此书卷二中记有"程伟元书斋"一条："号小，能诗文字画，家在城内西胡同。因沈教习仕临，往见之。程出，肃延座。题一绝句：'国语难传色见春，雅材宏度尽精神。贱生何幸逢青顾，片刻言情尽有真。'程本系河南籍，伊川先生三十一世孙，见授沈阳学掌院。"作者又和程作曰："郢下歌成白雪春，主人情致憺怡神。逢迎诗席匆匆话，莫辨浮生梦与真。"这是目前所能见到的程伟元唯一一首与朝鲜使节唱和的诗作。所记中的"号小"后面很可能漏掉一个"泉"字，"小泉"应当是程伟元的号，而字则另有其他。

程伟元画像

从程伟元与沈阳的关系上，我们对程氏大致可以得出这样一个形象：程伟元，号小泉，江苏苏州人。约生于乾隆十年至十二年（1745—1747）前后，卒于嘉庆二十三年（1818）前后。出身士大夫家庭，功名无考。乾隆末年，在京以数年之功，搜罗《红楼梦》残稿遗篇，与友人高鹗共同承担"程本"《红楼梦》编校任务，并刊刻行世。他在嘉庆五年（1800）三月至嘉庆八年（1803）秋曾做过盛京将军晋昌的幕僚，佐理奏牍，时相唱和，同时任教于沈阳萃升书院。工诗善画，现存有遗诗一首、遗文三篇、画数幅。由此可见，程伟元是一位颇具才情的文人，而绝不只是一介"书商"。他与高鹗一起收集整理《红楼梦》后四十回佚稿，刊刻传世，使得这部名著真正进入寻常百姓之家，而不再成为少数人收藏传抄的珍本和牟取利益的奇货，在《红楼梦》这部杰出作品的传播和普及上有着无与伦比的贡献。正是因为他的贡献，才使"程本"《红楼梦》在诸多版本中，以其独特的"定本"面貌与"脂本"平分秋色，这是后人有目共睹的。

程伟元行迹有文字可查的就是他与沈阳的密切关系。关于他在沈阳的时间，有人说他来过三次，还有人说他在沈阳逝世。但从确切材料看，他至少在沈阳住了三年，并且与多位辽沈人士有过交往。以前学界只从"程高本"的序文中了解到，乾隆末年他在北京和高鹗结识，两人一起整理、排印过《红楼梦》。新发现的材料表明，程伟元在嘉庆初年到沈阳后，结交了许多沈阳籍的或在辽宁的官员文士。除了大家知道的高鹗、晋昌、王尔烈、刘大观、善怡庵、孙锡、李桼、金朝觐等，此外还有晋昌幕府中的另一位幕僚叶畊畬、晋昌的儿子瑞林和祥林、晋昌的家庭教师林凤冈，以及裕瑞、明义、焕明，等等。

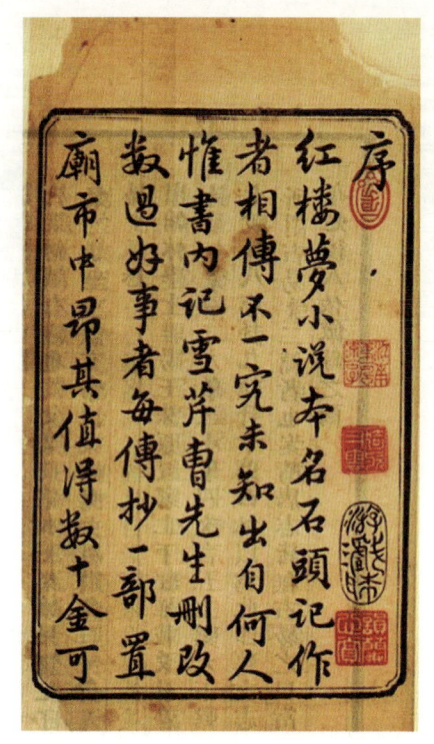

"程甲本"《红楼梦》程伟元序

程伟元居沈阳期间，在给晋昌做幕僚的同时，还任教于沈阳萃升书院。另外，1982年第1期《满族文学研究》创刊号曾刊发了一篇研究子弟书的文章。文中有关于程伟元的记述："嘉庆十八年（1813）沈阳名士缪公恩等组成'芝兰诗社'。这个诗社是当时盛京将军晋昌所赞许的，并得到当时住在沈阳的裕瑞、程伟元的支持。"又说程伟元"作为晋昌的幕僚，曾两次随其来沈，是'芝兰诗社'的支持者与参加者。1817年左右在沈阳兴办了'程记书坊'，刻印了许多子弟书。据说他曾有后人留在沈阳。他不只能文，而且能诗善画，以指画著称"。"嘉庆末年，在晋昌支持下，由程伟元等出面，在小南门里办起了'程记书坊'，稍后，缪公恩与友人合资办了会文山房（沈阳鼓楼南火街路西），曾出版过少量子弟书段，但不久即遭禁止。"

程伟元与沈阳，有着不解之缘。

《枣窗闲笔》作者裕瑞在沈阳

但凡研究红学、研究曹雪芹都离不开《枣窗闲笔》这本书；而谈到《枣窗闲笔》又不能不了解其作者裕瑞；说起裕瑞总要从沈阳入手，因为裕瑞不仅祖籍沈阳，而且后半生在沈阳生活了15年。

裕瑞（1771—1838），字思元，系清室皇亲，豫亲王多铎五世孙。他在乾隆六十年（1795）24岁时封为不入八分辅国公，任散秩大臣、镶白旗蒙古副都统。之后历任镶红旗满洲副都统、正黄旗护军统领、正黄旗汉军副都统、正白旗护军统领等。嘉庆十八年（1813），因行围中皇帝令官员射靶，以验平日演习之勤惰，结果68人参加，60人脱靶。八旗兵将养尊处优，疏于操练的状况暴露无遗，令皇帝震怒，负责管带的大臣逐一问罪。当时任正白旗护军统领的裕瑞自然难脱干系，被革去不入八分辅国公，改赏四品顶戴，任宗人府七品笔帖式。但同年又因手下人跟从天理教作乱之事失察而被革职，取消四品顶戴等所有待遇与职务，迁往盛京管理宗室事务。第二年，戴罪之身的裕瑞又做了一件荒唐事，被人揭发在沈阳买有夫之妇为妾，皇帝降旨令其永久圈禁，不拘年限。

裕瑞在沈阳的时间，大多数涉及裕瑞的文章资料显示他终老沈阳，认定在沈阳度过了25年谪居生活。其实他在道光八年（1828）获赦回京，并镌成《沈居集咏》，在沈阳的时间是15年。最好的证据就是在辽东为官与裕瑞相交甚洽的同龄侄孙焕明的七言古诗《送别思元主人归京师》起句所言："思元居东十五年，明也诗来得真传。"由此可见，他并未终老沈阳，但15年时间，对于他68岁的人生来说，也是一个漫长的岁月。

裕瑞一生以1813年为界，42岁的前半生可谓典型的八旗子弟，高官厚禄，锦衣玉食，放浪自在；而25年的后半生则大多时光都过着谪居生活，以文章风雅自娱，大概也实现了他"忍把浮名，换了浅斟低唱"的放浪与无拘无束的人生状态。

裕瑞有着常人所不具备的天赋才华。他一生勤奋写作，著作颇丰，一部《思元斋全集》中收有《萋香轩吟草》《樊学斋诗集》《清艳堂近稿》《眺松亭赋钞》《草檐即山集》《枣窗文稿》《沈居集咏》《东行吟钞》《枣窗文续稿》等多部诗文集，另外还有《枣窗闲笔》。他的作品都具有较高造诣，友人丰绅殷德在《萋香轩吟草》序中评价他的诗："清华幽绝，绮丽飘逸，盖能镕铸长吉、飞卿而自成一家言者。"据《清史稿》介绍，裕瑞还是一位画家，尤其擅指画，在他的诗集中有许多题画诗，还擅画鹦鹉地图即西洋地球图。他还是一位书法家，其字清逸脱俗，典雅畅顺，深得二王宗法，清新俊秀，且具风骨。今千山风景区里著名的龙泉寺三星石上还刻有裕瑞所题的"法水长流"四字。他还精通藏文，曾用唐古字翻译唐代藏传佛经数百卷。

这样一位不凡的才人，他的许多才名却在后世逐渐被人遗忘，倒是《枣窗闲笔》，尽管有人质疑其有"伪书"之嫌，但还是让他因这部书在日后闻名遐迩。

《枣窗闲笔》大约成书于嘉庆十九年至二十五年（1814—1820）。相传裕瑞书斋窗外有一棵大枣树，所以他喜欢以"枣窗"为书名，如《枣窗文稿》《枣窗文续稿》等。旧都北京许多人家喜欢院中植枣树，所以鲁迅才会在写于北京居所的散文《秋夜》开篇说："我家门前有两棵树，一棵是枣树，另一棵也是枣树。"鲁迅的两棵枣树今天仍然长在他的故居前，已成京华古枣一景。在北京的大街小巷，类似的古枣树很多，有的树龄已近千年。20世纪80年代，我采访居住在北京府右街光明胡同的著名作家刘绍棠，后来写了散文《衣冠简朴古风存》。在文中我写了这样一段话："一座简朴的北京四合院。院中花草盈盈，馨香融溢，4株高大粗壮的古枣树，仿佛给院里罩上了一把绿伞，平添了一派生机。"绍棠先生告诉我这个小院是他1957年花2000元稿费买下的。后来得识东北沦陷时期著名女作家朱媞，她讲她出生在北京府右街，作家刘绍棠家住的四合院就是当年他们家迁往吉林之前出让的，小时候就记得院中有4棵老枣树，听说还是康熙年栽下的。可见在老北京的院落里，窗前大都能见到枣树的影子，但只有裕瑞用"枣窗"作了书名。

枣窗下的闲笔，自然是文人雅士在文章之余所为，或为纯粹个人内心感悟，或是记载日常生活琐事。《枣窗闲笔》共收8篇文章，其中7篇为《红楼梦》续书的评论，另一篇是评论小说《镜花缘》的，这些文章类似今天的读后感，散淡而随意。作者在书的序文中说："秋凉试笔，择抄旧作，检得续《红楼梦》七种书后、《镜花缘》书后，汇录一处以存鄙见。"也就是说这些文章当是他书后评语，尤其是谈论《红楼梦》续书的7篇，如《程伟元续红楼梦书后》《后红楼梦书后》《雪坞续红楼梦书后》《红楼园梦书后》等，是他第一次谈到《红楼梦》续书之事，在红学研究史上有其独特的价值。裕瑞在这些文章中披露了脂砚斋、脂批和抄本情况，《红楼梦》成书过程，续书之失，"程高本"，以及作者曹雪芹的形貌、作风、言语、嗜好等。

裕瑞将《红楼梦》前八十回与后四十回严格区分开来，认为"后四十回，断非与前一色笔墨者，其为补著无疑"。同时对"程高"续书极其反感："呜呼！此谓为雪芹原书，其谁欺哉？四十回中似此恶劣者，多不胜指，余偶摘一二则论之而已。且其中又无若前八十回中佳趣令人爱不释手处，诚所谓一善俱无，诸恶备具之物，乃用之滥竽于雪芹原书，苦哉、苦哉！"裕瑞对《红楼梦》后四十回的这种态度，使他成为红学史上贬斥后四十回的第一人。

裕瑞对后世红学的贡献还在于《枣窗闲笔》中记载了一些关于曹雪芹个人和著书的材料。如他在《后红楼梦书后》一篇中曾谈到曹雪芹的生平家世，颇为红学研究者所注意："雪芹二字，想系其字与号耳，其名不得知。曹姓，汉军人，亦不知其隶何旗。闻前辈姻戚有与之交好者，其人身胖头广而色黑，善谈吐，风雅游戏，触境生春。闻其奇谈娓娓然，令人终日不倦，是以其书绝妙尽致。……其先人曾为江宁织造，颇裕，又与平郡王府姻戚往来。书中所托诸邸甚多，皆不可考，……又闻其尝作戏语云：'若有人欲快睹我书，不难，惟日以南酒烧鸭享我，我即为之作书'云。"从裕瑞的描写中我们得知，曹雪芹是一位大脑袋、胖身材、皮肤较黑的大汉，性格开朗，善于谈吐，爱玩笑，善饮加饭酒，好吃烤鸭之人。这是裕瑞从前辈姻戚"闻"得的雪芹之况，以他与雪芹生活之年代，比后来人要更确切一些，这一点还是令人多几分相信的。或可说，《枣窗闲笔》不失为开《红楼梦》评论先河之作。

裕瑞在沈阳的圈禁生活大概也只是个形式，因为他到了沈阳，就得到盛京将军晋昌的关照，两人常有诗酒唱和。如裕瑞在《晋斋自书牡丹再荣诗见赠属和》中道："应感上公曾护惜，芳情重奉一枝春。""中山酒被千宵醉，玉茗堂歌两世身。"作者对将军在沈阳对他的"护惜"之情充满了感激，同时也流露出些许的不如意。但他在沈阳更多的是乐观与冲淡，与前半生不一样的生活可能给了他更多的诗文书画创作上的素材与灵感。他在沈阳期间的作品主要有《参经臆说》与《沈居集咏》。《参经臆说》内容主要为居沈期间讨论佛经及儒家经典的文集，与沈阳地方关系不大。《沈居集咏》则更多地反映他在沈阳期间的生活状况和地方风土人情。诗集共收诗234首，内容涉及景物、怀古、赠答、感怀、题画、悼亡等。其中写沈阳地方风物诗尤为难得，如采来山葡萄酿酒以饮的《自制葡萄酒歌》，睡在土坯或砖石搭就以柴火炊烟保温的《暖炕》，于山中挖来南人称为"藠头"、沈阳当地人呼之"小根菜"的《得野葱薤作》，冬天也能吃到冷鲜螃蟹的《食冰蟹》，将一株人参秧栽盆中置于案上的《得参秧作》，于太子河畔采石工手中购得松花砚的《试金石砚歌》，都写得极为生动传神。这种对地方风物的敏感诗心，不仅为当时的沈阳文坛增添了勃勃生机，同时也为沈阳后世留下了一笔丰厚的文化遗产。诚如焕明在《思元翁有西山墨菊，陈春渠心爱之……》诗中所写："留都自从思元来，沈阳渐成诗世界。"

在沈阳，裕瑞创作了大量题画诗，有的是为他人作画而题，更多的是自作画题诗。其中自题指画诗，尤为难得。如《自题墨菊》："指头蘸墨写花荫，花到无妍意转深。高洁自欣辞世味，清霜淡月见元心。"指画墨菊，自题其诗，其高洁淡远之意韵，既是自喻，也是自勉。

SHENYANG
THE BIOGRAPHY

沈阳 传

第十三章
"陶圣"故里

在中国五千年文化史上，有许多称为"圣人"的人，文圣、武圣、诗圣、酒圣、茶圣……但这些圣人几乎都是中原或江南人。东北也有一个圣人，那就是"陶圣"唐英，他是沈阳人。由此，沈阳成为"陶圣"故里。在这里，不仅生产陶瓷，更有与陶瓷文化相关的创造性人物，比如发现辽代生产陶瓷的"辽瓷之父"金毓黻；比如开创民国时期中国最大机器制瓷肇新窑业，后来拯救景德镇陶都位置，人称"杜督陶官"的杜重远。他们在中国陶瓷史上构成了一道最美丽、最令世人称道的文化风景，并成为沈阳人的骄傲。

"陶圣"唐英和他所创造的"唐窑"

唐英在世75年，经历了大清王朝康、雍、乾三代盛世。这75年不仅是中国最后一个封建社会的鼎盛时期，同时也是中国陶瓷文化的高峰期。中国的陶瓷艺术在这一时期取得了令世界和后人瞩目的成就，其中固然与当时国家稳定、经济繁荣的大背景有关，与皇帝自身的艺术品位和重视密不可分，但也不可否认，这种辉煌的背后，是因为有"陶圣"唐英，还有他所创造的"唐窑"。

中国的督窑官制度可以追溯到三代时期，《竹园陶说》曾记载："中国有陶始于神农，至舜而术益进。……由黄帝至周室皆有陶正。"从那时起，陶正就倍受重视。此后历代王朝都对陶瓷设官监造。明清时，政府在景德镇设立御窑厂，并出现了真正意义上的督陶官。"康乾盛世"时，景德镇有著名的四大督陶官，即臧应选、郎廷极、年希尧、唐英，皆能"因人成事"，在御窑厂里求新创变，从设计、绘画、烧制等方面都使制瓷工艺达到了登峰造极的水平，创造了中国艺术史上一个无与伦比的陶瓷高峰。在辉煌灿烂的中国陶瓷史上，如果没有他们四人，可能会失色很多。这四大督陶官，因为在督窑史上的贡献，其所督陶时所生产瓷器都以他们的姓氏命名，如臧应选，史称"臧窑"；年希尧，史称"年窑"；郎廷极，史称"郎窑"；唐英，史称"唐窑"。四位督陶官中有三位都是辽宁人，郎廷极和年希尧是北镇人，唐英是沈阳人，这不能不说是辽沈人的骄傲。"康乾盛世"中的四大督陶官成就最高的一位是唐英，他因此也获得了"陶圣"的殊荣。

唐英（1682—1756），字俊公，又作隽公、叔子，自号蜗寄老人。《八旗满洲氏族通谱》记载唐英的曾祖父唐应祖，正白旗包衣鼓人，世居沈阳地方，1644年，随顺治皇帝"从龙入关"。唐英7岁入乡塾，及长即入宫中。《陶务叙略》唐英自叙说："世受国恩，从龙日下隶籍内务府，幼即供役养心殿，二十余载。"《陶人心语》

清代督陶官唐英雕像

顾栋高序也说："先生弱冠，即侍殿廷。""沈阳唐隽公先生扈从圣祖皇帝二十余年。"康熙三十六年（1697），15岁的唐英进入内务府养心殿，一直在康熙身边伺候，曾跟随康熙三下江南，负责侍奉皇帝和安全护驾事宜。雍正六年（1728），唐英以内务府员外郎头衔，到景德镇御窑厂，佐理陶务，开始了他的8年协理窑务生涯。乾隆二年（1737），唐英55岁，奉命开始兼领陶务，成为督陶官，直到去世。他在景德镇28年，以陶瓷为职业和生命，在陶艺成就上比两位前辈乡贤郎廷极和年希尧更为突出。他不仅是一位懂瓷的督陶官，而且还是一个喜欢陶瓷的"职业经理人"。在御窑厂，他亲自管理，亲自做瓷，亲自绘瓷，完全融入陶瓷世界里，成为真正意义上的"陶人"，为中国陶瓷文化高峰时期的陶瓷艺术做出了重大贡献，著有《陶务叙略》《陶成纪事碑记》《陶冶图编次》《陶人心语》等，成为真正意义上的"陶圣"。

随着唐英的逝世，乾隆朝"唐窑"的炉火也渐渐熄灭，主要由三位从辽宁走出去的督陶官所筑就的清三代陶瓷艺术高峰从此也随着清王朝一路衰落。这一点诚如民国时许之衡在《饮流斋说瓷》中概括的："至乾隆则华缛极矣！精巧之至，几于鬼斧神工，而古朴浑厚之致荡然无存。故乾隆一朝，为有清极盛时代，亦为一代盛衰之枢纽也。"

中国陶瓷史自唐宋以来以官窑为核心带动民窑，高峰迭起。第一个高峰应是唐时的白瓷和秘色瓷；第二个高峰是宋时的汝、钧、官、哥、定；第三个高峰是元时的青花和枢府白；第四个高峰是明时的宣德青花和成化五彩；第五个高峰则是唐英主持景德镇窑务时的"唐窑"器。"唐窑"是中国官窑器的集大成者，同时又有许多创新，并首开文人瓷先河。其多方面的艺术成就令后世所景仰，称其为"陶圣"，可谓名副其实。"唐窑"的伟大成就可以从以下几个方面体现出来。

首先是集中国陶瓷史上所有制作之大成。无论在品种的仿古创新方面，还是在器物的制作技艺方面，都达到了空前的水平，对中外陶瓷制造产生过极其重要的影响。"唐窑"在瓷器装饰上，仅高、低温颜色釉就有57种，彩绘上不管是山水人物花鸟写意之笔，还是青绿渲染之制，及四时远近之景，都无所不有。这些从2017年中央电视台推出的大型文博探索节目"国家宝藏"中故宫博物院选出的三件国宝之一的17种釉彩"瓷母"中最能体现出来。

"唐窑"集大成的表现还在于将许多失传的技艺都予以恢复。宋代著名的五大官窑，明代的釉里红和祭红等于"唐窑"时期得以重烧。此外，还有洋彩、青花、像生瓷等，都在"唐窑"里达到巅峰。

"唐窑"在造型设计上，也达到了集大成的程度。形制众多，从古礼器尊鼎卣爵之款制，到瓜瓠花果象生之作，应有尽有，无所不包。近些年出现在各大拍卖会上的，如唐英制瓷鸭、瓷鹿、瓷荔枝等都极为精制，令人耳目一新，前所未见。

其次是制瓷技术的创新与辉煌。"唐窑"时代的官窑注入了唐英的创新思想与深厚情结。每一件作品都闪现唐英对瓷器的挚爱，不是简单的重复制作，而是在运用不同的技法和方式来表达。身为督陶官却能亲自执笔绘制瓷器图案，这在陶瓷史上也绝无仅有。正因为如此的亲历亲为，开拓与创新，才铸就"唐窑"独一无二的辉煌。"唐窑"的创新主要体现在釉色、品种和图案三个方面上。

在釉色上，他创制了法青釉，比仿宣窑的霁青釉更显浓红深翠，而且没有橘皮棕眼；新制乌金釉包括黑地描金、黑地白花两种；新制西洋紫色釉，从名称上就能判断出这种釉色是他借鉴国外的经验。

在品种上，唐英督陶时烧制出了一批新的瓷品，如抹红器皿、彩水墨器皿、抹金器皿、浇黄五彩器皿等。在瓷器造型上，创制出如镂空转心瓶、镂空转心套瓶、天地交泰瓶、玲珑瓶等。这些瓷器发挥镂雕技法，已臻妙境，充分体现了"唐窑"制瓷工艺的精湛娴熟。

"唐窑"所造之物除了供御瓷器之外，尚有隽公自用或馈赠亲友之作，多为文房器皿，如笔筒、水盂，喜以诗文、篆章入饰，署其斋室名号，此为唐英私物，量虽少但亦烧造于御窑厂内，制作之精与官窑无异，后世追捧此类瓷作，出价往往超过官窑器。在这类唐英私制作品中，有一种雕字瓷对联与挂屏，极为奇绝，在当时就备受推崇。据叶为铭《再续印人小传》称，唐英"尝亲制书、画、诗，付窑陶或屏对，尤为奇绝"。这些瓷制雕字对联与挂屏是中国陶瓷史上第一次将书法艺术与制瓷技术相结合的产物，不仅是唐英督陶期间的创新之作，同时也是"唐窑"最具文人秉性的作品。由于其存世量少，艺术价值高，近年来备受学者与藏家关注。

其三是"唐窑"首开文人瓷先河。在唐英之前，不管是御窑厂还是民间瓷绘家，他们所从事的都是地位低下的工匠之事，其艰辛的劳作自古以来就被列入"天下三苦事"：打柴、烧窑、磨豆腐。而舞文弄墨、赋诗作画从来都是上层文人所为，二者风马牛不相及。到了"唐窑"时代，唐英公开地在自己的瓷绘作品上用自己的书法，题上自己的诗句，报上自己的名字，公示自己的斋馆，钤上自己的印章，同时还有纪年款。中国瓷、中国画、中国诗、中国书法、中国印，5种最具中国文化元素的符号集于一体，使瓷画在保持工艺性的前提下，又达成了与纸绢画一样的绘画审美效果，堪称"中国瓷本绘画"，是国粹中的国粹，在中国陶瓷史上有着里程碑式的意义。如今，我们在北京故宫博物院、国家博物馆、上海博物馆、沈阳故宫博物院、首都博物馆、天津博物馆和海外个别博物馆里都能看到由唐英本人设计制作的瓷画作品，这些作品以文房用具居多。如"粉彩山水诗文笔筒""仿汝窑题诗笔筒""仿汝釉竹节诗文笔筒""墨彩四体书法笔筒""墨彩开光山水诗文笔筒"等，诗、书、画、印相谐成趣，颇具文人气与书卷气，完全脱开了宫廷官窑的碧丽堂皇和缺少文化内涵的窠臼。再如拍卖会上出现的"清乾隆唐英粉彩山水诗文四方形笔筒",外壁两侧绘高山流水,苍松古柏,茅屋小桥,高士漫步其间,另两侧则书唐英自作诗与文,文人味特别足。其画其诗,比纸绢作品更具韵致。

然而,唐英创作的最具中国文化特色的"瓷本绘画"在清中期只是昙花一现,文人瓷画未能沿着唐英所开创的路子走下去,不仅使官窑器丢掉了一个自省的机会,也使文人瓷失去了一个借势而起的大好局面。以致清三代以降,以程序化和精美度为主的官窑器越来越没有了个性和文化内涵,纹饰、款式总是局限于过去那些,瓷绘步入了宫体的、衰老的、贫血的、萎靡不振的堕落时代。

唐英不仅是一位"陶圣",同时他还是一位诗人、画家、书法家、戏曲家和文字学家。

唐英有诗集《陶人心语》,收诗作1400余首,内容丰富,艺术风格突出,只是瓷名掩其诗名,后世文学史上少有谈及。唐英诗作,诸体兼备,尤以五律、七绝、七律居多。而在艺术成就上,唐英的诗善于写景,精于摹物;情理兼融,趣致隽永;形式丰富,异彩纷呈,多是富于书卷气的见性见情、幽致高雅之作,呈现质朴醇厚、清新自然之风格。清代铁保所编辑的《熙朝雅颂集》,选诗颇重视祖宗名爵世系和科第行辈,但也选了唐英的23首诗,由此可见唐英诗在当时的影响。

唐英工书、善画和篆刻。其书法与绘画艺术不仅体现在瓷上,同时还有诸多纸绢本传世。辽海宜州人李放所著《八旗画录》曾评价唐英说:"其画无体不工,兼善八分隶书。"由此可见,他是一位多才多艺、书画俱佳的人。

唐英的剧作内容广泛,题材深刻,合称《灯月闲情》,又称《古柏堂传奇》,共有17个剧本。他的作品后来有多种改编成了京剧,如《打面缸》《武松打店》《游龙戏凤》等,直到今天仍在舞台上演出。

唐英还在文字学上下了很大功夫,曾编写了一部具有相当规模的辞书《问奇典注》,条目全面,搜罗宏富,考证详赡,查阅方便,在辨析字、词、义理方面,颇有参考价值。

2006年,是唐英逝世250周年,沈阳筹建"沈阳唐英博物馆",景德镇瓷雕艺人、国家级陶瓷大师吴建华为唐英塑像。最终52厘米高的唐英半身瓷雕塑像烧制成功，其瓷像洁白细腻，温润如玉，仪态威严，凝重端详，传神地再现了督陶官唐英的朴素、亲民、睿智和风雅之神采。瓷像正面底座上镌刻着"督陶官唐英"5个字。瓷像于2006年端午节，即唐英生日之前运到沈阳，"陶圣"故里神游，这不仅是唐英的愿望，也是故乡沈阳人的愿望，从而也留下了沈阳与景德镇两座历史文化名城在中国陶瓷文化大背景下的一段交流佳话。

"辽瓷之父"金毓黻

辽代陶瓷的发现和认定，不过是百年间的事。20世纪初，在北京琉璃厂的古玩市场里出现了一种工艺粗糙、纹饰质朴，与中原和南方风格迥然不同的瓷器，人们不知道这种瓷器出自何处，只知道是从东北地区流出来的，于是就称其为"北路货"。后来由于金毓黻的偶然发现，人们才知道原来"北路货"就是辽瓷。之后，东北文博事业的奠基人、沈阳著名考古学家李文信开始系统研究辽瓷，并取得重要突破和多项成果。中国社会科学院考古研究所研究员、荣誉学部委员，辽瓷研究专家佟柱臣先生在《中国辽瓷研究》中曾称金、李二人为"辽瓷研究史上的两位先学"，并说"正像陶瓷界称陈万里先生为越瓷之父一样，我们称金先生为辽瓷之父"。金毓黻先生发现辽瓷是在1930年的沈阳，我们或可说1930是辽瓷的沈阳元年。不仅如此，之后在辽瓷研究中成就最大的几位学者都是沈阳或辽宁人，如佟柱臣先生是辽宁黑山人，辽宁省文物考古研究所研究员冯永谦和辽瓷研究与复制的关宝琮、林声先生等都是沈阳人。沈阳不仅是辽瓷的重要产地，同时也是辽瓷的发现地和重要研究之地。

金毓黻（1887—1962），字静庵，辽阳市人。1913年考入北京大学国文科，师从黄侃。在张学良主政东北期间，曾任辽宁省政府秘书长兼教育厅厅长。1937年任安徽省政府委员兼秘书长。抗战期间任中央大学、东北大学教授。抗战胜利后，任国民政府监察院监察委员、清理战时文物损失委员会东北区代表、国史馆纂修、沈阳博物院筹备委员会主任等职。中华人民共和国成立后，任北京大学教授、中国科学院近代史研究所研究员等职。金毓黻除史学外，于文学、小学、金石、文献、考古、历史地理等诸门学科都有着精深的造诣，曾出版史学专著16部，代表作为《东北通史》《渤海国志长编》《宋辽金史》《中国史学史》；编辑出版丛书及史料书8部，主要有《辽海丛书》《东北文献征略》《奉天通志》等；撰写和发表学术论文百余篇，创作诗歌2000余首。最值得推举的是他历40年不辍而写成的550余万字的《静晤室日记》，堪称文史宝库、日记杰作和学术巨著。金毓黻留给后人总计1400余万字的著述，可谓体大思精，包罗宏富，堪称一座硕大的学术丰碑。尤其在东北史的研究上，有着拓荒之举和发轫之功，诚如时人吴廷燮所评："中夏言东北故实者莫之或先。"又如于右任所誉："辽东文人之冠。"由此，他成为东北有史以来唯一一位可与关内和南方著名学者比肩的学术大师。在辽瓷研究上，他虽然未有系统的专业著作，但他能将辽瓷与所擅长的辽史研究联系起来，从而在出土瓷器上发表前人所未发表的观点，终获"辽瓷之父"的美誉。

"辽瓷之父"金毓黻

金毓黻第一次发现并确认有"辽瓷"的时间是民国十九年（1930）四月二十二日，他在这一天的《静晤室日记》中写道："大东边门外有农户掘土得一瓦棺，其形甚小，与在辽阳出土之瓦棺相似。棺前有花纹，镌字开泰某年，登仕郎赐紫绯鱼袋孙某，盖辽代所葬也。又有古瓶、烛台二。白子敬举以相告，余嘱送博物馆保存。"这座辽墓让金毓黻放心不下，12天之后，他亲往墓地考察，在当天的日记中写道："大东边门外大亨公司院内，于四月二十二日发见两砖洞，左洞有石棺一具，男女石偶各一，右洞有瓦制颈瓶一。石棺长方形，高尺余，长三尺，宽二尺。上盖刻云龙类花纹已破，前凤后鼍，左蛟右龙，皆隆起。前镌字曰'承奉郎，守贵德州观察判官、试大理司直、赐绯鱼袋孙允中，开泰七年，岁次戊午'三十一字。棺内凿深五寸，初启视时，只有灰

金毓黻先生发表在《东北丛刊》的有关沈阳辽墓中的辽瓷图片

尘。余偕卞宗孟、王晓楼往视之，得其大略如此，将送博物馆保存。"当时金毓黻正在辽宁省政府秘书长任上，但他对学术和考古之事仍亲力亲为，其学者风范，令人钦佩。

　　沈阳发现的这座辽墓的价值，显然在金毓黻的辽史研究中占有了一定的分量。1931年1月，金先生又在曾任过厅长的辽宁省教育厅编译处编辑出版的《东北丛镌》中发表了《辽金旧墓记》一文，再次述及沈阳发现的辽孙允中墓："民国十九年四月二十二日辽宁省大东边门外大亨公司工人于院内掘地发现二砖室，左室有石棺，右室有瓦制陶壶，此墓即孙允中石棺出土墓也。"并在插图中刊发了"孙允中石棺"和"孙允中墓内发见之物"两幅图片。从后一幅图片中可看到墓中出土的青釉黑花瓶。从器型上看，这件瓶正如金先生所说，为壶形，庄重古朴。据佟柱臣先生在《中国辽瓷研究》中说："黑花瓶属于辽瓷的证据是，石棺前上角刻有'辽开泰七年岁次戊午承奉郎守贵德州观察判官大理司直赐绯鱼袋孙允中'。辽圣宗耶律隆绪开泰七年为1018年，贵德州为今辽宁铁岭，可证该墓石棺中出土的青釉黑花瓶属辽中期。青釉黑花瓶高25.2厘米，腹部最大直径14.2厘米。肩部和下体均绘有野菊，而器面三个六角形中，绘有高士、立鹤、伏兔，草丛之间，一兔惊顾。此等野菊与野兔，均为契丹民族游牧生活中习见的景物，亦为辽瓷的写实画面。这是辽瓷中第一件出土地点最清楚，年代最明确，而为金毓黻先生最早向学术界发表的辽瓷。金先生当为辽瓷之父。"从沈州初立到1930年的沈阳，一千年的时光，任谁也难

261

以想到，辽瓷竟与沈阳有这样的因缘际会。

在此之后，金毓黻先生对辽瓷多有关注，并对辽瓷与金瓷的区别亦有辨析，这在他的《静晤室日记》中有具体反映。不仅如此，据佟柱臣先生介绍，金毓黻还是发现赤峰缸瓦窑辽代窑址的第一人。1935年秋天，金先生亲自到赤峰，一路上不仅调查了大宁城、松山州，还调查了辽中京附近的缸瓦窑。这些调查在他的日记里都有记述。

在中国文化史上，真正考古意义上的发现，是指对遗址或遗物的时代、性质以及名称的基本认识。当年金毓黻先生发现并公布了失传千年的辽瓷，令其重见天日，遂成为真正意义上的"辽瓷之父"。

在金毓黻先生发现辽瓷之后，对辽瓷研究最有成果的是另一位沈阳人李文信先生。李文信（1903—1982），字公符，辽宁复州（今辽宁瓦房店市）人。他早年毕业于奉天美术专科学校，后从事教学与考古研究，历任东北博物馆研究室主任、研究员，东北文物工作队队长、吉林大学教授、辽宁省博物馆馆长，是东北地区考古与文博事业的开创者与奠基人。李文信对辽瓷的关注与研究大约是从1935年那次陪同金毓黻先生考察辽代缸瓦窑开始的。

在辽瓷研究过程中，李文信先生对当时出土的近千件辽瓷做了系统的考察与分类，并不断外出做田野调查。正是由于金毓黻和李文信先生的研究与发掘，辽瓷研究才开始进入学界，引起中国学者甚至日本学者的关注。新中国成立后，李文信继续辽瓷的研究与考察，1958年，他发表了《辽瓷简述》一文，这是李文信先生研究辽瓷最具代表性的文章。在这篇文章里，李文信第一次给辽瓷下定义："此处所谓辽陶瓷，系指辽土烧造和辽人使用的输入陶瓷器而言，包括硬质日用瓷器和单色或三色釉陶器，素陶器不录；在时间概念上是以契丹建国开始至灭亡为止的，即由907年（唐天祐四年、后梁开平元年）至1124年（北宋宣和六年）的二百多年间为限，而建国以前和西辽时期，因无资料，皆不讨论。在地理分布上，则以东北辽、吉、黑三省及内蒙古自治区和河北、山西两省北部出土物为主。本土烧造的瓷器应为辽瓷正品，而中原传入的瓷器虽也是辽人日常用物，但它不具备辽瓷特色而为中原各窑所烧造，故只能算作辽土使用的瓷器而不能用它们来代表辽代陶瓷技术文化。"这是中国学者给辽

沈阳康平县张家窑林场辽墓群出土的辽代白釉黑彩动物纹梅瓶
（沈阳博物馆藏）

瓷下的第一个定义，在辽瓷研究史上具有里程碑意义。

在《辽瓷简述》一文中，李文信先生还把辽土烧造的，即狭义辽瓷概括为4类：杯口长颈、凤首、鸡形瓶壶之属；鸡冠壶之属；有系扁提壶、有流一面平背壶、鸡腿坛之属；暖盘、海棠长盘、方碟之属。同时还将辽瓷中最具特色的鸡冠壶分为5种基本类型：扁身单孔式、扁身双孔式、扁身环梁式、圆身环梁式、矮身横梁式。自从李文信此文之后，鸡冠壶的5种类型固定下来，直到今天仍未超出这个范畴。

与此同时，李文信先生还特别关注抚顺辽代大官屯古窑址的情况，并搜集了许多这方面的资料，相继发表了《辽代陶瓷》《陶瓷概说》《关于辽瓷编写的一些意见》等。1962年，李文信与朱子方合作，在文物出版社出版了《辽宁省博物馆藏订瓷选集》，这是国内外第一部订瓷作品选集，在辽瓷研究领域颇具权威性与影响力。

从辽代沈州初立到1930年沈阳辽瓷的发现与命名，从"辽瓷之父"金毓黻到辽瓷系统研究的奠基人李文信，辽瓷千年史，最终在沈阳定格。如果没有沈阳和沈阳人的发现与研究，中国陶瓷史上的辽代陶瓷或仍然湮没在历史深处，或依旧被后人当作"北路货"，埋名隐姓不知还要多少年。从这个意义上说，我们不能忘记金毓黻先生，不能忘记李文信先生。

拯救陶都景德镇的杜重远

20世纪20年代末，中国陶瓷业在西洋瓷业的冲击下日渐衰退，到了1930年，中国瓷器的进口量第一次超过了出口。中国这个以瓷器命名的国度，在陶瓷生产上却彻底败给了西方瓷业。陶都景德镇首当其冲，更是难以为继。1931年末，熊式辉出任江西省政府主席，欲振兴景德镇陶瓷业。当时在江西省政府里，相关部门综合专家意见，拟将制瓷中心从景德镇迁往九江，理由是长江边上的九江交通便利，星子高岭土产地离九江也很近，如此在九江建机械化生产的瓷厂将更能促进江西的陶瓷发展。熊式辉也很赞同上述观点，于是着手安排得力之人主持瓷业振兴，并接受宋子文的推荐，请杜重远到江西来主持景德镇搬迁并重振陶瓷产业。杜重远来到景德镇，经过大量细致的调查研究，写出《景德镇瓷业调查记》，力主景德镇陶瓷产业不能搬迁九江。之后他出任江西省陶务局局长，重整式微的景德镇陶瓷产业并一度形成中兴局面，成功阻止了将瓷业中心从景德镇迁往九江等外地的主张，保住了陶都地位。为此，景德镇人亲切地称杜重远为"杜督陶官"。

杜重远于1898年生于奉天省怀德县（今吉林公主岭市杨大城子镇凤凰岭村）一个普通的农民家中。小学毕业后以优异成绩考入奉天省立两级师范附属中学。当时，在全国人民愤怒声讨"二十一条"的热潮中，杜重远深感民族存亡、匹夫有责，于是苦苦思索什么才是救国之路。一天，他偶然在一本窑业杂志中看到一篇载有日本人在大连开办大华窑业会社，欲占领中国陶瓷市场的文章，内心颇不平静。瓷器是中国发明的，是中国的国粹，远在唐宋时期，日本就多次派人来学习。如今，曾被世界称为"瓷器之国"的中国，竟在市场上一蹶不振，而日本国内生产的瓷器则以"价廉物美"冲击着中国市场，进而又在中国设厂制造，将严重地危害中国的陶瓷生产。杜重远深感"唯有振兴实业，才能拯救中国"，于是下决心复兴祖国的陶瓷业。1917年，杜重远满怀"实业救国"

杜重远先生

的愿望，终于考取了官费留学日本，入仙台高等学校窑业科，专攻陶瓷专业，成为中国这一专业最早的留学生。1922年冬，24岁的杜重远学成归国。当时，有很多人劝他做官，他却不为所动，依然坚持要以所学专业贡献于祖国，立志经营瓷业，建设一座现代化的陶瓷厂，以实现实业救国的夙愿。

为了实现在沈阳建厂的目标，他投亲访友，多方募集资金，在当时的奉天城北小二台子购地100亩，创办"肇新窑业公司"。以"肇新"命名所创办的窑业公司，不难看出杜重远的深刻用意。"肇新"，意即"始新"，谓新的开始。以"肇新"为窑业之名，即想以此开创中国民族工业新局面，达成以实业救国之目的。

杜重远的创业梦想，在当时沈阳民族工业奠基人张志良和后来主政东北的张学良支持下得以实现，先是机制砖瓦，继而机器制瓷。至1930年，肇新窑业有工人600多名，年机制瓷800余万件，红砖年产4000余万块。肇新窑业的成功，在陶瓷生产领域沉重打击了日本的经济侵略野心，为国家挽回了诸多利权，给当时的民族工业发展打下了一个良好的基础和示范作用；率先使瓷器生产实现工业化制作和工业化管理，无疑是一场陶瓷产业革命，在中国陶瓷史上具有里程碑意义，为当时东北地区的城市现代化建设做出了重要贡献。

肇新窑业公司办公楼（20世纪20年代摄）

在那样一个半殖民地半封建社会里，在国内军阀混战和日本帝国主义疯狂进行经济侵略的东北，杜重远和他的肇新窑业能在民族陶瓷工业上取得如此骄人的辉煌业绩，不能不说是一个奇迹。以致十几年后，当年曾任辽宁省政府秘书长的著名史学家金毓黻先生还在《静晤室日记》里对杜重远记忆犹深："诚为辽土之杰，年大将军羹尧以后一人而已。"将其与辽宁北镇人，康雍时代著名大将军年羹尧相并列，足见对其评价之高。时至今天，肇新窑业对于研究中国民族工业史、陶瓷发展史和今日陶瓷文化产业创新与发展都有着重要的历史与现实意义。

因为肇新的成功，杜重远也成为中外知名的企业家和陶瓷专家。1929年，张学良又聘其为"司令长官公署"秘书，协助处理对日交涉问题。同时他还以商会领袖的地位成立了"辽宁国民外交协会"，发动和组织民间力量，开展对日斗争，取得了很大的成绩。

肇新窑业生产的釉下五彩肇新窑业全景图挂盘

　　九一八事变后，肇新窑业被日军占领，杜重远因此前坚持抗日，驱逐日货，成为日军追捕的要犯。于是，他怀着满腔怒火离开沈阳到天津，再到北平，参加了旨在支持组织东北抗日义勇军，抵抗日本军国主义侵略的"东北民众抗日救国会"，并与高崇民、阎宝航、卢广绩、王卓然等成为9人常务委员和张学良身边核心组成员之一。后来到了上海，通过夏衍第一次会见了周恩来。又接受江西省省长熊式辉的邀请，再次"肇新"景德镇的陶瓷业。

　　依旧是怀着实业救国的理念，杜重远于1934年8月的一个傍晚，在蒙蒙细雨中，经过11个小时的车程，和同伴们终于从南昌抵达景德镇。风景佳幽、山水环抱、竹木繁生的景德镇让这位东北汉子产生了朝圣般的愉悦心情。在距镇十里之地，就已望见柴窑"黑烟缭绕，高入云霄"。对此，杜重远在《景德镇瓷业调查记》中不禁感慨："据同行汤君云，景镇在极盛时代，每年营业至一千四五百万两，窑户四十余户，工人二十万人，驻镇庄客和当地商人二大一小筵，五天一大筵，麻雀通宵，娼妓遍地，极人间之逸乐，间不料景镇之有今日凌替也。车近镇边，已见其衰落景象，盖烟筒百余座，出烟者不过十之一二耳。"这种景象让杜重远深感重振景德镇瓷业需要下一番大功夫。

在景德镇期间，杜重远对当地的陶瓷产业进行了深入的考察，然后将自己的考察结论写成了调查报告，这就是著名的《景德镇瓷业调查记》。此文最早在《江西民国日报》上连载两天，反响特别强烈。

杜重远在《景德镇瓷业调查记》中谈及调查原因时说："因欲改革瓷业，必先明了瓷业的衰落原因，欲知瓷业的衰落原因，不能不调查中国第一瓷区的景德镇。"经过深入调查，他认为景德镇的病象是："劳力而不知劳心，分工而不知合作；视惯例如成法，嫉革新如寇仇；营业尽管萧条，而组织一仍其旧；样子尽管陈腐，而制法毫不更新；若晓以世界情形、国家利害，更如对牛弹琴，痴人说梦。"而病因则是"政府之放任所致也"。因为杜重远在充分调查基础上提出的振兴景德镇的改革计划有理有据，同时再加上杜重远与宋子文的关系，熊式辉对此改革计划慨然应允。1934年12月，江西省陶业管理局在景德镇成立，杜重远担任局长。在局长任内，他主要从以下四个方面对景德镇的瓷业实行改革，并收到了明显的效果。

首先，杜重远提出了振兴景德镇瓷业的主张，确定"陶都"不可动摇的位置。他通过实地调查后，在《景德镇瓷业调查记》开篇即说："景德镇为我国第一产瓷名区，亦全世界瓷业之发源地，其景况之隆替，非特系乎民生之荣，抑且关于文化之兴衰，国人对此当甚关心。"这是他给景德镇的定位，也是他对瓷都的自觉认同。他在找到了景德镇衰落的原因后，疾呼"实业当局，各方领袖，急起设法，速谋补救，勿使此千年国粹而淹没沉沦，则幸甚矣"。主张盲目将瓷业中心迁往九江不妥，而应当将现代管理制度引进景德镇，建一模范瓷厂，设一模范合作社，培养新型人才，还建议在景德镇和九江之间修建轻轨，改变景德镇陶瓷运输过度依赖昌江的局面。由此可见，杜重远挽救瓷都的急切之心，溢于言表。经过多方交涉，江西省政府最终采纳了杜重远的意见，决定重振景德镇瓷，并由杜重远主持其事，从而避免了景德镇制瓷中心的转移。

其次，成立陶业管理局，彻底改变景德镇陶瓷产业的无政府状态。杜重远坚定地认为："至于救济景镇，非无办法。只在政府有无决心耳。"担任陶业管理局局长的杜重远广泛延揽人才，邀请了张浩等许多陶瓷专家前往陶业管理局任职。同时，杜重远还希望瓷业改革能获得地方政府的更多支持，于是向熊式辉推荐爱国人士阎宝航的胞弟阎模凯担任浮梁县县长。

其三，制定了一系列改革陶瓷工业的措施，这些措施共有11项：一是取缔每年春节后连续两个月不烧窑的"禁春窑"行规；二是禁止窑工向窑主交钱获得上岗的"买位置"；三是取缔宾主固定制，各行各业可以货随客便；四是确定窑身规格；五是筹建原料精工厂，统一下料配方；六是建模范窑厂、瓷厂；七是筹建陶瓷工业研究所；八是建议改革烧瓷燃料结构，将烧柴改为烧煤；九是兴建陶瓷陈列馆；十是设立陶瓷推销处，广开瓷器销路；十一是建立陶政管理专业机构，加强陶瓷工业管理等。这些体现了杜重远作为一名实业家的改革措施，虽然其中许多最终未能实现，但在当时引起很大反响，让景德镇人格外兴奋。

其四，创办"陶业人员养成所"。养成所位于风景秀丽的莲花塘畔，与陶业管理局办公室相邻。该养成所由杜重远亲自兼任所长，并聘请了十几位陶业界知名人士任教。从上海、南昌等地招收高中毕业生或同等学历者72人进入养成所学习，时人将其与孔子座下的"七十二贤人"相比，一时传为佳话。养成所还创办了《民众》月刊，除刊登讲演内容外，还有调查报告及陶业管理局的告示等内容，这份刊物发行量达到了2000册，在当时识字人数不多的景德镇，已是一个发行量很大的刊物了。另外，杜重远还设立了几个夜校式的工人训练所，分期分批招收1600多个景德镇的陶业工人入学，由养成所的学员任训练员，目的是培养陶瓷工人的文化技术，提高陶瓷工人队伍的素质，逐渐形成一支改良陶瓷工业的基本队伍。

杜重远大刀阔斧的改革收效显著，依赖行规的行业垄断被打破，景德镇陶瓷产业终于迎来中兴局面。杜重远也因此深孚众望，时人誉为瓷都的"杜督陶官"，将他和康乾时代的臧应选、郎廷极、年希尧、唐英并列，在中国陶瓷史上有着重要地位。

直到今天，景德镇的陶瓷业和文化圈对沈阳都有着不可言说的深厚情感，诚如著名陶瓷艺术大师王锡良先生在题词中所写："沈水昌江一脉通。"这缘于"陶圣"唐英和中兴时代的杜重远。如果说唐英让景德镇的官窑走上了世界陶瓷的高峰，那么杜重远则保住了景德镇的"陶都"地位。

SHENYANG
THE BIOGRAPHY

沈阳 传

『东北中心城』

第十四章

从19世纪中叶开始，随着政治、经济、外贸、移民等多重社会因素的变迁，近代沈阳逐步呈现出殖民地化与近代化的同步演进。尤其是在19世纪与20世纪交汇到九一八事变之前的半个世纪间，是中国社会变迁速度最为迅速的时期，也是沈阳历史上风云变幻且最为复杂的中西交融、动荡与激变时期。伴随着列强侵略、洋教洋货冲击、日俄争夺、日本殖民机构建立，沈阳方城屡遭洗劫，日本于沈阳建立满铁附属地，给半殖民地的沈阳带来了巨大的苦难和剧烈的社会变化。社会剧变推动了清末陪都新政与奉天开埠，此后沈阳逐步发展成为当时东北地区较为先进的具有现代意味的城市。尤其是经过东北新建设运动，沈阳在民族工业、军事工业、交通、商业、文化教育、卫生事业等方面进一步发展，城市自主性近代化建设达到高潮，成为名副其实的"东北中心城"，并有渐成中国北方文化中心之趋势，曾被世人誉为"中国第四城"。

近代殖民地化与近代化的同步演进

清末民初的沈阳，是历史上最为动荡、碰撞与激变的时期，这就导致1895年晚清政府的陪都新政，也催生了1923年的建市之举，沈阳城市的近代化正是在这种大变局中逐渐形成。在这个形成过程中，西方的影响和中外激变事件起了重要作用。

首先是随着洋教洋货的传入，城市近代化悄然开始。

1840年，鸦片战争迫使清政府打开了封闭的大门，外国传教士和商人及冒险家蜂拥而入，清政府竭力想保护东北这块"龙兴宝地"不受外来势力侵扰，因而直到1860年，外国人鲜有涉足东北者。然而，这种暂时性的封禁随着《天津条约》和《北京条约》的生效而被打破。1861年，牛庄（今辽宁营口市）依约开埠，西方列强终于打开东北大门，伴随着洋教、洋货的涌入，西方文明也开始悄然进入沈阳。

天主教早在17世纪末就已经传入东北。据1941年版满洲铁道总局弘报课编《满洲宗教志》记载，1838年，法国罗马天主教会的传教士厄玛怒等已来盛京办教堂，开始传教，他们成为在沈阳定居的第一批外国人。光绪元年（1875），法国传教士方若望在天佑门街西（今沈阳市沈河区小南街南乐郊路40号）兴建了沈阳历史上最早，也是最大的南关天主教堂。此后，沈阳成为东北地区的天主教中心。

营口开埠后，外国商品在不平等条约的保护下直接进入东北地区，沈阳作为东北第一大都市，首先成为洋货的冲击目标，洋火、洋钉、洋蜡、煤油等生活用品随之开始占据了奉天市场。列强的入侵和外国资本的大量涌入，在推动沈阳商业繁荣的同时，也破坏了本国民族工商业的发展，近代沈阳商业的半殖民地性质也在不断加深。

其次是日俄对陪都盛京的争夺与破坏，阻碍了近代化的进程。

中日甲午战争后，沙俄以干涉还辽"有功"为由，于1896年引诱清政府签订《中俄密约》，双方议定在中国东北修筑中东铁路，沙俄势力借此全面进入我国东北。1900年夏，义和团运动波及沈阳，沙俄借口保护东正教教产，于当年10月出兵，很短时间就控制了沈阳全城，并占领了盛京皇宫和将军衙门等重要官署，在城内大肆洗劫。1902年4月中俄《交收东三省条约》签订后，1903年3月，俄军才被迫从盛京皇宫撤出，其间陪都宫内丢失和损坏的文物达1万件以上。

沙俄对沈阳的占领与掠夺，使文化遗产遭到浩劫，国家与人民的生命财产蒙受了严重损失，城市建设遭到严重破坏，自然也严重阻滞了沈阳城市近代化的进程。然而，更大的破坏在俄军撤出沈阳不到一年之后又开始了。

1904年2月，日俄战争爆发。两个帝国主义国家为了瓜分中国，重新划分在远东和太平洋地区的势力范围，在中国东北领土上投入了数以百万计的兵力，相互厮杀。1905年3月1日，日军攻陷新民后，日俄两军开始战争以来最后也是规模最大的陆军大会战——奉天会战，沈城内外皆成战场。3月10日，日军攻陷奉天，俄军败退。沈阳在这场两个外来"野兽"于自家院里厮杀的无妄之灾中，惨遭蹂躏，赤地千里，生灵涂炭。两只"野兽"抢光了所有能抢的珍宝钱财，烧光了所有能烧的家具门窗，割走了所有能喂马的未成熟的庄稼，占用了大量民房，造成十几万的难民逃无所逃。许多建筑也在这场大战中被摧毁，南塔广慈寺、城内的大法寺（即八王寺）、万寿寺、长安寺、崇寿寺、钟鼓楼等古建筑，都无一例外地遭到了战争的破坏，其中广慈寺只留下孤零零的南塔，而西塔延寿寺则被彻底焚毁。

日俄奉天会战刚刚结束，日军便在沈阳成立了殖民机构军政署，置中国地方政府于不顾，对沈阳城实行军管。同时，多种殖民机构相继强行建立，如南满铁道株式会社、关东都督府等。1906年，又设立了日本驻奉天总领事馆。这些机构都成为日本对沈阳和东北地区实施侵略与掠夺的工具。

其三是奉天满铁附属地对城市近代化与现代化的影响。

铁路附属地，是东北城市发展史上的特有现象。沈阳最早的铁路附属地是19世纪末沙俄建立的。1896年《中俄密约》签订后，沙俄攫取了中东铁路的修筑和经营权，计划将西伯利亚大铁路横穿中国东北，其中干线满洲里至绥芬河段铁路的支线经沈阳到旅顺口，为中东铁路南满洲支路。尽管清政府曾向俄国提出中东铁路的修筑不能破坏盛京风水，不能离皇陵太近等要求，但俄国根本置之于不顾。1903年，完工后通车的中东铁路从文官屯向南，经东瓦窑西转，过北塔、西塔，经揽军屯、浑河出市区，正好从福陵和昭陵之间穿过，斩断了所谓的大清"龙脉"。沙俄进入盛京城后，在城西建立了中东路沈阳站，即盛京站（今老道口大桥东首北侧），把铁路附近的大片土地划为"附属地"。这是奉天铁路附属地的起源。

1905年，日俄战争结束后，胜利的一方日本根据《朴茨茅斯条约》获得了俄国中东铁道南满洲支线的所有权，同时也继承了铁道附属地。沈阳不仅是东北地区的中心城市，而且处于京奉、南满、安奉、奉海等多条铁路交汇点上，因此对奉天满铁附属地的开发与建设，备受日本殖民当局的重视，在诸多附属地中最早开工建设。据南满洲铁道株式会社编辑的《满铁附属地经营沿革全史》一书记载，满铁接收时，奉天满铁附属地面积为5.95平方千米。之后不断蚕食扩大，到1926年，已扩大至10.44平方千米。他们对附属地重新规划，共建成东西向和斜向道路25条，南北向道路36条，还建有3个广场、3个绿地公园，形成以奉天驿（今沈阳站）为中心，以沈阳大街（今中华路）为横轴，以中央大街（今南京街）为纵轴，以矩形格网与放射形道路为骨架的棋盘格状街路网。同时在数处道路交汇处建圆形广场，形成城区平面中心。广场周围修建了银行、公司、医院、邮局、警署等大型公共建筑，突出了城市景观的节点性与对景性。

在附属地里，日本侵略者为了达成永久性占领目的，不断加大市政公用

奉天驿（今沈阳站）旧影

事业发展，如上下水、电力、煤气、医疗、教育等。附属地建筑风格与居住方式均保留了鲜明的日本传统特色，如奉天驿（今沈阳站）、大和旅馆（今辽宁宾馆）、奉天满铁医院（今中国医科大学）、奉天邮便局（今太原街沈阳邮政局）、满铁奉天图书馆（沈阳铁路局图书馆）、七福屋百货店（后来的辽宁轻工商店）、满蒙毛织株式会社百货店（后来的沈阳第一百货店）、横滨正金银行奉天支店（中山广场沈阳工商银行）等。这些建筑绝大部分为砖混结构，在外观上模仿欧洲古典式、巴洛克式风格，是近代沈阳城市中的一道独特景观。

满铁附属地在沈阳盘踞了40年，这一特有现象造成了社会经济和城市发展进一步趋于殖民地化，但客观上也刺激和推动了城市的自主化运动，由此有了晚清的"陪都新政"。

"陪都新政"与开埠通商

所谓"陪都新政",是清政府在庚子事变后为恢复其统治机能,避免衰亡而在东北开展的一场多领域、多向度的近代化变革活动。从 1905 年开始,在盛京将军赵尔巽的主持下,沈阳拉开城市自主性近代化的序幕。"新政"主要围绕改革官制、整合行政机构,发展城市实业经济,建立现代警察制度,发展文化教育事业等方面展开。

在改革官制、整合行政机构方面,首先裁撤盛京五部与奉天府尹,其职能统归盛京将军。此举有效地消除了臃肿重叠的机构,陪都官制就此消亡,改变了奉天地方行政资源的浪费与事权不一的状况,提高了政府的决策能力。其次是行省的设立与官制改革的全面展开,设东三省总督,领导奉天、吉林、黑龙江三省改制。东三省总督府设在沈阳,首任总督徐世昌,继任锡良,第三任赵尔巽。奉天行省设两厅、五司、二道,构成合署办公的官制新体系。改革后的奉天行省如徐世昌《东三省政略》一书所说:"自实行合署办公制度,整齐划一,条理秩然,旧弊一空,庶政咸理,亦可以略观其成效矣。"其三是司法管理机构的专门化。行省设提法司,管理司法行政,兼理裁判事务,成为一省之司法行政机关,并直辖于法部,以保持独立。

在发展实业、振兴经济方面推出了许多举措。农业方面,成立农会,以"开通农智,振兴农业",于东塔附近创设东北最早的农业科研机构奉天农业试验场，在大西门外建植物研究所，以提高农业科技水平。在工商业方面，在不同的商业系统广泛建立行业自治机构商会，以推动商人的合作和商业的发展，成立商品陈列所，分类展览本省土产以及各省货品；开设奉天工艺传习所，培养技术工人，改变传统重农观念，提高民众实业意识；开办电灯厂，1909年10月5日，东三省银元总局总办舒鸿贻主持的银元总局电灯厂开始向沈阳市供电，这是沈阳照明用电之开端。诸多基础建设促进了沈阳制造业从门类到规模的增加与发展，如金属制品、车辆制造、鞋帽、皮革、制油、副食品、工艺、纺织、印染、造纸、粮食加工、酿造等许多门类的作坊都开始向近代化生产方式靠拢，同时培养了大批技术工人。"新政"期间创办的这些近代企业，使沈阳由过去单纯的消费型城市开始向工商业城市转化。如电讯业方面，从1906年开始，在沈阳成立了东三省文报总局，并附设电话局，至1910年，电报电话在沈阳已得到普遍使用。

建立和完善现代警察制度，强化社会治安管理。1905年日俄战争结束后即开始扩展警政与警务规模，于城关内外设分局6所，同时又设巡警总局，主要管理社会治安，也兼管工程和卫生事宜。加强对警察的培养与教育，1905年创办了奉天警务学堂。实行警察制度与城市管理近代化同步推进，诸如户口编查、门牌、治安、消防、卫生、社会救助等都有具体的管理措施。这种传统官衙门向近代城市政府转变的过渡型管理体制，在一定程度上改变了日俄战争以来沈阳胡匪马贼猖狂、社会动荡的局面，确保了政府对城乡社会的控制力，对维护社会治安、稳定城乡社会起到了积极作用。

文化教育事业得到快速发展。从1905年开始，在奉天设学务处，全省开始有了专管教育的行政机关。从此，沈阳各种学校逐年增加，因日俄战争解散的小学堂陆续恢复，还增办了奉天陆军小学堂、奉天育英两等小学堂、第一至第八两等小学堂，创办了奉天中学堂、奉天省城官立女子师范学堂、奉天高等实业学堂、奉天中等农业学堂、奉天中等森林学堂、奉天艺徒学堂、奉天省立中等商业学校、奉天省城女子美术学堂等。到1905年末，奉天省城已有各类学堂19所，到1907年，全市学堂已达43所。与此同时，自1905年开始，连续向日本派遣留学生。这些措施为沈阳城市的近代化事业准备了大批优秀的新式人才。1907年，奉天省图书馆在沈阳大南门里创立，翌年10月28日新馆落成，卞宗孟任馆长，定名为奉天图书馆，即今天沈阳市图书馆前身。1905年，沈阳历史上由中国人创办的第一份报纸《奉天公报》诞生。1906年初，又创办了《奉天民报》《奉天通俗白话报》。1907年创办了东北首家大报《东三省公报》，日销量达3000份。此后，《奉天醒时白话报》《奉天教育官报》《奉天劝业报》《大中公报》《奉天商报》等纷纷创刊。与此同时，学术研究也蔚为勃兴，1911年，"南社"分支"辽社"在沈阳成立，并创办《辽社》杂志，成员大都为南方学人。这些新的气象让沈阳的文化教育实现了从封建的封闭式到近代开放式的历史性转变，为近代沈阳乃至东北文化教育的发展奠定了基础，推动了沈阳社会从传统向近代的演进。

"陪都新政"的大量举措，使沈阳地区一时商贾辐辏、货物云集、贸易兴盛、文教勃兴，呈现出一片繁荣的景象，有力地促进了奉天经济结构的近代转型，为奉天省城发展成为东北地区的经济中心奠定了基础，从而推动了城市的开放，迎来沈阳历史上的第一次通商续约与自开商埠。

商埠是一个专有名词，是指帝国主义国家胁迫他国开放的通商地区。一般将根据不平等条约开放的称为"约开商埠"，经帝国主义示意开放的称"自开商埠"，由帝国主义强迫开放的称"特别商埠"。沈阳的开埠则属于"自开商埠"。

光绪二十九年（1903）八月，中美两国于上海续订《中美通商行船续约》，商定奉天府及安东县两处地方，由中国自行开埠通商。后来由于日俄战争，开埠之事被搁置。1906年春，开埠之事再提上议事日程。据奉天商埠局于1928年编写的《奉天商埠局报告书》记载，1906年6月1日，盛京将军赵尔巽首先宣布奉天省城正式对外开放。"划定地段在省城西郭（西关边门）外，东至边墙，西至南满铁道附属地及铁道（今老道口附近），南至大道（今市府大路），北至皇寺大道（今皇寺路路南），面积约计二十一万方里三分之一，四界各以标桩为记，作为华洋公共通商之埠。"同时设立开埠总局，专理其事。至1922年，商埠地共出租土地约3.758平方千米。

商埠地按开发时间先后分为正界、副界和预备界三种，正界又分为（南）

正界和北正界两部分。到民国初年，基本完善的沈阳商埠地有了统一的街区规划，如正界和北正界东西是一经至二十三经街，南北是一纬至二十九纬路；界内形成整齐的方格网系统和"田"字形单元，每个单元称为"里"，如崇让里、安福里、明钦里、敬业里等。街路整齐、宽阔，并有人行道。在主要道路上还开通了马拉铁道，从早6点至晚11点，每日往返运行160次。商埠地统一供水、供电，有卫生队、消防队、邮局、学校、花园等公用设施，其管理已具近代水准。如出版于1927年的《奉天省城市街全图》对商埠地里的奉天公园（今沈阳老市政府办公楼及西侧地方）就有诗意般描述："在小西门外，面积3547方丈，东西长方形，四周围以短墙，在四个人口开建小亭一座。春夏之交，红衫短袖，联手摩肩，络绎不绝。雪亭在东，上覆芦草；西为鹿园，呦呦有声；南有小池，蓄鱼数百，池上有亭，曰澄心，可供游客小憩；其北翼然峙立据一园之胜者，揽辔亭也。"由于商埠地相对环境安静，工商业发达，交通便利，于是吸引了大批握有巨资的洋行、银行、军阀官僚、富商大贾集结。如德国的天利、华惠、西门子、东大、魏德、雷虎公司，英国的老晋隆、怡和、亚细亚、仁纪公司，美国的美孚、慎昌洋行，俄国秋林，奥地利的百禄，挪威的福康，捷克的斯克达，丹麦的文德等三十余家公司洋行都在奉天商界占有相当的营业份额。一时商肆云集，百货辐辏，列尾连云，渐臻繁盛。同时，西方的许多新观念也随之而输入，年轻人纷纷趋新求变，比如喝午茶成为市民时尚。女性的衣着和打扮发生明显变化，旗袍仕女和洋装丽人随处可见。当时的《盛京时报》曾有这样的报道："有服时装者，有改西服者，有剪发者，有烙发者，更有中服而西冠者。"社会风气的日益自由开放，为新经济秩序的形成和巩固创造了条件。

外国资本竞相涌入，近代科学技术、生产设备、生产方式和经济因素的传入，使传统经济结构也发生改变，民族工业逐渐发展起来。商埠地的工商企业建设规模在不断向前推进，如奉天纺纱厂、东兴色染纺织公司、肇新窑业公司、惠临火柴公司等一大批在国内较有影响的近代化公司和工厂迅速建成。此时的奉天已初步形成了独特的地方工业体系，基本具备了同外资工业竞争的实力。

奉天公园旧影

　　正界（东起今大西边门，西至和平大街以东，南起十一纬路，北至皇寺大街，后又将市府大路以北的皇寺地区称为北正界）为整个商埠地的核心地区，从现存沈阳市和平区档案馆藏《奉天商埠正界租地鱼鳞图》看，正界80%的土地由奉天军政要人、富绅名流以其亲属等名义所拥有，在这里建了大量洋式公馆、私邸、公司等。直到今天，沈阳许多民国老建筑都是那个年代留下来的，成为那段历史的记忆。如日本领事馆（今沈阳迎宾馆）、香港汇丰银行奉天分行（今交通银行）、美国花旗银行奉天分行（今沈阳物资木材公司）、日本正金银行（今工商银行）、邮政总局（今辽宁省邮电管理局）、汤玉麟公馆（今沈阳市政协）、万福麟官邸（今民革辽宁省委员会）、同泽俱乐部（今沈阳艺术宫）等。这些外观模仿欧洲古典式、巴洛克式风格的建筑，造型美观，坚固实用，富有异国情调，成为商埠地里一道亮丽夺目的风景线。诚如民国出版的《奉天通志》所述："近者省会开辟商埠，建筑宏丽，悉法欧西，于是广厦连云，高甍丽日，绵亘达数十里，栉比鳞次，顿易旧观。"

奉天开埠，使城市规模进一步扩大。开埠前，古城区与满铁附属地分居奉天市区东西两侧，彼此孤立。商埠地的开发和建设，不仅使两城区之间的城郊地带迅速发展为新的市区，并与满铁附属地相连，使分割的城市空间得到整合和扩展，同时还推动了古城区现代市政的转变。另外，商埠地几乎完全隔绝了奉天城与铁路附属地之间的直接联系，成为两个城区之间的缓冲区，遏制了古城区的衰落。商埠地还在空间上从北、东、南三个方向形成了对满铁附属地的包围，有效抵制了日本势力的扩张。奉天开埠所取得的成就，外来因素是一方面，最重要的是当时沈阳人勤奋和努力的结果，如果没有奉天地方广大劳动人民的智慧与创造，就不会有那一段高速发展的历史，也不会有后来沈阳在全国第二个建市的历史。

接踵而至的苏格兰医生与法、美学者

在清末民初的半个世纪里，随着清王朝对东北和陪都的开放，大量西方人涌入沈阳，他们带着好奇的目光打量这座故都。如果说当年因为一篇乾隆《盛京赋》，还只是让法兰西的思想家们产生对沈阳的遥望与瞩目，那么19世纪末和20世纪初，这些以法兰西为主的西方人则脚踏实地登上了沈阳的土地，他们开始在这里传教，继而建立医院，开办学校，并不断派人考察，留下了许多那个时代最为珍贵的摄影照片。

早在留都还未开禁之时的1838年，法国罗马天主教会的传教士厄玛怒等就来盛京办教堂，开始传教，他们成为在沈阳定居的第一批外国人。随着1860年故都解禁，西方人士开始陆续进入沈阳，其中以法国人最早，也最多。1875年，法国传教士方若望兴建了直到今天仍是沈阳历史上最早、最大的南关天主教堂。此后，沈阳成为东北地区的天主教中心。在其后70多年间，天主教沈阳教区的7名主教都是法国人。1876年，苏格兰人也开始登陆沈阳传播基督教，建立礼拜堂。6年之后的1882年，沈阳又来了一位苏格兰人，他也是一位教士，但他不是传教，他是来传播医学，救死扶伤。这个人就是令沈阳人尊敬而难忘的司督阁。

司督阁（1855—1936），原名杜格尔德·克里斯蒂，英国苏格兰长老会传教士、医生。司督阁这个中文名字的由来，已经无法考证，但不难看出这三个

1884年的盛京施医院

字所包含的是他对中国文化的了解和情感。

光绪八年（1882）的冬天，27岁的杜格尔德携新婚妻子乘船在营口港（牛庄）登陆，冒着大雪酷寒走了8天到达沈阳。故都在杜格尔德的眼中，是他《奉天三十年》开篇中的印象："寒冷的十一月，风在阴暗昏黄且坚硬沉闷的满洲平原上呼啸着，衰草枯杨和低矮的民居与大地浑然一体，没有起伏，没有色彩，一切的一切都是绝对的单调，只有头顶上蓝色的苍穹和闪烁的阳光还透出一线生机。"这是晚清，也是沈阳最为昏暗的岁月，死气沉沉的故都让杜格尔德很失望，他在这里没有找到安身之处，只好原路返回营口。第二年春天，执着的杜格尔德再次前往沈阳，终于在城东小河沿的一块高地上买到一处住宅，开始了他的奉天生活，并有了一个中国名字司督阁。第二年，司督阁创办的东北第一家西医诊所——盛京施医院的前身，在其居所里正式对外开放。

发展西医，在闭塞的晚清时期难度可想而知。最初来到司督阁诊所医治的病人，大多是假装有病来试试"洋鬼子"的，想看看洋人耍的什么把戏。再就是病入膏肓乱投医的。这让司督阁亲眼见到，那些经过江湖庸医治疗后的病人惨状。如有一位清朝军队的士兵，身负重伤，子弹深深射入肌肉里。清军统帅左宝贵知道了司督阁的诊所，于是将伤兵送来。当时伤兵创口已经化脓，感染严重，司督阁马上为其做手术，取出子弹，并细心护理，一个月后即完全康复。当时沈阳城内有个商号的经理双目失明，四处求医无果，抱着死马当活马医的想法来就诊，司督阁检查后诊断为白内障，决定为其做摘除手术。事情传开后成了轰动新闻，数百人前来围观，官府也派人监视，为了达到宣传效果司督阁把手术场地放到露天院内。等到白内障摘除，病人当即喊道："我能看见树梢动了！"司督阁将3根手指放在病人眼前晃动问："这是几个？"病人兴奋地说："三个！"两次手术让司督阁名声大振，人们开始认识了西医。他的诊所也升格为盛京施医院。同时，司督阁对于中医也给予尊重，特请中医魏晓达等来施医院坐诊。这种中西医融合的做法，颇得当地医界和百姓好感。

此后的盛京施医院每年接待患者近万名，完成手术几百例，同时还参与控制传染病和流行病，治疗疟疾等。1892年，创建盛京医学院，培养医学人才；1896年，增设盛京女施医院。1910年11月，沈阳流行肺鼠疫，司督阁担任沈阳抗击鼠疫总指挥，沈阳首次建立起现代疾病防控指挥体系。1912年，奉天医科大学全部建成，成为东北第一所医科大学。

1926年3月，71岁的司督阁结束了在中国的生活，回到苏格兰。此后，他一直担任中国苏格兰协会会长，始终关心中国留学生，关心沈阳，坚持为奉天医科大学筹款，还著有《奉天三十年》一书，成为研究清末民初沈阳的重要史料。

司督阁在沈阳生活了40多年，他将一生的主要精力献给中国的医学事业，成为把西方医学引入中国东北的先驱者。一些中医人士也开始吸收西方医学知识，学习解剖、生理、微生物、病理、药理学等课程。盛京施医院，至20世纪20年代初期，已经成为东北地区最大医疗机构，年门诊量约15万人，住院患者约6千人，具有内、外、妇、儿、耳鼻喉、眼、皮肤、精神、泌尿、口腔及肺房（结核）科，开创了东北地区医院分科之先河，为后来医院发展走向专科化奠定了基础。

司督阁回国之前，中国政府授予他一枚嘉禾奖章。在他回国之后，奉天的教育部门和社会团体出资为其铸造半身青铜塑像，竖立在盛京医学院门前，以纪念他为中国医学事业所做的贡献。如今，在位于沈阳小河沿的辽宁省肿瘤医院西北角，有一栋灰色的三层楼房，曾是当年司督阁创办的奉天医科大学图书馆。今天的小灰楼已成为不可移动文物保护单位，而在沈阳市档案馆里，还藏有当年司督阁寄语奉天医科大学师生的讲话录音。这些都成为沈阳人对这位苏格兰医生的无限追忆。

就在司督阁来到沈阳22年之后的1905年，沈阳又来了一位他的同乡莫里循，这也是一位大名鼎鼎的人物。莫里循（1862—1920）也是学医的，1887年毕业于苏格兰爱丁堡大学医科，从1897年开始任《泰晤士报》驻华首席记者，1912年开始任中华民国总统政治顾问，直到去世。他是一位与近代中国关系密切的旅行家及政治家，日俄战争奉天会战期间，他就在沈阳，或许也与司督阁相识。他拍摄了俄国士兵在沈阳古城怀远门上架设大炮、盛京街头上的俄军马车等一批照片。从照片上，我们可以看到一段一段坍塌的城墙，还有破烂的城门楼，可以想象日俄奉天会战时给沈阳造成的巨大破坏。

1907年，又一位重量级的法国学者沙畹来到沈阳。沙畹的全称是埃玛纽埃尔-爱德华·沙畹（1865—1918），出生于法国里昂一个富有文化教养的新教家庭。他是学术界公认的19世纪末、20世纪初世界上最有成就的法国顶级汉学家、欧洲汉学泰斗。沙畹喜爱中国风物，客厅摆满中国古董和书籍史料，几案罗列，枕席枕藉，意会心谋，目往神授，乐在声色狗马之上。其研究范围包括中国历史、地理、文学、艺术、佛学、碑铭等，每一个领域都令他乐此不疲，著述颇多。他是西方学者中翻译《史记》的第一人，是世界上最早整理研究敦煌与新疆文物的学者，为法国敦煌学研究的先驱者。后来成为法国中国学与敦煌学大家的伯希和与马伯乐都出自他的门下，被弟子伯希和推许为"第一位全才的汉学家"。王国维称赞他说："于汉学及东方学，不但博览旁通，知识渊博，且能明解中国礼教道德之精义，为其他西方学者之所不及。"

在法国汉学家的谱系中，沙畹属于第三代，第一代开创者雷慕沙和第二代继承者儒莲、巴赞、毕欧等人都没有来过中国，从沙畹起才有了来华经历。他是一位知行合一的学者，他于1889年24岁时第一次以法国公使团自由随员的身份来到北京，4年后调回法兰西学院。他研究汉学，逐渐摆脱了不通中文只据西文道听途说和虽识中文却不加应用的偏向,重视文献与考古研究,对中外资料进行会通比勘,并与中国学者多有联系,开始研究纯粹的中国问题。

1907年3月27日,沙畹又一次出发到中国考察,这次在中国的时间将近一年,这期间,到了沈阳、北京、天津、德州、济南、泰山、曲阜、开封、西安、韩城、太原、五台山、大同等地。1908年2月5日,他返回巴黎,出版有《华北考古纪行》一书。

沙畹这次到中国是通过西伯利亚大铁路,于4月14日到达沈阳。这是他精心确定的考察路线,第一站到沈阳,也从一个侧面印证了沈阳在他汉学研究领域里的地位。他在沈阳停留了9天,其间参观了沈阳故宫,得到保存在此的60多件铜镜模具,这些古铜镜模具十分珍贵,如今在中国都很难找到一件。沙畹能在沈阳故宫中得到,实也令人诧异,说明当时国人的文物保护意识薄弱到了何种程度。今天这60多件铜镜模具藏于法国吉美博物馆,已成为法国的珍贵文物。沙畹在沈阳还考察了昭陵、长宁寺、天后宫等处,并拍摄了一批照片。我们今天能看到的有昭陵9张,天后宫和长宁寺各2张。沙畹在沈阳考察的经历,成为观照沈阳与西方文化交流史的一面镜子,那些付诸笔端的文字、影像记录成为极其珍贵的历史文献,生动地见证着沈阳与西方文化交流的历程和发展,而其中,今天已不存在的如长宁寺等照片,则显得更为珍贵。

法国的大学者沙畹走后,沈阳又来了一对美国的著名地质学家父子,后来中国人习惯地称之为老张柏林和小张柏林。父亲托马斯·张柏林(1843—1928),美国著名的地质学家;罗林·张柏林(1881—1948),是老张柏林唯一的儿子,1907年获美国芝加哥大学地质系博士,随后留校执教终生。父子两人对中国的考察是由美国洛克菲勒财团资助、美国芝加哥大学组织的。考察团于1909年2月至6月,共在中国活动了4个月,这期间到江苏、广东、广西、湖北、四川、河南、河北、北京、山西、奉天等十几个省,主要考察内容为教育与地质等,还拍摄了大量照片。

张柏林父子带领的考察团于1909年6月5日从北京乘京奉铁路火车,第二天抵达奉天,并于6月8日离开。小张柏林有记日记的习惯,他在沈阳两天的日记很详细,生动地描述了清末宣统年间沈阳的风貌:"1909年6月7日。

1909年奉天谦祥厚绸缎布庄店铺招牌（张柏林 摄）

我们登上了奉天城东侧的城墙，这里能够很好地一览奉天。奉天城东面，是一条长长的山脉，主山脉有十余英里远。一些低矮的丘陵离得相当近。空气清新得甚至可以看清灰尘，除了东边、东南和东北边的一些丘陵，就是一个大平原、辽河冲刷沉积而成的大三角洲和附近的小河。在穿过街道时，我们被奉天城内东西向街道上一些店铺门廊上精致的门牌和设计所震撼。有华丽的龙、狮子和长有几英尺长腿的大鸟的图案，放置在门廊前上方。通常好的门面也代表了生意的兴隆。这里的人更加独立自主、自力更生，人们的面孔通常都比遥远的南方人更具特征。妇女不再缠足，走路仪态端庄，显示她们追求独立自由。男人更加高大强壮，显示出敢于拥抱冬天的魄力。街上的警察站在马路中间，不只是仅盯着街道交通，还命令人力车夫和其他人在街道左侧通行。他们都遵从一种我从未在其他地方见到过的秩序和纪律。这里的士兵比中国南方的要多，显然是仿效俄国和日本在边界附近布置更多兵力的做法。这些士兵个头比南方士兵更高大,看起来更加雷厉风行。"他们在沈阳还去了昭陵,第二天考察了日俄战争奉天会战遗址:"1909年6月8日。出了奉天城向西南出发,看到了日俄战争奉天大会战的奉天战场。日本人在此建造了一个形状像小铳弹的忠魂碑,以纪念在日俄战争奉天大会战中战死的日本军人(忠魂碑位置在今中华剧场东侧)。日俄战争奉天大会战已经过去4年了,原战场位置上战斗过的痕迹基本消失了,但是还可以看到一些战壕和散兵壕的简单线条。在这片土地上耕种的农民没有子弹出售,然而,我设法捡到了一个俄国战壕里的子弹头,这可能是一颗日本的子弹。这片地是一个大平原,未耕种,上面长满了茂盛的草。……中午我们与司戴德(美国驻奉天总领事)共进午餐。下午晚些时候,我用一个小时拍摄了一些街景照片。"张柏林父子所拍摄的照片很多今天还能看到,如沈阳城内的居民院落、谦祥厚商铺门面、逛街的八旗妇女、街边的茶铺、四平街景、崇寿寺白塔等。

这一年,法国学者雅克·卡歇也来到沈阳,他是受法国银行家阿尔贝·肯恩主持的"地球档案"工程委托,特意来沈阳选景拍摄。"地球档案"选派优秀摄影师到世界各地拍摄照片,以最客观而艺术的形式永久地把人类活动的多面性、操作形式和类型记录下来。其所选拍摄地大都是世界著名、有代表性的城市,在中国,他们仅到北京、上海、青岛、沈阳、武汉、曲阜等地。雅克·卡歇在沈阳拍摄的作品我们今天能见到的有40余幅,如从怀远门至抚近门内大街全景、奉天城长途客运篷车、四平街谦祥恒丝房、鼓楼北大街仁和茶店、鼓楼西大街复升德鞋店前的行人与人力车等。这些在今天都已成为难得一见的珍贵老照片。

张柏林父子和雅克·卡歇离开奉天两年后,沈阳再次成为世界瞩目的地方。1910年末,一场震惊世界的流行性肺鼠疫从俄罗斯爆发,经西伯利亚铁路旅客携带传入中国。此后,鼠疫沿铁路线迅速向内地蔓延,很快波及沈阳。沈阳的首例患者是1911年1月2日被发现,到4月下旬,沈阳城区染疫死亡人数达到5259人。在这场抗击鼠疫之战中,清政府紧急任命外务部右丞施肇基为"防疫大臣",特聘公共卫生学家、医学博士伍连德为东三省防鼠疫全权总医官,亲临现场指挥,同时聘请司督阁及其同事袁亚乐和杰克逊等国外医学

1912年的沈阳抚近门瓮城（帕瑟 摄）

专家帮助防疫。积极组织防疫力量，健全防疫法规，采取各种措施，如发布中国历史上首次允许大规模焚烧尸体的圣旨，为及时控制疫情创造了条件。终于在4个月内力挽狂澜，成功消灭鼠疫，创造了世界防疫史上的奇迹。在基本控制住疫情的形势下，清廷接受伍连德的建议，在奉天召开"万国鼠疫研究会"，邀请各国政府选派专门医生一员，前往沈阳考察致疫原由暨防范救治方法。在施肇基和东三省总督锡良等人的精心安排下，1911年4月3日至28日，万国防疫大会在小河沿惠工公司如期举行，中、日、美、俄、英、法等11国的著名医学专家出席了会议，伍连德担任大会主席。与会人员围绕鼠疫的起源、传染途径、抗击及对世界经济之影响等诸多问题展开深入讨论。会后形成了长达500页的《1911年国际鼠疫研究会议报告》（英义），由马尼拉出版局出版，为世界鼠疫防控做出了重要贡献。这次国际医学盛会，是近代以来在中国本土举办的第一次真正意义上的世界学术大会，对世界公共卫生防疫具有非凡意义，同时也放大了沈阳的国际知名度。

万国防疫大会之后不久，辛亥革命爆发，中国迎来1912民国元年。这一年，沈阳依然在吸引着世界目光，法国"地球档案"工程再派著名摄影家斯蒂芬·帕瑟来到沈阳选景。斯蒂芬·帕瑟在中国拍摄了两年，他的摄影照片都是彩色的。那是1912年的秋天，斯蒂芬·帕瑟携带着一种名为"奥托科洛姆微粒彩屏干版"的设备来到沈阳，通过他的镜头，我们今天可以看到沈阳历史上最早的一批彩色照片，这批照片有70多张，几乎每一幅都明亮清晰，表现出高超的艺术性，如盛京城古老城墙、钟楼、鼓楼、繁忙的中街，还有绿树掩映红墙碧瓦的福陵、昭陵，故宫内色彩斑斓的凤凰楼、崇政殿，雄伟壮观的西塔、长安寺等。

在19世纪与20世纪之交的大变革时代，许多西方人来到沈阳城，进行文化与科技交流，同时也留下了大量摄影作品，才会让我们在时隔一个世纪之后按图索骥，找到他们的行迹，而其中大量西方人在沈阳的活动，多数已尘封在历史云烟之中。期待有更多西方人在沈阳活动的相关史料被发现，以此让后人感受更深入的中西文化交流历史。

"东北中心城"的确立

自1923年建市开始，在不到10年的时间里，这座城市基本完成了由传统封建城市向近代城市的转化，以历史上从未有过的发展速度，确立了东北首城的地位。这主要是由奉系政府在与日本权力斗争的过程中为了不断壮大自己、避开日本方面的干扰，将城市发展的重心向北、向东转移，在东部依托自主修建的奉吉铁路，规划建设了惠工工业区、奉海市场、大东新市区、东大新区、东大营和北大营等。这些新的城市规划与建设，不仅使城市面积骤然扩展，还有效地遏制了日本的殖民扩张，从而使沈阳在20世纪20年代末即已形成多元的近代城市规模，拥有了沈阳方城、商埠地、惠工工业区、大东工业区、奉海工业区和奉天满铁附属地等城市区域。据1931年东北文化社年鉴编印处出版的《东北年鉴》所载，至1929年，沈阳已完成了从消费性城市向生产城市、工商都会城市的过渡。1929年，城区面积已发展到40平方千米，全市人口（仅中国人）已达到32.86万人。再经过张学良主政时期的"东北新建设运动"，至1931年，沈阳人口已增加到56.22万人（其中日本人1.9万人）。工业上已有纺织、印染、铁工、印刷、碾米、榨油、食品等工厂574家；农村耕地已有340万亩，粮食总产达5.5万吨；商号、店铺达万余家，各种市场有14处，买卖兴隆，交易十分活跃；金融业也相当发达，流通的中外货币就有15种以上。沈阳已经成为人口密集、交通方便、经济发达的大都会，不仅是东北三省规模最大的城市，而且还是东北的政治、工业、商业、交通、金融、文化、教育中心，世人称为"中国第四城"。

沈阳在民国初年能成为东北的政治中心，完全是因为奉系军阀统治所为。一个军阀集团称为"奉系"，也是从沈阳又名奉天而来。大清王朝"从龙入关"13年之后，于盛京留都沈阳地方设奉天府，从此沈阳又多了一个"奉天"之名。"奉天"源出《尚书·泰誓》"惟天惠民，惟辟奉天"，意即君王尊奉天命，惠爱民众。所以"奉天"也就是奉行天命。由此可见，奉天与盛京一样，都带有一定的帝制色彩。当时的奉天府所辖范围大致相当于今天的辽宁省，府治沈阳。其后，奉天府治沈阳地名几经变更，清时前后设承德县、兴仁县，民国初年还称过奉天县、沈阳县，直至1929年"东北易帜"后称为沈阳市。此地始终以沈阳、盛京与奉天最为知名。这三个名字或是隶属关系，或是彼此取代，最终一起留存到了今天。

因奉天而成名的奉系军阀是北洋军阀主要派系之一，因首领张作霖是奉天人，故称奉系。张作霖（1875—1928），字雨亭，出生于奉天海城农家。儿时曾读过私塾，后混迹社会，卖过烧饼，学过木匠，讨过饭，当过兽医，参过军，经历过甲午战争，做过地方自治保险队头目和团练长，任过官军巡防马步游击队管带，并借助日俄战争壮大自己升为统带，统领官兵计擒杜匪、剿灭蒙患、智进省城，从此平步青云，扶摇直上。1911年辛亥革命后，张作霖率7个营的兵马进驻奉天，逼走革命党人蓝天蔚，篡夺了国民保安会领导权。1912年9月，张作霖升为二十七师中将师长；1916年4月，受袁世凯任命为盛武将军督理奉天军务兼巡按使，不久改称奉天督军兼奉天省长。1918年，北京政府为统一东北军队的指挥权，以对抗苏联的革命势力，任命张作霖为东三省巡阅使，总揽东三省军务全权。至此，张作霖成为名副其实的东三省最高统治者，人称"东北王"，东北从此进入以张作霖为首的奉系军阀统治时期。以张作霖为中心，在东北形成一个强大的奉系统治集团，并造就了一批奉系统治人物，沈阳也因此成为东北的政治中心。

军阀实行的是王朝政治，在他们的观念里占主导地位的则是家天下。所以对他们来说，督军署也好，省长公署也好，都是政治的运行机构，而自己的

张学良旧居陈列馆里的大青楼（张鹏 摄）

家才是议事的核心场所。私宅兼官邸，鲜明的"前政后寝"的建筑功能是奉系军阀所有官邸的形制，张氏官邸则最有代表性，位于今天的沈阳市朝阳街少帅府巷46号，是张作霖及其长子张学良的官邸和私宅，总占地3.6万平方米，总建筑面积为2.76万平方米。1914年开建，1916年，张作霖正式入住，以后又不断扩建，至1928年逐步形成了由东院、中院、西院和院外建筑等四个部分组成的的建筑体系。建筑风格有中国传统式、中西合璧式、罗马式、北欧式、日本式。主要建筑有中院的三进四合院，东院大青楼、小青楼、关帝庙，院外赵四小姐楼、边业银行、帅府舞厅等。

张作霖在政治上纵横捭阖，与孙中山、段祺瑞及卢永祥结成同盟。第二次直奉战争胜利后，张作霖打进北京，自任"陆海军大元帅"，代表中华民国行使统治权。1928年因前线战事不利，张作霖被迫返回东北。6月4日，其所乘火车在进入沈阳时被日本关东军预埋的炸药所炸，张作霖重伤，当日去世，史称"皇姑屯事件"。

随着张作霖的离世，奉系军阀也走到历史的终点。1929年东北易帜之后，张作霖的府邸变成东北边防司令长官和东北政务委员会主任张学良的私宅与官邸，这一年又开始在三进四合院西侧修建6座红砖楼房，全部采用肇新窑业公司生产的红砖建造，称作"红楼群"建筑。此组建筑以西洋式建筑群体的组合方式，将新古典主义与本地特点立面设计相结合，成为近代沈阳建筑技术、建筑艺术进步与走向成熟的标志。

20世纪后期，张作霖、张学良父子居住过的府邸被列为全国优秀近代建筑群。此后，分别于1985年、1988年、1996年以"张氏帅府"称谓相继被沈阳市、辽宁省、国务院公布为市级、省级和全国重点文物保护单位。1998年，辽宁省在此设立"张学良旧居陈列馆"，2002年更名为"张氏帅府博物馆暨辽宁近现代史博物馆"。2017年12月2日，入选第二批中国20世纪建筑遗产名单。2022年，"张氏帅府博物馆"更名为"张学良旧居陈列馆"。

民初政治中心的沈阳，自然也是东北的交通枢纽和转运中心。首先是铁路运输，至20世纪20年代末，从沈阳市内经过的南满、京奉、奉海、安奉4条铁路干线全部实现了联网，到1931年，沈阳市内已经拥有奉天驿、皇姑屯站、辽宁总站和奉（沈）海站4个较大的火车站，大大增强了沈阳的客货运输吞吐能力。沈阳因此成为当时东北乃至全国最大的铁路枢纽。其次是公路交通四通八达，以沈阳为中心，到1931年，沈阳地区官修加民办，筑有通向各地的简易公路共8条：东通抚顺，南通辽阳，西通新民，北通铁岭，东南通本溪，西南通辽中，西北通法库。这8条公路境内总长392千米，初步形成了以奉天省城为中心，向四方辐射的早期公路网。其三是市内交通系统相继建立，开通了西起附属地、东至古城区的有轨电车，公共汽车也开通了14条路线。这些先进交通工具为市民生活带来了便捷，大大提升了城市的连通性。

独特的区域优势使沈阳的工业得到巨大发展，已经建立起一批设备先进、使用蒸汽机或电力的工厂，如东三省兵工厂、奉天迫击炮厂、肇新窑业公司、纯益缫丝厂、奉天纺纱厂、惠临火柴公司、东北大学铁工厂、大亨铁工厂、奉天粮秣厂、被服厂等全国闻名的大型工厂数十家，工业初具规模，基本奠定了沈阳近代工业的基础，初步形成了近代军事工业与民生工业体系。

奉系是以军事实力起家，所以在其主政的20年间，军工产业始终是其重点发展目标。十几年间，张作霖出于战争需要，在沈阳建立起从军械制造到军需生产的庞大军事工业系统。最有名的军工企业就是号称"东方第一"的东三省兵工厂、奉天迫击炮厂。

在奉系军阀的大力扶植及民族资产阶级的共同努力下，近代沈阳的民族民生工业出现了前所未有的繁荣局面，除了传统的油坊、烧锅、酱园、麦磨等旧式工厂外，缫织、染色、皮革、火柴、窑业、烟草等新式工业颇有振兴之象，其他如制纸、织毛各业亦在计划之中，从而推动沈阳成为东北最大的工业城市。如纺织业有著名的奉天纺纱厂和纯益缫丝厂；印染业有东兴色染纺织股份公司、泰昌、天益合、天庆涌等印染工厂；制铁业与机械制造业有大亨铁工厂、东北大学铁工厂等40余家；日用陶瓷制造业有肇新窑业公司等大小窑业50余家；酿酒业有永源、生义、盛泉、馥泉涌、永成源、聚隆泉等10余家白酒烧锅，还有大吉顺酿造果子酒厂、八王寺啤酒汽水酱油股份有限公司等；日用化工业有肥皂、香皂、牙粉、火柴、化妆品等制造厂家多个，知名的如真光、瑞光、华兴东、万春堂等胰皂厂，生产火车牌牙粉的同昌行牙粉厂，惠临火柴厂等；车辆制造与修理业有皇姑屯铁路修车厂等。这些民族企业大都建在沈阳东部、东北部和西部，对保证民生和推动城市近代化起到了重要作用。健全的工业品类和完整的工业体系，不仅成为东北的工业中心，在全国也名列前茅。

工业的发展自然推动城市的商业繁荣。到1924年，沈阳市区商户已达6598户，而且有83%是民国以来从业的。到1931年又增至1.4万多户，有各种市场14处，其中民族商业占据了多数，并形成了最繁华的四平街（今沈阳中街）。四平街人群熙攘，商号云集，谦祥恒、谦祥泰、裕泰盛、同义合、瑞林祥、兴顺东、兴顺西、吉顺昌丝房、吉顺洪丝房、吉顺通丝房、朝阳新金店、萃华新金店、利民商场、峻大茶庄、洪顺盛、洪顺茂、老天合丝房、天益堂中药房、大德生、内金生鞋店、内宾生、内联生、泰和商店等是四平街乃至关内外都知名的大商号，各种商品琳琅满目。同时又在商埠地南北两端辟建南北市场，使其与四平商业街形成鼎足之势，并构成与满铁附属地外商相抗衡的格局。商业的繁荣，使沈阳增加了经济吸附能力，在东北的经济地位得到进一步提高，其东三省贸易中心地位日益凸显。

随着工商业的快速和大规模发展，沈阳的金融业也因此日益兴旺起来，新式银行业不断涌现，如东三省官银号，为东北最大的银行，有80多处分号，成为名副其实的东北中心银行；边业银行，名义上为官商合办，实系张作霖独家投资，先后在奉天、北京、济南、上海、张家口、哈尔滨等地设立分行，影响很大。此外，沈阳还有中国银行奉天分行、交通银行奉天分行、奉天商业银行、奉天世合公银行、浙江兴业银行、黑龙江官银号奉天分号、奉天储蓄会、银行公会、沈阳储蓄会、奉天大同银行、奉天东北银行、辽宁汇华银行等。除华资银行外，还有外资银行，如满洲殖产银行、日本正隆银行、日本朝鲜银行、日本正金银行、美国花旗银行、英国汇丰银行等。这些扎堆的银行，确立了沈阳东北地区金融中心的地位。

在文化教育方面，此时的沈阳也获得了突出的成就。新学制改革为近代沈阳教育注入了新的生机，学校教育日臻完备，同泽中学、同泽女中、奉天贫儿学校、萃升书院等相继建立或重建，从幼儿园到大学的教育体系业已建立。同时，沈阳还出现了多所外国人经营的学校，如奉天医科大学、香明女学校、基督教女子师范学校、文会学院、神道学校、天主教会附属女校等。教育的勃兴最具代表性的是东北大学，不仅东北第一，而且全国闻名。

东北大学于1923年7月招收新生，10月24日举行开学典礼，首任校长由奉天省省长王永江兼任。1925年，欧式风格的北陵新校舍落成，全校面积达到160公顷。当时的《东北大学周刊》曾载有文法学院教授刘豢龙赞美校景的赋文："校之中部，为汉卿南楼，即文学院；汉卿北楼，即法学院；迤东为理工学院，迤西为教育学院。各科讲座，分设其中，皆层楼竞峙，杰阁通明，朱栋云浮，绮窗斗觌。可以邀谈天之客，会绝尘之子，高论雄辩，逸俗荡氛，狙丘稷下，方斯蔑矣。紫幅云开五色烟，银冈虚馆尚依然，玉笙终日调鸾凤，合被人呼碧落仙。汉卿南楼东，即图书馆，曾构飞星，鸳瓦流耀，绩彩焕发，烂焉铺翠，宁芬涵秘，苞诸赤绿，搴羽陵之丹篆，森群玉之仙华，逍遥文雅，校雠图籍，亦石渠天禄之所也。"校内还修建了中国第一座现代化体育场，曾举办过中、日、德三国远东运动会，以及华北与东北三省运动会。体育系还培

东北大学校门

养出了中国第一位正式参加奥运会的运动员刘长春。

东北大学为了办成一流高等学府，不惜重金投入。常年办学经费居全国之首，每年160万银圆，当时北京大学才90万银圆，清华大学120万银圆。东北大学不仅有一流校舍和一流设备，同时还有一流教师。高薪聘请大量留学欧美的理工科教授和社会著名专家学者纷纷出关到东大任教。如文学家章士钊、吴泌、刘豢龙，史学家罗尔纲，语言文字学家唐兰、黄侃，法学家罗文干，政治学家邱昌渭、萧公权，古建筑学家梁思成、林徽因，数学家冯汉叔、顾澄，物理学家温毓庆，化学家姚文林、庄长恭，机械工程学家刘仙洲，机电学家王董豪，数学教育家冯祖恂，心理学家陈雪屏，体育教育家宋君复、吴蕴瑞等，一座东北大学几乎荟萃了当时中国小半数的专家学者。宁恩承在《百年回首》一书中回忆说："东北大学教授月薪三百六十元，天津南开大学二百四十元，北大、清华三百元。重赏之下必有勇夫，关内许多名人学者联袂出关不是无因的。"其中受聘东北大学文法学院教授的章士钊月薪800银圆，为历来教授中最高者。

1927年11月，王永江病逝，当时任奉天省省长的刘尚清接任东北大学校长。1928年8月，刘尚清因事辞职，东北保安委员会委员长张学良兼第三任校长。此后，东北大学得到进一步发展。到1930年秋，学校已有6个学院24个系8个专修科，在校学生3000多人，超过北大1000人，教职员工400余人，已形成了规模恢宏、舍宇壮丽、设备充足、经费充裕、良师荟萃、学风淳穆的全国名牌高等学府，各项指标均在国内称冠，一时间盛况难敌，没有人敢质疑东北大学办学第一的地位。

在当时的沈阳，除东北大学外，还有著名的私立冯庸大学。冯庸大学是由当时的东北军航空司令和装甲部队司令冯庸以冯家大部分资产，于1927年10月1日，在沈阳铁西浑河北岸汪家河子（今沈阳铁西区滑翔地区）冯家原有土地上创办。其本意是"工业兴国，先育人才"，所以冯庸大学以工科为主，校内还建有飞机场，并有飞机一架供实习用，为冯庸大学所独有。学校采用军事与管理训练，学生一律受军事教育，所以九一八事变之后，该校学生立即组成抗日义勇军开赴前线，女学生则由冯庸夫人龙文彬率领成立"女子抗日义勇队"，远赴上海参加"一·二八"淞沪抗战，龙文彬的战场形象还出现在当时的《中华》杂志封面上。

在教育事业繁荣的同时，文化事业也获得长足发展。新闻报刊种类多样，影响比较大的如《醒时报》《东报》《东三省公报》《东三省民报》《新民晚报》《盛京时报》《东北文化月报》《奉天教育杂志》《东北丛镌》《民视》《东北新建设》等。在广播方面，1928年，奉天无线广播电台正式播出，为当时全国第四家公办广播电台。在学术上，当时有金毓黻、卞宗孟等主持的"东北学社"，开始致力于东北地方史的研究，并筹备编辑出版《辽海丛书》。出版方面有金毓黻主持的辽海丛书刊行社，商务印书馆沈阳分馆、关东印书馆等，沈阳城内还开办有几十家书店和市立通俗书报阅览社。各种文化娱乐场所也遍布市内，如同泽俱乐部、大观茶园、兴业大舞台、新新大舞台、沈阳电影院等，已经成为沈阳城内非常活跃的文娱场所，极大地丰富了沈阳市民的文化生活。

清末民初沈阳"东北中心城"的地位，引起世人的高度关注。1929年8月，著名作家张恨水受张学良之邀到沈阳，本以为"荒蛮之地，必有些破败"，但他下了火车之后看到沈阳马路宽阔，街头男士西装革履，女子卷发、高跟鞋以及旗袍等时尚衣着的样子,心中暗暗称奇,不禁敬佩张学良为政有方。1930年10月19日,东北学社邀请北平国立师范大学教授高步瀛到辽宁省图书馆演讲。金毓黻先生在当天的《静晤室日记》中记述了高氏演讲的一段话:"前者文化中心在北平,今已渐有转移之势。东北虽不必为文化中心,而由学者努力之结果,亦可有构成文化中心之希望。"这些赞叹,让当时的沈阳在世人眼中不仅是东北中心城,而且还称其为继北京、上海、天津之后的"中国第四城"。

SHENYANG
THE BIOGRAPHY

沈阳 传

九一八：十四年抗战始发地

第十五章

经过 3 年的"东北新建设",进一步提高了这个地区的现代化程度,"东北中心城"沈阳也成为世人眼中的"中国第四城"。然而,这一切的繁华之梦,最终被 1931 年九一八的炮声所阻断,随着沈阳反击日本侵略第一枪的打响,中国开始了 14 年抗战,世界反法西斯战争也于此揭开序幕。

重回九一八之夜

列夫·托尔斯泰在《战争与和平》中说："历史事件的原因是一切原因的总和，这是唯一的原因。"正是因为1931年9月18日日本关东军铁道守备队炸毁沈阳柳条湖附近南满铁路路轨，并栽赃嫁祸于中国军队，才有了九一八事变，有了中国人的14年抗战史。

1931年9月18日，是改变世界的一天。那一天的白天，地球上似乎都很平静，没有什么值得一书的特别新闻。在中国，有两件事还算引人注意：一件是《新天津报》因误用电通社所发的国民政府军政部长何应钦在江西被谋杀的消息，读者震惊，引发天津市政当局恼怒，当天即将此报查禁，勒令停刊；另一件则是国民政府主席蒋介石在军政要员陪同下，登上"永绥号"战舰，亲赴江西，督师"剿共"。

那一天的国民政府首都南京刚刚下过一场雨，一身戎装的蒋介石，脸上没有一丝表情地上了军舰，溯江西行。

晚上的北平，中和戏院，正在上演梅兰芳的《宇宙锋》，是为庆祝东北军入关助蒋打胜中原大战一周年。在北平协和医院养病多日的张学良，也携夫人丁凤至前来看戏。

入夜的沈阳，秋凉如水。日本关东军兵分两路，悄悄逼近东北军驻地北大营。晚上10时许，茫茫长江上的蒋介石还在为前方"剿共"失利头疼不已，他摊开日记这样写道："对匪决取包围策略。"正当蒋介石面对日记已想好"围剿"红军的战略决策之时，沈阳柳条湖附近的南满铁路突然发生爆炸。

爆炸地点位于沈阳城北约7.5千米，距东北军驻地北大营800米处的柳条湖南满铁路段上，安排爆炸的是以日本关东军铁路守备队柳条湖分遣队队长河本末守中尉为首的一个小分队。他们以巡视铁路为名，引爆炸药，炸毁了一段铁路，之后将事先备好的3具身穿东北军士兵服装的中国人尸体放在现场，诬称中国军队破坏铁路并袭击日本守备队。与铁路爆炸的同时，日军南北两路同时发起对北大营的进攻。架在奉天驿里的日军大炮也不断地向北大营发射，炮弹掠过沈阳城北的上空，一时间北大营附近炮声隆隆，枪声大作。

此时，在城内青年会西餐部招待来东北大学讲学的美国木德博士后回到学校的东大校长宁恩承回忆，"方入朦胧，忽然一个极大爆炸之声，声震屋宇，窗门动摇。我被震醒了。那是十点二十分。我以为东北大学工厂锅炉爆炸了，立即打电话询问工厂看守人员，他们回答说工厂平安无事。我大为惊异，这爆炸是什么呢？由哪儿来的？我披衣出门，……方走到办公楼门前十码，忽然一个大炮弹经我头上飞过，一道火光，索索作响，由西向东如流星一般飞去。夜深人静，大炮弹由头上掠过，声音特别清晰。我不禁大吃一惊，知道大事不好了。日本人开始攻打我方驻军北大营"。这是宁恩承在《百年回首》书中《"九一八"之夜》一文中的叙述。宁恩承接连给东北军参谋长荣臻、辽宁省省长臧式毅、辽宁省政府秘书长兼教育厅厅长金毓黻打电话询问情形。接电话者都告诉他日本人攻打北大营，要管好学生，不要闹事，"国难当头，我们必须忍辱负重"。

此时，北平的中和戏院里座无虚席，梅兰芳的《宇宙锋》演出也进入高潮。细心的看剧人发现，张学良的坐位上已经空空如也。据汤纪森《张学良二三事》一文的介绍：观剧中途，张学良听到侍卫副官谭海前来报告"沈阳发生事变"，即起身返回装有外线电话的协和医院，接通荣臻电话，了解详情，同时命左右终宵与南京当局电话联系并亲自通话，请示如何应变。还急召顾问端纳，让他通知欧美各国驻北平新闻记者，贲夜通报日寇攻占沈阳的消息。稍后，南京军事委员会和蒋介石南昌行营复电，称日军此举为寻常挑衅性质，勿

沈阳"九·一八"历史博物馆残历碑

使事态扩大,影响外交解决。于是,张学良下令给荣臻不准抵抗。这样的高层电报往来,则让沈阳方面,尤其是北大营的东北军陷入了痛苦的两难境地。

九一八之夜,致使事变最关键的一步就是日军攻占东北军在沈阳的驻地北大营。对于中国军队来说,这是一场异常窝囊的交锋,同时也成为东北军不抵抗的标志。

在九一八之夜,沈阳城内也有着零星的抵抗,如东北军独立第七旅第六二〇团曾奋起还击。有文献曾详细地记述了六二〇团的反击事实:"敌人步兵四百余人,已向本团第二营开始攻击……毙伤敌人四十余名。就在敌人攻击顿挫之际,忍痛撤出北大营,正为十九日上午五时。本团第五连连长陈显瑞负伤,士兵伤亡十九人。次日,日本关东军司令本庄繁公布'日军死伤一百二十余名',乃是为了扩大'中国军队滋事'的反宣传,并不确实。"由此可见,六二〇团两个营确实在反击中撤出了北大营,并"毙伤敌人四十余名"。

九一八之夜,其他人又是如何度过的呢?我们或许从当时人的日记中略知一二。

在沈阳，断续的枪炮声让全城几乎无人入睡。辽宁省政府秘书长金毓黻那天晚上应文学专修科毕业同仁王敬生之邀，于鹿鸣春吃过饭回到家中。他在当晚的日记中这样记述道："夜间十时，枪声大作，后则炮声隆隆，达旦稍息。吴仲贤以电话见告，余自梦中惊起，始悉日军向北郊兵营，业已占领，商埠警察局亦被占，情形之严重，殊出不测。余不能成寐，坐以待旦。一月以来，日本各界昌言出兵占据满洲，报纸宣传，有箭在弦上之势。我方之应付稍形迂缓，且鲜负责之人，以致演成今夜之情形，思之不禁愧愤！"从金毓黻日记中的这段话可见，当时中国政府以及东北军对日军警惕不高，应对事变能力有限，更没有人站出来领袖群伦，有力有节地处理此事，以致形成一片混乱。

沈阳的战火燃烧之际，国民政府主席蒋介石，还行驶在茫茫长江上，他也完全没有意识到此刻东北的危机。直到第二天凌晨，蒋介石才接到张学良关于东北事变的电报："昨晚，倭寇无故攻击我在沈阳的兵工厂。"这时蒋介石才得知，就在他离开南京的当晚，九一八事变爆发。于是，他在日记中写道："雪耻，人定胜天。昨晚倭寇无故攻击我沈阳兵工厂，并占领我营房，刻接报已占领我沈阳与长春，并有占领牛庄消息。……此时明知危亡在即，亦惟有鞠躬尽瘁，死而后已耳。"看来，作为国民政府之领袖，此时也没有更好的办法，只有表决心而已。

与此同时，许多知名的爱国学者则对九一八事变表示了极大的关注、愤慨和反思。

第二天，胡适知道了沈阳的事变。他在当天的日记中写道："今早知道昨夜十点，日本军队袭攻沈阳，占领全城。中国军队不曾抵抗。午刻见《晨报》号外，证实此事。此事之来，久在意中。八月初与在君都顾虑到此一着。中日战后，至今快四十年了，依然是这一个国家，事事落在人后，怎得不受人侵略！"与胡适同时，在北京的著名学者顾颉也知悉了昨夜的沈阳大事。他在当天的日记里怀着悲愤之心情写道："日本兵于昨晚占领辽宁。以彼之处心积虑，自是迟早必有之事。以中国人之不争气，即使人不来亡我，我亦自亡。譬如第三期肺病人，终于一死，死固可悲，但有何法挽回之乎！遥想健常闻之，又不知将如何悲愤矣。"

著名学者黄侃当时正在南京中央大学任教，他那几天都上医院看病人。他是在20日才知道消息，他在当天的日记里写道："突闻十八夕十九晨辽东倭警，眦裂血沸，悲愤难宣。"并作《闻警》诗："早知国将亡，不谓身真过。辽海云万重，无翼难飞赴。"还自注曰："自此作诗不用'日本'二字。"同时在给时局的三条建议中说："直接致亡，间接致亡及临难苟免，及事后却责，皆应由国人诛之，如辽东官吏、军人。"

对于九一八之夜的事变，日本各大报纸在第二天纷纷刊出号外，进行了大篇幅报道。如《大阪每日新闻》《大阪朝日新闻》《东京朝日新闻》《东京日日新闻》等，都出版了对开两版，大量报道昨夜沈阳事变情形与日军动态。这样密集的报道，证明日本新闻界的事先准备，否则不会有如此迅速而大信息量的号外出版。

"九一九宣言"：共产党人吹响的抗战号角

九一八之夜的枪炮声还在沈阳城继续，随着9月19日的到来，一夜未眠、惊恐万状的沈阳市民发现大街小巷贴上了由日本关东军司令本庄繁署名的颠倒黑白的布告。就在全城不明真相之际，无数份署名中共满洲省委的《中共满洲省委为日本帝国主义武装占领满洲宣言》也在四处粘贴散发，在民众中秘密传阅着，让东北民众及时听到了中国共产党的声音。这份宣言，后世称为"九一九宣言"，在中国抗日战争史和世界反法西斯战争史上具有独特意义。

发出"九一九宣言"的中共满洲省委，是中国共产党于1927年10月在沈阳成立的东北地区最高领导机构，其办公地点为奉天北市场福安里4号（今沈阳市和平区皇寺路福安巷3号）一幢硬山式青砖瓦房里。九一八事变当夜，住在沈阳市南三经路81号的中共满洲省委常委、宣传部部长赵毅敏（1904—2002）和省委其他领导就敏锐地意识到，日军终于动手了。因为一个时期以来，对于日本帝国主义发动侵略中国战争的动向，中共满洲省委一直在密切关注着，并将其阴谋行动向党中央做过报告。九一八之夜的事变，既是突发，亦在预料之中。他们立刻意识到，空前的民族灾难已经从今夜降临到了中国人的头上，共产党人对此要有声音。于是，赵毅敏连夜起草了《中共满洲省委为日本帝国主义武装占领满洲宣言》。

中共满洲省委旧址

　　第二天上午，在沈阳城硝烟弥漫和日军大肆捕人、杀人的情况下，中共满洲省委在沈阳小西门附近省委秘书长詹大权家秘密集结，召开省委常委紧急会议。中共满洲省委书记张应龙、组织部部长何成湘、宣传部部长赵毅敏、秘书长詹大权、军委书记廖如愿出席。会议内容是讨论当前形势，研究党如何针对日本帝国主义侵占满洲而进行斗争。会议决定要给中央写一份报告，发表一个宣言。大家反复讨论了赵毅敏起草的宣言文本，补充了刚得到的南满铁路沿线各城镇亦被占领的内容。修改完成后，《宣言》通过，由省委秘书处立即刻字，进行油印。当天，印好的大批《宣言》秘密发送到党员手中，接着又由党员散发到工厂、学校、商场和老百姓手中，同时还张贴于院墙和电线杆上。

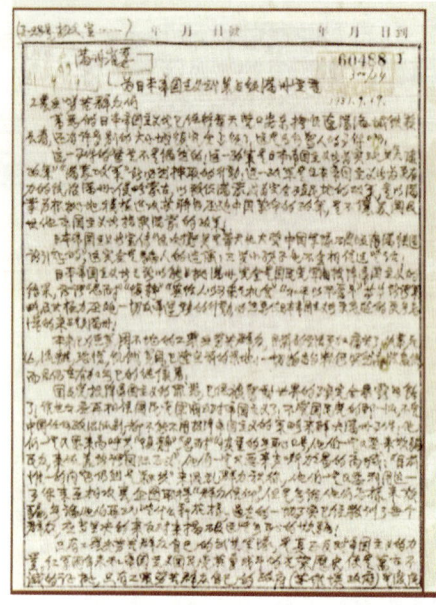

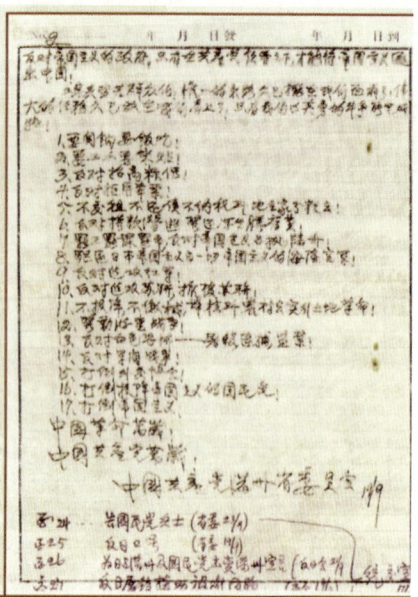

中共满洲省委发表的"九一九宣言"手稿

"九一九宣言"篇幅虽然不长，但却简明易懂，铿锵有力，主旨鲜明。宣言首先揭露和批判了"这次冲突是奉天北大营中国军队破坏南满铁道所引起"的无耻谣言，怒斥"这完全是骗人的造谣，三岁小孩子也不会相信这些话"。进而从三个方面向世人宣告：第一，日本武装占领沈阳，是其"大陆政策"和"满蒙政策"的必然行动，是日本军国主义阴谋已久的侵略；第二，国民党政府采取了不抵抗主义；第三，号召工农兵劳苦群众在中国共产党的领导下，进行武装斗争，这样才能将日本帝国主义逐出中国。同时呼吁中国人民："唯一的出路已摆在我们面前了！伟大的任务久已放在我们肩上了！只有我们以英勇的斗争才能完成它！"号召广大工农兵劳苦群众在中国共产党领导下，罢工、罢课、罢市，发动游击战争，将侵略者驱逐出中国。

中共满洲省委发表"九一九宣言"的第二天，9月20日，中共中央发表《中国共产党为日本帝国主义强暴占领东北三省事件宣言》；9月22日，中共中央作出《中共中央关于日本帝国主义强占满洲事变的决议》；9月30日，中共中央又发表了《中国共产党为日本帝国主义强占东三省第二次宣言》。中共中央和中共满洲省委发出的这些《宣言》和《决议》，是中国共产党在14年抗战中发挥中流砥柱作用的重要体现，阐明了中国共产党在民族危急的关键时刻代表中华民族最高利益的立场，充分揭露了日本帝国主义蓄谋已久的侵略罪行，吹响了民族抗战的号角。

"九一九宣言"有力地推动了沈阳和东北地区的抗战运动。从此，在中国共产党的领导下，东北抗日武装走过了东北义勇军、抗日游击队、人民革命军、东北抗联的壮阔而悲壮的历程，为最终赢得抗战胜利，做出了英勇的贡献。

黄显声与抗日义勇军

九一八之后的沈阳，一时混乱不堪。军队纷纷撤退，民众四处逃难。只有沈阳城的警察部队，在黄显声的组织领导下进行了有效的抵抗。这或许是沈阳九一八耻辱之日所呈现出的唯一血性亮色，多少挽回了一些沈阳人在国难外辱之时的民族自尊。正是因为这一抹自尊和血性，才使日后以沈阳为中心，东北50万抗日义勇军纷纷崛起，冒着敌人的炮火，筑就血肉长城。东北义勇军的抗日精神、抗战意志在唤醒中华民族抗日救亡意识方面发挥了巨大作用，为全民族抗日战争的兴起及胜利奠定了坚实基础。

黄显声（1896—1949），字警钟，岫岩石庙子镇蓝家村（今辽宁岫岩满族自治县石庙子镇蓝家沟）人。1917年考入北京大学预科。1921年考入东三省陆军讲武堂第三期炮兵科，毕业后于东北军服役，先后任张学良卫队营少校营长，张学良随从参谋、上校副官、卫队旅长等。1928年6月4日"皇姑屯事件"后，张学良就是化装混在黄显声军中秘密出关回到沈阳的。因其治军严谨，胆识过

黄显声将军

人，深得张学良信任和赏识。1928年9月，黄显声任十九师步兵第一旅旅长，负责沈阳警卫和张学良的安全。在同亲日派的斗争中，他坚定地站在张学良一边，并以鲜明的爱国主义思想对张学良产生过一定影响。1930年，黄显声改任辽宁省警务处长兼沈阳市公安局局长。此时的黄显声对日本人的阴谋已有清醒的认识，已预知事变必然发生。于是下令将下属58个县的警察和公安队扩充为12个总队，并加强纪律整顿，举行战斗演习，下发枪支20多万支、弹药1000万发，这批枪支后来成为东北各路义勇军的主要武器来源。而在东北抗日义勇军中，原警察人员占了相当高的比例。黄显声自己从9月初开始即昼夜不离办公室，随时准备应变。九一八当夜，他率领的警察总队即离开机关，投入战斗，同时命令沈阳各分局奋力抵抗，非到不能坚持决不放弃阵地。据《"九一八"后国难痛史》记载，黄显声亲自指挥的警察总队在沈阳二经路一带依靠简单的街垒工事与日军对战多时，沈阳县公安局、三经路警察署、商埠公安三分局、南市场警察大队、工业区六分局等2000多名警察与日军展开激烈巷战。其中工业区六分局30多名警察与日寇死力抵抗，终因寡不敌众，弹药打光，全部壮烈牺牲。21日夜，沈阳各城门和公安总队防线被日军坦克攻破，沈阳城警察部队被迫西撤。

1931年9月，张学良在锦州设立辽宁省政府行署，黄显声以省警务处处长名义主持工作。他在撤往锦州途中，召集各县公安队警察和民团，布署阻击日军西进；并收集溃散士兵和群众武装，组建起公安总队，为辽西抗战做准备。当时，为了避免中国正规军与日军交战口实，东北军各部队和黄显声招募组建的武装力量都不能使用正规部队番号。无奈之下，黄显声急中生智，将新编部队命名为"辽宁抗日义勇军"。为扩大义勇军队伍，黄显声以省警务处名义特别制订了组建抗日义勇军的纲领性文件《编委方案》。方案规定，凡举义抗日率武装100人者授上尉衔，领来骑兵250人或步兵500人者任少校营长，领来500骑兵或步兵1000人以上者任上校团长，等等。此讯一出，各地爱国志士纷纷奔向锦州，请缨抗战。时间不长，黄显声就委任了数十路义勇军队伍，如项青山为第一路司令，"老北风"张海天为第二路司令，盖中华为第三路司令，于德霖为第九路司令，黄显声则担任总司令。由此，后人誉其为"东北抗日义勇军之父"或"东北抗日义勇军缔造者"。

随着日本侵略者对东北占领的不断扩大，抗日义勇军的规模和人员也在不断增加，其构成也复杂多样，有正规军和警察、军政人员、收编的绿林、农村秘密会社、青年学生和知识分子等。一时间整个东北大地义勇军遍地开花，抗日热潮风起云涌。在沈阳周边，义勇军最为活跃。九一八事变后的9月25日，黄显声即将一同撤出的沈阳县警务局局长张凤岐派回沈阳，继续担任原职务，利用合法身份，组织爱国警察、公安队、民团等，储备力量，伺机行动。张凤岐（1888—1932），辽宁营口人，早年毕业于营口县师范学堂和奉天高级警官学校，历任奉天军械厂兵器科员、东三省兵工厂总务科长、唐山警察厅督察长、奉天警务厅督察长、吉林洮南县公安局局长等。1930年，黄显声任辽宁省警务处处长，调其为沈阳县警务局局长兼公安大队长。从九一八之夜开始，他遵照黄显声的指示，带领沈阳警界抗击日军直到21日夜才退出沈阳。重进沈阳之后，张凤岐先于蒲河警察分所召集最可靠的部下，如沈阳县警务局督察长杨春元、司法科科长耿光汉、庶务科科长程云桥等骨干力量，召开动员会议，并通过关系，实现了沈阳县警务局原班人马上任。此后，黄显声多次派人与张凤岐联系，传达东北民众抗日救国会指示，计划于1932年8月里应外合攻打沈阳，占领省政府、广播电台、电话局、邮局、电灯厂等。此时的张凤岐已掌控和调动的总兵力有8000多人，已具备与城外义勇军里应外合攻占沈阳城的条件。可就在此时，由于叛徒告密，1932年5月16日，张凤岐等6人不幸被日军逮捕。张凤岐在狱中受尽酷刑，拒不投降，最终日本宪兵将其绑在沈阳故宫大政殿后石柱上，泼油漆一桶，将他残忍烧死。杨春元则在审讯中一直大骂日本人的侵略行径，最终被日本宪兵割掉舌头后处死。其他几位被捕的抗日志士也因拒不投降而陆续遭到杀害。

黄显声和张凤岐共同策划攻占沈阳的计划功亏一篑。张凤岐牺牲后，他的四子，在沈阳读东北中山中学的张大飞随校内迁，后继承父志，毅然考入杭州笕桥航校12期，毕业后即投入重庆领空保卫战，因战功卓著，选为第一批赴美受训的中国空军飞行员，并加入陈纳德指挥的"飞虎队"。1945年5月，张大飞自陕西安康出战河南信阳日本空军，与敌机遭遇。为掩护友机，中弹阵亡，壮烈殉国，年仅26岁。张大飞的恋人齐邦媛在其名著《巨流河》一书中说："张大飞的一生，在我心中，如同一朵昙花，在最黑暗的夜里绽放，迅速阖上，落地。那般灿烂洁净，那般无以言说的高贵。"

在那个国破家亡的岁月里，不知有多少类似张氏父子的沈阳人，他们为了驱除侵略者，前仆后继，不惧牺牲，由此沈阳也成为抗日义勇军最活跃的地方。据《"九一八"国难痛史》记载，九一八之后不到一年时间里，义勇军攻打沈阳的战斗达17次之多，数次从大东门或大北门攻入沈阳城，并袭击东塔机场与沈海火车站。其中影响最大的一次是1932年3月9日，义勇军赵亚洲、于德霖、魏国昌、吴家兴部联合行动，从大北边门攻入沈阳城，击毙日军10名，俘虏10余名，缴获机枪4挺、载重汽车3辆、小汽车1辆。义勇军在城门附近受到了沈阳市民的热烈欢迎，他们张贴标语"欢迎救国义勇军"，抗日情绪极为高涨。义勇军攻入城内后，到处张贴布告，揭露日军侵略者屠杀中国人民的罪行，虽然这次行动最后未能光复沈阳，但也沉重打击了日伪嚣张气焰。此次攻城时间是溥仪在"新京"正式宣布就任"满洲国执政"的第二天，且又是国联调查团来沈阳之前，既是为了打击日军，也是为了向调查团表明中国人民抗击日本侵略者的决心，揭露日本侵略者的谎言，对调查团了解事实真相和撰写报告书起到了积极作用，在国内外产生很大影响。当时江西瑞金中华苏维埃共和国临时中央政府机关报《红色中华》在3月16日显著位置报道了"东北义勇军大举进攻沈阳"的消息，充分显示了东北人民不甘当亡国奴的抗日决心，为国联不承认"满洲国"提供了有力佐证。

1931年的最后一天，锦州失守，黄显声与熊飞等前往北票县组建东北民众自卫军总部，继续进行抵抗。抗日义勇军的行动大大激发起了沈阳和东北人的抗日热情，许多青年学生、知识分子投入其中。如沈阳青年、共产党员金剑啸为代表那一批作家、艺术家以笔著史，坚持用母语写作，做着另一种更为深沉的民族抵抗，成为那个时代另一个抗日群体的代表。

黄显声于1932年率部入关，任东北军骑兵第二师师长，1935年任东北军骑兵军副军长。西安事变前夕，于河北石家庄任五十三军副军长兼一一九师师长，同时成为东北军中最先接受中共领导的高级将领，并于1936年8月秘密加入中国共产党。1938年，在准备动身赴延安组建新东北军时，不幸被国民党特务逮捕，拘禁长达十余年。1949年，蒋介石下令于重庆白公馆将其秘密杀害，新中国成立后追认为革命烈士，葬于八宝山革命公墓。

黄显声缔造的东北抗日义勇军，最终发展到50多路50多万人，从1931年9月至1933年2月，与日伪军发生大小战斗近1500余次，消灭日伪军4万余人，义勇军牺牲10余万人。在当时穷凶极恶的日本帝国主义压迫和包围之下，在武器装备、军事训练及自身原因等各方面相形见绌处于劣势的情势之下，东北抗日义勇军最终失败了。最后的义勇军或是投入共产党领导下的东北抗联，或是越过长城转入内地，或是经苏联辗转回到中国新疆，或是就地坚守。

抗日义勇军将士们不顾一切，为了挽救民族危亡，揭竿而起，并以血肉之躯与敌人以死相拼的民族气概和爱国精神，山高水长，可歌可泣。而东北抗日义勇军的军歌则由田汉、聂耳合作修改后成为电影《风云儿女》主题曲——《义勇军进行曲》。这首脍炙人口的战歌，后来成为中华人民共和国国歌。

历史关头提供《真相》的"九君子"

当世界第一条高寒高铁"哈大高铁"列车经过沈阳北部大东区望花南街46号（即1931年9月18日夜22时南满铁路柳条湖事件日军爆破点）时，尽管列车高速驶过，人们依然会透过车窗望见矗立在铁路边的残历碑，其独特的建筑造型，给人一种血脉偾张的悲壮愧愤之情与庄重神圣之感。此碑落成于1991年9月18日，九一八事变70周年之时。碑高18米，宽30米，厚11米，混凝土筑成，花岗岩贴面，呈立体式摊开的日历状，两页对称。右边一页是中国人民难以忘却的哀痛耻辱之日的日历——1931年9月18日，农历辛未年八月初七日。这一页的页面上散落有骷髅形累累弹痕，极富冲击力。左边一页携刻着九一八事变之史实："夜十时许，日军自爆南满铁路柳条湖路段，反诬中国军队所为，遂攻占北大营。我东北军将士在不抵抗命令下忍痛撤退，国难降临，人民奋起抗争。"如今，残历碑不仅成为"九·一八"历史博物馆的主体建筑，而且已是沈阳标志性的历史文化建筑。

在残历碑后面，就是国内外唯一一处以九一八事变为主题的历史博物馆。馆内展览以九一八事变和东北14年抗战史为展览主轴，主要由"日本侵华政策与战争蓄谋""九一八事变与东北沦陷""日本在东北的殖民统治""东北军民的抗日斗争""东方主战场的东北抗战""铭记历史，珍爱和平"这6个部分、20个单元构成。展览面积达6800多平方米，展线总长度800多米，共展出珍贵历史照片、图表1000多张，文物、文献档案近3000余件。真实反映了日本军国主义蓄谋制造九一八事变、发动全面侵华战争的历史真相，重点突出东北军民14年抗战的系统性和完整性，再现了东北人民在中国共产党领导下坚持浴血奋战14年的抗战历史画卷，彰显中国共产党在东北抗战中的中流砥柱作用和中华民族不屈的抗战精神。在博物馆里，许多参观者都会对一组群雕印象深刻，群雕中的9个人，或着西装，或披长衫，神态中透着坚毅与笃定。他们就是在九一八之后不顾身家性命，搜罗日军侵占沈阳屠杀百姓证据，在历史关头向国联调查团申明和提供九一八真相的9位既具才华修养，又有胆识担当的爱国志士、知识精英，后世尊称为"九君子"。

　　九一八事变之后的中国，南京国民政府决策群体中弥漫着一种强烈的不抵抗情绪，而将收复东北的希望寄于国联调停。所谓"国联"是"一战"后成立的国际组织，其宗旨是维护和平和国际合作，遏止世界大战爆发，总部设在日内瓦，会员国最多时有63个，中国和日本都是会员国。九一八事变发生的第二天上午，南京国民政府外交部电令中国驻国联代表施肇基请求国联主持公道。当天下午，国联听取了施肇基和日本代表芳泽谦吉的首次报告，中日问题由此成为国联这一时期的中心议题。施肇基呼吁："中国正遭遇空前的困难，世界各国亦同受挑战。"为澄清事实真相，国联当速派员就地调查。日本代表则将九一八事变说成"地方事件"，是出于保护日本自身利益的需要，强硬反对国联出面干涉。最终经过各方激烈博弈，1932年1月，由英国人李顿任团长的国联调查团正式组成，于3月14日抵华。这个被中国政府和民众寄予了巨大希望的国联调查团，先后到访上海、南京、武汉、北平、天津等地，最终到达沈阳。调查团所到之处受到南京国民政府高规格接待，吃喝玩乐，花费巨大，然而对遭受侵略之事，中方却拿不出明确态度。在李顿眼中，中国官方常常貌似诚恳却闪烁其词的态度，与日本的坚定甚至蛮横截然不同。他在写给妻子的信中说："中国人不切实际，迄今为止他们没为我们提供一条切实可行的建议。他们非常可怜，像孩子一样，总是故作姿态，憎恨强权和控制，但是离开它又不能做任何事。"与此相反，广大中国民众对日本侵略者的态度却给调查团留下深刻印象，尤其是进入东北后，在日军的高压控制和严密监视下，东北各界爱国人士通过种种途径纷纷向调查团寄送了各种证明日军侵略的书信文件 1550 余件。他们冒着生命危险，把各种证据和书信或包在蛋糕里，或写在菜单上，或卷在浴巾中，或塞进住地门缝里，千方百计递到调查团手中，以此揭露日本侵略罪行。而在所有送到国联调查团手中揭示真相的证据中，最丰富和有价值的就是"九君子"的《TRUTH》（中文译作《真相》）。

"九君子"在九一八前后都生活和工作在沈阳，对日本侵略者的滔天暴行耳闻目睹。当得知国联调查团要来沈阳调查九一八真相时，他们即自发地组织起来，成立了"国联外交爱国小组"。他们是著名金融家巩天民、邵信普，医学家刘仲明、毕天民、张查理、李宝实、于光元、刘仲宜，教育家张韵泠，组织者是共产党员巩天民。9 个人不顾个人安危，在日军一边实行白色恐怖、一边销赃灭迹的情况下，冒死行动起来。

然而，要获取每一份罪证都是极其困难甚至惊心动魄的。当时关东军为了应付调查团，特意安排了"满铁株式会社"成立了"准备委员会"，将日军后撤至铁路沿线，以造成没有日军占领的假象；特地编印了一套《想定问答集》，迫使官民众口一词；有告发私自向调查团递交信件及会见者，则重金奖励；大街小巷安排特务，严密监视中国人的举动。在这种情形之下，要得到既具原始性，又有实证性和系统性的证明材料，难度可想而知。为了拍到一张贴在时刻有日军站岗巡逻的财政厅门口的、能证明"日军把持伪满洲国财政"的布告，巩天民选取阳光较好的上午爬到财政厅对面一家商铺的房顶上，伺机拍照。由于长时间的等候，巩天民腿脚发麻不慎蹬落一块瓦片。只听院内立即涌出一群"宪特"大喊"捉贼"。他赶紧爬上树枝掩着的房脊，屏住呼吸。待人群散去，等来光线相对好的时候，巩天民才借助一辆汽车驶过的掩护，最终取证成功。对于有些日军张贴的告示，白天不便行动，他们就等到晚上再揣着水瓶子，把告示润湿了揭下来。比告示更难取证的是日军直接发给伪满洲国政府的内部文件。为了得到这极具价值的材料，"九君子"们动用了大量社会关系，或是请人拍照，或是潜入偷拍，其惊险场面往往比后世拍摄的谍战剧更复杂而动人心魄。

在这种惊心动魄的过程中，"九君子"秘密行动了 40 多天。当时，巩天

沈阳"九君子"

民每次出门都向妻子交代:"如果我回不来,不要去找我。"他们每聚会一次,必"各饮苦水一杯,以励卧薪尝胆之志"。收集到的大量证据,需要整理、分类、誊抄、打印、翻译。他们分工合作,日夜不停,光打印就用了8天时间。为了对接国联调查团,收集来的中文和日文资料又附带译成英文,分别译好后统一交给于光元审核。于光元通晓英、日、德、俄四国语言,尤以英语最佳,熟知英国上层社会语言习惯和风俗民情,又了解底层社会的俚语方言,经他修辞润色的英文稿件,准确而地道。选出来的材料由刘仲明全权负责整理,最终形成三编。第一编主题为"九一八事变是早有预谋的侵略行为";第二编主题为"九一八事变后日军在东三省对百姓暴行及对中国主权的侵犯";第三编主题为"伪满洲国的建立是日本侵略者的蓄意炮制"。编定成册的材料400多页,汉英双语,图文并茂,命名为《TRUTH》。

文件准备妥当,按国际法庭的法律原则,提供材料者必须在文件上签字,否则没有法律效应。"九君子"义无反顾,毫不犹豫地在材料上郑重签下自己名字。医学教授张查理的夫人还特意为这册材料赶做了一个蓝缎子外皮,又用红丝线绣上了"TRUTH"字样。在《TRUTH》递交给联合国调查团的信中,

"九君子"这样写道："我们冒险向你们提交或是亲眼目睹的事实，或是第一手信息，或是有充分证据的事实……在图像册中展现的某些证据，是冒着极大的生命危险才得到的。"

一切准备就绪，《TRUTH》该如何顺利地交给调查团，又成为一件难事。调查团在沈阳所到之处，日军都周密布控了便衣宪兵和特务。"九君子"想接触调查团，简直难如登天。最终，他们苦思冥想，想到了他们认识的在沈阳的爱尔兰传教士弗雷德里克·奥尼尔，他与调查团团长李顿是旧识。非常时刻，这位国际友人起到了关键作用。1932年4月，这份揭露、控诉日本帝国主义侵略中国东北和炮制伪满洲国罪行材料终于递交到国联调查团手中。

1932年9月，国联召开大会，听取调查团报告书。报告中有一段这样写道："本团在中国东北沈阳时，曾见到了一些大学教授、教育家、银行家、医学家等人士的明确意见及各种真凭实据的具体材料，证明九一八事变是无因而至，而'满洲国'的建立亦非出自东北人民的自由意愿，也不是民族自决。"《TRUTH》对最终形成的《国联调查团报告书》起到了至关重要的作用。1933年2月24日，国联正式表决时，在42票赞成1票反对的情况下，通过了《国联调查团报告书》，向世界阐明了日本蓄谋发动了九一八事变，炮制出的伪满洲国并非出自东北人民的自由意愿，也不是民族自决。这个结果让日本气急败坏，以抗议为由退出国联，并开展报复行动，在沈阳市内大肆搜捕知识分子。"九君子"中除张韵泠外全部被捕入狱，被施以酷刑。面对敌人拷打，他们始终咬紧牙关，没有向侵略者妥协低头。最终日本人迫于"九君子"的社会威望，又实在查无凭据，在沈阳各界名人联名具保下只好将他们释放。

"九君子"当年整理的《TRUTH》分为正副本。正本递交给了国联调查团，副本被埋在张查理寓所庭院中一棵丁香树下。在敌人的酷刑之下，丁香树下的秘密始终没有被泄露。新中国成立之后，周恩来总理曾专门提起当年《TRUTH》材料一事，"九君子"和他们的后人也一直在寻找。而当年丁香树下所藏已经腐朽，难寻踪影。2008年6月26日，旅居德国的巩天民孙女巩捷从法兰克福到日内瓦，在联合国图书馆里终于查阅到《TRUTH》，这是第一位查阅这份档案的中国人，她和弟弟巩辛等家人为找寻这份《真相》用了半个多世纪。2010年9月17日，在九一八事变79周年纪念日的前一天，"九君子"的后人齐聚沈阳，集体将这份珍贵的《TRUTH》影印资料捐赠给沈阳"九·一八"历史博物馆。往事如烟，岁月有痕，依然是当年的蓝色布包，虽然底色泛白，但红线刺绣的"TRUTH"字样依然醒目。真相档案上的时间，地点以及卷末9个人的签名清晰可见。9个人的名字铸成"九君子"这样一个高洁的符号，让我们将他们永远铭记。

"九君子"在当时，以其才学与身份，都是难得的高级知识分子和文化精英。他们中的每个人至少都懂一门外语，每个人都有自己的专业成就，如巩天民、邵信普为金融家，张韵泠是教育家，刘仲明、毕天民、于光元、张查理、李宝实、刘仲宜为医学家，且多位在医学界后来都是泰斗级人物，如刘仲明是新中国结核病学奠基人、毕天民是公共卫生学奠基人、于光元是皮肤病学科奠基人、张查理是神经外科手术学奠基人、李宝实是耳鼻喉学科奠基人。在民族危亡之际，他们不顾个人生死，挺身而出，为抗击日本侵略做出了巨大贡献，表现了中华民族的英雄气概，是中国知识分子的骄傲和楷模。

九一八虽然带给沈阳的是屈辱，但炼狱般的岁月，锻造了一批充满血性的志士，武有黄显声、张文岐、杨春元、赵亚洲、于德霖等抗日义勇军，文有

1956年，中华人民共和国最高人民法院特别军事法庭在沈阳审判36名日本战犯。

赵毅敏等满洲省委党员干部和"九君子"、金剑啸等知识精英。是他们这样的抗日志士，让中国14年抗战始发地有了尊严和底气。

1956年6月9日，新中国最高人民法院特别军事法庭第一次、也是最后一次对日本前陆军一一七师团中将师团长铃木启久等8名主要战犯进行审判；7月1日至20日，对武部六藏等28名日本战犯进行审判。14年抗战始发地这场最终的审判，应是对从九一八之夜开始为抗击日本侵略者付出热血和生命的仁人志士最好的告慰。这场审判，距离九一八事变已过25年；这次审判的法庭，距离当年的柳条湖，只有6千米。沈阳，点燃了抗战14年的战火，带着屈辱与抗争；沈阳，又为14年抗战画上了句号，写满正义与和平。从起点到终点，历史选择了沈阳，作为那一段悲壮岁月的见证。这再一次宣示了那句历史名言的经典："正义也许会迟到，但绝不会缺席。"